Rebecca lehnte sich in ihrem Sessel zurück und schaute zu Mr. Jarvis und Molly hinüber. Bob Jarvis lächelte ihr zu, während er eine Telefonnummer wählte. Molly war in ihre Modezeitschrift vertieft. Sie blickte nicht auf, aber sie blätterte auch keine Seiten um. Auf der sonnigen Straße draußen brausten die Autos vorüber, aber in Mr. Jarvis' Büro war es kühl und vollkommen still, bis die Telefonverbindung zustande kam.

„Hallo, hier ist Bob Jarvis von der Anwaltskanzlei Jarvis und Dixon", sagte er und blickte dabei auf seine Notizen hinunter.

Es war unhöflich, andere Leute beim Telefonieren zu belauschen, das wußte Rebecca, und so schaute sie zu Molly hinüber, die nervös ihren Ring am Finger drehte.

Rebecca schob einen Finger in den Mund und kaute auf dem Nagel. Warum war sie überhaupt hier? Mr. Jarvis tauchte immer nur auf, wenn etwas ganz Schlimmes passierte. So wie im letzten September, als Papa sehr krank geworden war. Bob Jarvis hatte sie zu einem Spaziergang abgeholt und ihr erklärt, daß Papas Krankheit gefährlicher war, als die Ärzte zunächst angenommen hatten, und daß er mehrmals operiert werden mußte. Nach der dritten Operation, eine Woche vor Allerheiligen, hatte Mr. Jarvis Rebecca zu Hause besucht und ihr gesagt, es wäre besser, den Vater nicht weiter im Krankenhaus zu besuchen, denn er würde sie nicht mehr erkennen. Ein paar Tage später hatte er sie von der Schule abgeholt, um ihr zu sagen, daß der Vater gestorben war.

Heute saß Rebecca wie eine richtige Mandantin mit Molly in seinem Büro. Das bedeutete nichts Gutes, soviel war sicher.

„Becky!" zischte Molly hinter ihrer Zeitschrift hervor. „Du sollst nicht an deinen Fingernägeln kauen!"

Rebecca ließ ihre Hand in den Schoß fallen und seufzte. Sogar Papa hatte es Molly nicht abgewöhnen können, „Becky" zu ihr zu sagen. Er hatte ihr erklärt, die Davidsons stammten von einer alten Puritanerfamilie ab, die schon mit der *Mayflower* nach Amerika gekommen sei, und deshalb hätten alle Davidsons alttestamentarische Namen. Und Becky war ganz bestimmt kein alttestamentarischer Name. Aber auf Molly machte die *Mayflower* keinen Eindruck; sie sagte weiterhin Becky, und nach einiger Zeit gab Papa es auf, sich mit ihr darüber zu streiten. Da erst begriff Rebecca, daß er wirklich sehr krank sein mußte. Früher hatte er niemals nachgegeben, wenn ihm eine Sache wirklich wichtig war.

Mr. Jarvis legte den Hörer auf, und Molly beugte sich in ihrem Stuhl nach vorn.

Mr. Jarvis hob eine Hand. „Rebecca", sagte er, „willst du mir einen Gefallen tun?"

Rebecca nickte.

„Das ist nett von dir. Wirf mal einen Blick aus dem Fenster. Siehst du das Schild *Café* gegenüber? Siehst du es?

Gut", fuhr Mr. Jarvis fort. „Dann gehst du jetzt über die Straße und holst uns schöne, dicke Krapfen, Kaffee und Servietten. Und komm gleich zurück!"

„Oh, nein, danke, für mich nicht", sagte Molly schnell. Als Fotomodell mußte sie auf ihre Linie achten. „Aber geh nur, Becky."

„Nimm lieber drei Krapfen", sagte Mr. Jarvis lächelnd. „Vielleicht wird Molly doch noch schwach!" Er gab ihr drei Dollarscheine. „Und gib acht, daß du nicht überfahren wirst. Ich hasse plattgewalzte Krapfen."

Rebecca stopfte die Scheine in ihre Hosentasche und schlüpfte ins Vorzimmer hinaus. Sie war froh, daß sie sich ein bißchen bewegen konnte.

Erst im Café begriff sie auf einmal. Mr. Jarvis hatte sie überlistet. Aber sie hätte sowieso nicht viel dagegen machen können, selbst wenn sie gleich gewußt hätte, daß er mit Molly unter vier Augen sprechen wollte.

Sie nahm die Tüte und warf das Wechselgeld hinein. Mit Papa wäre sie jetzt noch einmal vor der Theke auf und ab gegangen, um ganz sicher zu sein, daß sie wirklich nichts übersehen hatten. Einen Augenblick lang überlegte Rebecca, ob sie es heute genauso machen sollte, aber es lohnte sich nicht. Essen schmeckte ihr in letzter Zeit sowieso nicht.

Draußen roch es nach frischen Backwaren und Eukalyptusbäumen. Sie schaute zur anderen Straßenseite hinüber. Tiefe Nachmittagsschatten schnitten in die golden und grau schimmernden Berge ein, die hinter dem Häuserblock aufragten, in dem Bob Jarvis' Büro lag. Während Rebecca an der Ampel wartete, sammelten sich ein paar Wolken über dem höchsten Gipfel. Immer mehr Wolken drängten sich von der See her landeinwärts, und das bedeutete, daß es heute nacht vielleicht regnen würde. Sie hätte gern zugeschaut, wie sich die Wolken zusammenballten, aber dann lief sie doch lieber zurück. Wenn sie sich beeilte und ganz still im Vorzimmer bei der Sekretärin wartete, konnte sie vielleicht hören, worüber Molly und Mr. Jarvis redeten.

Sie hatte Glück. Die Sekretärin telefonierte gerade, und so konnte Rebecca hören, was gesagt wurde, da die Tür nur angelehnt war. Sie hörte Mollys Stimme: „... das Gefühl haben, daß ich sie im Stich lasse. Wirklich. Da muß man doch Schuldgefühle kriegen, oder?“ Ihre Stimme klang auf einmal ganz hoch. „Ich hätte das alles gar nicht geschehen lassen dürfen. Schließlich habe ich ja schnell genug gemerkt, daß er sich nicht soviel aus mir machte. Na ja, lassen wir das. Aber so ein feiner Mann, also, Sie wissen ja. So gutaussehend. Und ein großartiger Tänzer. Wie ein Märchenprinz. Mit einem heimlichen Kummer im Herzen, wie in einem Roman.“

„So kann man es auch sehen“, sagte Mr. Jarvis trocken.

„Und dann das Kind“, fuhr Molly fort. „Zu altklug und erwachsen für ihr Alter. Und sie hingen so aneinander. Es war rührend. Und als er dann von seiner Krankheit erfuhr, das war so traurig. Wie sollten sie damit fertigwerden? Alle haben mir gesagt, ich solle Schluß machen mit ihm, aber ich konnte es einfach nicht ...“ Einen Augenblick lang war es still.

„Jetzt hören Sie mir mal zu“, sagte Mr. Jarvis. „Sie haben genug getan. Und jetzt ist es für Sie das einzig Vernünftige, wenn Sie sich aus einem Familienstreit heraushalten, der Sie nichts angeht. Sie haben Ihre Sache gut gemacht, aber Sie sind jung, und jetzt haben Sie die Chance, eine neue Bindung einzugehen. Ich wünsche Ihnen jedenfalls nur das Beste, Molly, Sie haben es verdient!“

Rebecca runzelte die Stirn. Es war zum Heulen – Molly redete unverständliches Zeug, und aus Mr. Jarvis’ Sätzen wurde sie auch nicht schlau. Sie war beinahe froh, als das Telefon in seinem Büro klingelte und die Sekretärin ihm Bescheid sagte, daß Rebecca zurück sei.

Mr. Jarvis machte die Tür auf. Er lächelte. „Dann bist du also heil über die Kreuzung gekommen!“

Sie nickte.

Er nahm die Tüte, legte eine Hand auf ihre Schulter und schob sie sanft zu ihrem Sessel zurück. Während er um den Schreibtisch herumging und sich setzte, warf Rebecca einen verstohlenen Blick auf Molly.

Mr. Jarvis griff in die Tüte und holte den Kaffeebecher heraus. Dann ließ er den Deckel zurückschnappen und trank einen Schluck. Die Krapfen schob er Rebecca und Molly hinüber.

„Also“, sagte er, „wir haben alles für dich geregelt, Rebecca. Gut geregelt, glaube ich!“ Er blickte Molly an, und Molly krampfte ihre schmalen, gepflegten Hände zusammen.

Du liebe Güte, was jetzt kommen würde, übertraf offenbar ihre schlimmsten Befürchtungen, dachte Rebecca.

„Also, du weißt doch“, sagte Molly endlich, „ich sollte eigentlich deine Stiefmutter werden, Becky, aber dein Vater ...“

Rebecca nickte geduldig. Papa hatte immer gesagt, mit Molly müßte man viel Geduld haben.

„Jedenfalls bin ich jetzt nicht deine Stiefmutter, und da hat es auch nicht viel Sinn, daß wir weiter zusammen in dem schönen, großen Haus deines Vaters leben!“

Dann würden sie also umziehen? Das Haus verlassen,

das sie mit Papa zusammen so liebevoll eingerichtet hatte? Rebecca starrte auf ihre Fußspitzen.

„Und deshalb haben Mr. Jarvis und ich gedacht ...“. Mollys Stimme hörte sich schon wieder ganz hoch an. „Wir haben also beschlossen, daß es besser ist, wenn du in Zukunft bei deiner Mutter lebst. Du weißt schon, in Vermont. Es ist sehr schön dort!“

Ihre Mutter? Rebeccas Ohren fingen zu dröhnen an. Ihre Mutter? Rachel, die den Vater verlassen hatte?

„Es wird dir dort bestimmt gefallen, meinst du nicht?“

Es dauerte eine Weile, bis Mollys Stimme durch das Brausen in Rebeccas Ohren drang. „In Vermont gibt es Schnee, und du wolltest doch immer so gern mal richtigen Schnee sehen. Und es leben Tiere auf der Farm. Pferde, und ein Hund ...“

Rebecca fühlte, wie sich eine Hand auf ihre Schulter legte. Als sie aufschaute, saß Mr. Jarvis auf der Sessellehne. „Alles in Ordnung?“ fragte er.

Rebecca wandte das Gesicht ab und wünschte sich nur, daß das Brausen in ihren Ohren endlich aufhörte. Sie fühlte sich schwindlig, und plötzlich mußte sie an die Kuchen und Plätzchen im Café denken. Sie würgte. Alle waren still. Mr. Jarvis streichelte ihre Schulter.

Molly tupfte ihre Augenwinkel mit dem Taschentuch ab. „Ich meine, sie ist schließlich deine richtige Mutter“, fuhr sie nach einer Weile fort. „Und da ist ja auch Ben, du weißt doch, daß ich mit ihm befreundet bin ...“

Rebecca starrte zum Fenster hinaus. Es war nicht das Fenster, das aufs Café hinausging, sondern eins auf der anderen Seite des Büros. Ihre Augen blieben an dem Hibiskusbusch hängen, der draußen vor dem Fenster stand. Sie zählte die roten Blüten.

Bob Jarvis räusperte sich. „Ich mache Ihnen einen Vorschlag, Molly. Sie erledigen jetzt Ihre Einkäufe, und ich unterhalte mich solange ein bißchen mit Rebecca. Ich bringe sie dann später nach Hause."

Rebecca spürte, daß Molly zu ihr herüberschaute, aber sie konnte ihre Augen nicht von dem Hibiskusbusch lösen. Einen Augenblick war es ganz still.

Rebecca starrte so angestrengt auf den Hibiskusbusch, daß ihr die Blüten vor den Augen verschwammen.

„Ich gehe zum Supermarkt. Wenn du willst, kauf ich Eis zum Nachtisch. Was für eine Sorte möchtest du? Schokosplitter magst du am liebsten, ja?"

Eis – bei dem bloßen Gedanken daran mußte Rebecca wieder würgen. Sie zuckte hilflos die Achseln.

Bob Jarvis stand von der Sessellehne auf und öffnete die Tür.

Molly blieb einen Augenblick steif stehen, dann ging sie ins Vorzimmer hinaus. Der Teppich dämpfte das vertraute Geklapper ihrer hohen Absätze. Sobald sie draußen war, fing sie an zu schluchzen.

Rebecca konnte es durch die Tür hören.

„Wenn sie doch wenigstens etwas sagen würde. Ich habe getan, was ich konnte, aber sie sagt einfach nichts ..."

Rebecca konnte nicht verstehen, was Bob Jarvis antwortete. Sie hörte, wie er die Tür zum Flur zumachte, aber in wenigen Augenblicken war er wieder zurück. Sie spürte, daß er neben ihr stand. Er ging zu seinem Schreibtisch und setzte sich.

„Rebecca, ich möchte jetzt, daß du mit mir sprichst." Er sagte es ganz freundlich, aber trotzdem, diesen Ton kannte sie. Wenn ihr Vater so mit ihr geredet hatte, war der Spaß zu Ende gewesen, und sie hatte ihm gehorcht.

„In Ordnung“, murmelte sie.

„Na also, so gefällst du mir schon besser!“ Er lächelte sie an. „Und jetzt sagst du mir mal, was du von der ganzen Sache hältst. Verstehst du überhaupt, um was es geht?“

„Ja, schon, nein, eigentlich nicht.“

„Na gut, dann sagst du mir, was du schon weißt, und an dem Punkt fangen wir dann an.“

„Also, Papa wollte Molly heiraten, weil sie mich, na ja, weil sie mich anscheinend lieber mochte als die anderen vorher. Jedenfalls habe ich das geglaubt, bis ...“

„Moment mal, welche anderen?“

„Die anderen Frauen, mit denen er sich getroffen hat.“ Es waren ziemlich viele gewesen – alle braungebrannt und schlank wie Molly. Rebecca hatte sie kaum wahrgenommen. Und die Frauen hatten sich nicht um Rebecca gekümmert – sie waren ja sowieso bald wieder verschwunden.

Bob Jarvis trommelte mit den Fingern auf seinem Schreibtisch. „Aha, ich verstehe.“

„Ja, und mit Molly hat er sich angefreundet, als er krank geworden ist. Und bevor er ins Krankenhaus kam, hat er mir gesagt, daß Molly zu uns ziehen würde, und sobald er wieder zu Hause wäre, würde er sie heiraten, denn wenn er ...“ Sie schluckte krampfhaft und versuchte sich auf das zu konzentrieren, was sie sagen wollte, anstatt an diesen Tag zu denken. Papa war so lieb zu ihr gewesen – er hatte sie in den Arm genommen, und sie hatten sich zusammen in seinen bequemen Sessel gekuschelt, so wie früher, als sie noch klein gewesen war. „Also, er wollte eben sicher sein, daß jemand da ist, der sich um mich kümmert, wenn er nicht mehr da ist!“ Sie blickte zu Mr. Jarvis hoch. „Aber er hat mir gesagt, daß ich es Molly nie erzählen darf, weil es ihr weh tun würde, wenn sie wüßte, daß er sie nur meinetwegen heiraten wollte."

Mr. Jarvis nickte. „Ich hoffe, du hast ihr das nicht erzählt."

„Natürlich nicht! Ich habe ja auch nie etwas von den anderen Frauen erzählt. Und ich habe aufgepaßt, daß ich ihre Namen nicht verwechsle!"

Mr. Jarvis rieb seine Nase und sah dabei ein bißchen traurig aus.

„Aber dann war er auf einmal im Koma, und deshalb konnten sie nicht mehr heiraten. Und ich glaube, Molly hat es satt, sich um mich zu kümmern, oder vielleicht bin ich ihr zu anstrengend ... Jedenfalls hat sie irgendwie meine Mutter überredet, daß sie mich zu sich nimmt ..." Sie verstummte. „War es so?"

„Was weißt du über deine Mutter?" fragte Mr. Jarvis.

„Also, ich weiß, daß sie auf einer alten Farm in Vermont lebt. Sie ist Journalistin, arbeitet freiberuflich. Sie hat eine ganze Menge Diplome. Und sie hat Papa verlassen, als ich zwei war!"

„Wer hat dir das erzählt?"

„Na ja, eigentlich niemand. Das habe ich mir gedacht!"

Bob Jarvis stand auf und ging um seinen Schreibtisch herum. „Meinst du nicht, daß es besser wäre, wenn du einfach jemanden fragst?"

„Das ging nur bei Papa."

„Wirklich? Nur bei ihm?"

„Ja. Die anderen Erwachsenen sagten alle, daß ich noch zu klein war, daß ich das nicht verstehe. Oder sie redeten um die Wahrheit herum."

„Das stimmt", gab Mr. Jarvis zu. „Und es ist gar nicht so einfach, die Wahrheit zu sagen. Sonst müßte man die

Leute nicht vereidigen, wenn sie eine Aussage bei Gericht machen. Die Wahrheit ist oft ziemlich häßlich. Aber du kannst es mit mir versuchen, Rebecca. Frag mich einfach, alles, was du wissen willst."

Sie schaute zu ihm auf, und seine freundlichen Augen hinter den Brillengläsern flößten ihr Vertrauen ein. Vielleicht konnte sie ihn ja wirklich fragen? Wo er sie so an Papa erinnerte. „Hat Papa Krebs bekommen, weil er unglücklich war?"

Er sah sie an. „Viele Leute sind unglücklich und bekommen trotzdem keinen Krebs. Es wäre einfach ungerecht, Rachel die Schuld daran zu geben."

Rebecca kaute wieder auf ihren Fingernägeln, aber als es ihr bewußt wurde, nahm sie schnell die Finger aus dem Mund. „Ich wußte nicht, daß Papa unglücklich war, ich meine, bevor er krank wurde."

„Niemand ist immer nur unglücklich", sagte Mr. Jarvis. „Und dein Vater wäre mit keinem anderen Menschen so glücklich gewesen wie mit dir. Er hat niemanden so geliebt wie dich, und wenn man mit einem Menschen zusammen ist, den man wirklich lieb hat, ist man glücklich. Das darfst du mir glauben. Zufrieden? Oder hast du noch mehr Fragen?"

Rebecca schaute aus dem Fenster „Warum muß ich nach Vermont zu meiner Mutter? Ich meine, sie wollte doch nie etwas von mir wissen!"

Bob Jarvis nahm seine Pfeife vom Schreibtisch und suchte nach dem Tabak. „Wie kommst du darauf?"

„Also, schließlich hat sie Papa und mich verlassen. Und sie hat sich nie um mich gekümmert. Sie hat mich nie besucht oder angerufen oder geschrieben oder Geschenke geschickt – nichts, gar nichts. Und das tun die meisten

Eltern, wenn sie von ihren Kindern getrennt leben." Sie mußte tief Luft holen, und es hörte sich an, als ob sie schluchzte. „Ich meine, ich kenne sie ja nicht einmal!"

Bob Jarvis zündete seine Pfeife an, und der süße Tabaksduft breitete sich im Zimmer aus. Bei dem Geruch mußte Rebecca an ihren Vater denken: Wie er auf der Dachterrasse seine Pfeife geraucht hatte, wenn sie am Abend von ihrem Strandspaziergang zurückgekommen waren. Sie wischte sich mit der Hand die Tränen ab.

„Es ist komplizierter, als du glaubst", sagte Mr. Jarvis endlich. „Hör zu, Rebecca. Dein Vater und deine Mutter waren nie sehr glücklich miteinander. Sie ist sehr empfindlich und schwierig, und er hat sich zuviel mit anderen Frauen abgegeben. Na ja, so kam eins zum andern. Und als du ungefähr zwei Jahre alt warst, hat sie ihn um eine Trennung gebeten. Sie wollte dich mit nach Vermont nehmen und mit dir auf der Farm leben, die sie von ihrem Vater geerbt hatte. Sie liebte diese Farm und hing sehr an dem schönen alten Haus. Von dort aus wollte sie dann die Scheidung in die Wege leiten."

Mr. Jarvis zog ein paarmal nachdenklich an seiner Pfeife. „An dem Tag, als sie mit dir nach Vermont abreisen wollte, ging sie noch einmal weg, um ein paar Sachen zu erledigen. Dich ließ sie bei deinem Babysitter zurück. Dann ist dein Vater nach Hause gekommen, hat das Mädchen bezahlt und weggeschickt. Und mit dir hat er, na, sagen wir mal, einen kleinen Ausflug gemacht!"

Rebecca machte große Augen, aber sie sagte nichts.

„Als er ungefähr eine Woche später zurückkam, hatte er einen Gerichtsbeschluß in der Hand. Darin hieß es, daß Rachel, deine Mutter, dich im Stich gelassen hätte und unfähig sei, die Verantwortung für ihr Kind zu übernehmen. Und daß sie in Zukunft keinerlei Kontakt mit dir haben dürfte – keine Besuche, keine Briefe, keine Geschenke, nichts!" Mr. Jarvis zog heftig an seiner Pfeife. „Und was glaubst du wohl, warum dein Vater das alles gemacht hat?"

„Weil er wollte, daß ich bei ihm lebe – nicht bei ihr."

„Sicher. Aber meinst du nicht, daß er vielleicht auch gehofft hat, Rachel würde zurückkommen, wenn ihr erst klar wäre, daß sie dich sonst verlieren würde? Aber bei Rachel hat er damit gar nichts ausgerichtet. Sie kam nicht zurück, sondern sie wurde furchtbar wütend. Sie ging vor Gericht, um diesen Beschluß anzufechten, aber sie verlor den Prozeß. Der Richter war ein guter Freund deines Vaters." Mr. Jarvis seufzte. „Daraufhin legte sie bei einem höheren Gericht Berufung ein, und so ging es immer weiter. Aber sie mußte nach Vermont ziehen, weil das Leben hier zu teuer für sie war. Und sie hatte immer nach Vermont gewollt. Du warst bei deinem Vater gut aufgehoben, aber vor allen Dingen hatte er überall im ganzen Staat Kalifornien die besten Beziehungen. Deine Mutter hatte nie die Chance, von einem unvoreingenommenen Gericht gehört zu werden. Immer hieß es, sie habe Mann und Kind verlassen!"

Rebecca starrte auf ihre Hände.

„Vom Standpunkt deines Vaters aus", fuhr Bob Jarvis fort, „*war* sie natürlich davongelaufen. Er hatte ihr gesagt, wenn sie *ihn* nicht mehr haben wollte, würde sie dich auch nicht bekommen, und Rachel ist trotzdem gegangen. So hat er darüber gedacht, und so hat er dich natürlich beeinflußt. Aber du kannst mir glauben, sie wollte dich. Sie hat alle Hebel in Bewegung gesetzt, um wenigstens die Erlaubnis zu bekommen, dich besuchen zu dürfen. Als dein

Vater gestorben ist, hat sie sofort angerufen und gesagt, sie würde dich gern zu sich nehmen. Molly war einverstanden, aber es hat ein paar Monate gedauert, bis alle Formalitäten erledigt waren.“ Er schaute sie eindringlich an. „Ich weiß, das ist keine schöne Geschichte, Rebecca. Aber für dich zählt eigentlich nur eins – nämlich daß deine Mutter dich wirklich bei sich haben will!“

„Aber Papa sagte, Molly hätte ihm versprochen, bei mir zu bleiben!“

„Kind, versetz dich mal in ihre Lage. Molly ist gerade einundzwanzig Jahre alt und soll für ein Mädchen sorgen, das sie erst seit ein paar Monaten kennt. Und nun erfährt sie, daß dieses Mädchen eine Mutter hat, die seit Jahren um das Sorgerecht kämpft. Würdest du da nicht auch das Kind seiner richtigen Mutter lassen?“

Rebecca zog die Nase hoch. „Nicht, wenn ich Molly wäre“, sagte sie. „Dann würde ich mir jemanden suchen, der die Sache richtig in die Hand nimmt, weil ich nämlich keine Ahnung hätte, was ich tun soll.“ Als es heraus war, bereute sie es sofort. Molly war nicht gerade eine Geistesgröße, da hatte Papa recht gehabt, aber dafür war sie gutmütig und sehr hübsch und lieb. „Woher wissen Sie das eigentlich alles?“ fragte Rebecca, weil sie das Gefühl hatte, daß es besser war, schnell das Thema zu wechseln.

„Woher ich das weiß? Weil ich der Anwalt deiner Mutter bin!“ sagte Mr. Jarvis einfach.

Rachels Anwalt! Dann war ja alles klar – deshalb erzählte er ihr all die gräßlichen Geschichten über Papa! Wenn er all die Jahre Rachel gegen den Vater vertreten und dann auch noch Molly überredet hatte, ihr Versprechen zu brechen, als Papa gestorben war und nichts mehr dagegen machen konnte, dann würde sie überhaupt nicht mehr mit ihm reden. Die Gedanken wirbelten in ihrem Kopf. Sie starrte zum Fenster hinaus, auf diese dummen roten Hibiskusblüten, die sie plötzlich nicht mehr mochte.

„Rebecca“, sagte Bob Jarvis sanft, „ich bin zwar der Anwalt deiner Mutter, aber bevor du geboren warst, waren dein Vater und ich Partner. Ich habe ihn sehr geschätzt – in meinen Augen war er einer der intelligentesten, witzigsten Menschen, die mir je begegnet sind. So denke ich auch heute noch über ihn, obwohl wir uns in manchen Dingen nicht einig waren.“ Er stellte sich zwischen Rebecca und das Hibiskusfenster, so daß sie gezwungen war, ihn anzuschauen. „Mein liebes Kind, glaubst du im Ernst, ich hätte den Fall übernommen, wenn mir nicht so viel an euch gelegen hätte – an deinem Vater, an deiner Mutter und an dir!“

„Ich weiß nicht!“ Rebecca hatte einen dicken Kloß im Hals, und ihre Augen fingen an zu brennen. Mit zwölf Jahren weint man nicht mehr, sagte sie sich wütend. Jedenfalls nicht vor dem Anwalt seiner Mutter.

Mr. Jarvis setzte sich wieder auf ihre Sessellehne und legte seine Hand auf ihre Schulter. „Kind, keine Macht der Welt wird dir deinen Vater zurückgeben, auch wenn du es dir noch so sehr wünschst. Und dein Leben wird nie mehr so sein, wie es war, das weißt du doch?“

„Natürlich weiß ich das!“ Genau das gleiche hatte ihr der Arzt, zu dem Molly sie gebracht hatte, auch gesagt. Und der Schulpsychologe. Wieso glaubten alle, daß sie ihr das sagen mußten? Sie war doch nicht schwachsinnig!

Er seufzte. „Es tut mir leid. Das war wirklich eine dumme Frage. Aber ich wollte damit auch nur sagen, daß du dir dein Leben jetzt neu einrichten mußt. Und deine

Mutter möchte dir dabei helfen. Sie ist ein außergewöhnlicher Mensch, Rebecca – ganz anders als die jungen Damen, die dein Vater nach der Scheidung ins Haus gebracht hat. Vertrau mir: ich kenne sie gut."

Ihm vertrauen? Wo es ihm doch nur darauf ankam, jetzt einen Fall zu gewinnen, den er vorher verloren hatte? Sie zuckte die Schultern und streifte dabei seine Hand ab. Er stand auf, nahm seine Pfeife aus dem Aschenbecher und setzte sich wieder auf ihre Sessellehne. Er ließ einige Zeit vergehen, dann strich er ihr ein paarmal sanft über den Kopf, so wie Papa früher, wenn sie sich gestritten hatten. Das tat ihr gut.

„Hast du je ein Foto von deiner Mutter gesehen?" fragte er endlich.

Rebecca schüttelte den Kopf.

Er stand auf und kramte auf seinem Schreibtisch herum. „Ich habe eins hier", sagte er. „Schau es dir an!" Er hielt es ihr vors Gesicht. Dagegen war nichts zu machen – sie hätte höchstens die Augen zukneifen können, aber das kam ihr doch zu albern vor. Und so schaute sie lieber hin.

Als erstes sah sie ein Pferd – ein großes Pferd mit gewölbtem Hals, dessen Haltung sie an eine Reiterstatue erinnerte. Das Gesicht daneben, das ihr entgegensah, glich ihr so sehr, daß sie zusammenzuckte. Rote Haare, nach hinten gekämmt und zu einem Pferdeschwanz zusammengebunden, große helle Augen. Das war sie selbst als Erwachsene! Es war ein Gesicht, das man nicht schön nennen konnte. Jedenfalls wußte Rebecca jetzt, warum sie nicht hübsch war, obwohl sie doch so einen gutaussehenden Vater gehabt hatte. Sie geriet ihrer Mutter nach. Na, das war ja großartig! Auch das noch! „Sie ist nicht sehr hübsch", sie gab das Foto schnell zurück.

„Findest du?“ Bob Jarvis betrachtete das Foto. „Na ja, du solltest dir dein Urteil bilden, bis du sie gesehen hast! Sie hat eine starke Ausstrahlung!“

„Wieviele hat sie?“

Er blickte sie verständnislos an. „Wieviele was?“

Rebecca unterdrückte ein Lächeln. „Na, Pferde!“

„Ach so“, erwiderte er zerstreut, als ob ihn Pferde nicht besonders interessierten. „Mindestens vier, glaube ich. Einige zum Reiten, andere zum Arbeiten. Pflügen. Baumstämme ziehen. Solche Sachen!“

Rebecca rutschte von ihrem Sessel herunter und streckte ihre Beine; sie waren ganz steif vom langen Sitzen. „Und wann muß ich nach Vermont?“ fragte sie. „Nächsten Sommer?“

Bob Jarvis sah sie überrascht an. „Nein, nein, Rebecca, nächste Woche!“

Nächste Woche! Sie stützte sich mit einer Hand auf den Sessel, weil ihr schwindlig wurde.

„Ja, du hörst diese Woche mit der Schule auf, und nächste Woche beginnt dann für dich das neue Schulhalbjahr in Vermont. Wir dachten, es ist das Beste für dich, wenn die Schule ganz normal weitergeht, nachdem ja sonst dein ganzes Leben durcheinandergeraten ist. Es tut mir leid, daß ich dir das nicht früher gesagt habe. Ich habe es vor lauter Reden und Erklären vergessen. Bitte entschuldige!“ Er hielt die Tür auf, und Rebecca ging in das dunkle, leere Vorzimmer hinaus.

„Vergiß nicht, dir die Adressen von all deinen Freunden hier geben zu lassen, damit du ihnen aus Vermont schreiben kannst“, sagte er, als sie zusammen die Treppe hinuntergingen.

Während Rebecca ihm zum Auto folgte, fragte sie sich,

ob sie überhaupt Freunde hatte, denen sie schreiben wollte. Klar, in der Schule saß sie immer mit ein paar Mädchen zusammen, und in den Pausen auch, aber sie gehörte nicht wirklich zu ihnen. Ihr bester Freund war nun einmal Papa gewesen, und da war es nicht einfach, sich mit anderen Kindern richtig anzufreunden. Papa war so viel klüger als ihre Schulkameraden, auch viel klüger als die Lehrer, und Rebecca lachte mit ihm über Dinge, die die meisten Kinder gar nicht verstanden hätten. Und dann war sie ja auch immer sehr beschäftigt: dreimal in der Woche Reitstunden, an anderen Nachmittagen Strandspaziergänge oder Drachenfliegen, und am Wochenende fuhren sie in Papas Sportwagen durch die Gegend oder hatten Gäste zum Abendessen. Da blieb eben nicht viel Zeit, mit anderen Kindern zusammenzusein. Seit Papas Tod war das natürlich alles anders geworden. Aber seit damals hatte sie auch keine Lust mehr gehabt, mit anderen Kindern zu reden, und in den Pausen verkroch sie sich meistens in ihrer Lieblingsecke in der Bibliothek oder ging zum Reitstall und beschäftigte sich dort mit den Pferden.

Bob Jarvis hielt ihr die Autotür auf, so wie Papa es immer gemacht hatte. „Oh!“ sagte er plötzlich. „Willst du vielleicht das Foto von deiner Mutter mitnehmen?“

„Nein, danke!“ Sie hatte keine Lust, sich Rachel genauer anzusehen – je weniger sie von ihr zu sehen bekam, desto besser. Mr. Jarvis war bereits abgefahren, da fiel Rebecca plötzlich das Pferd ein. Zu dumm, daß sie das Foto nicht mitgenommen hatte. Das Pferd hätte sie gern genauer angeschaut. Aber jetzt war es zu spät.

Sie fuhren eine Weile schweigend auf der breiten, palmengesäumten Straße, die am Strand entlang führte. Rebecca schaute zum Fenster hinaus. Die Sonne ging gerade unter, und der Himmel über dem grauen, winterlichen Ozean färbte sich brennend rot. Ein paar Surfer in ihren nassen, glitzernden schwarzen Anzügen drehten eine letzte Runde, bevor es dunkel wurde. Auf dem Radweg zwischen dem Strand und der Straße glitten Rollschuhfahrer geräuschlos auf ihren Plastikrädern dahin.

„Ein schöner Abend!" sagte Bob Jarvis.

Rebecca nickte stumm.

Sie verließen die Palmenallee und bogen in eine kleine Straße ein, die sich steil bergauf schlängelte. Rebecca sah die Häuser und Gärten vorübergleiten, die ihr vertraut waren, seit sie denken konnte: Mr. Abenworth's Stuckvilla mit den beiden alten Eichen im Vorgarten; das Pförtnerhäuschen, in dem die Hunde wohnten, die immer den Autos nachjagten; Mr. Judds großes Haus, dessen weiße Wände über und über mit farbenprächtigen Bougainvilleas bedeckt waren – orange, lila und rot. Komisch, wenn sie sich vorstellte, daß das schon nächste Woche nicht mehr ihr Heimweg sein würde ... Sie verkroch sich tief in ihrem Sitz und starrte stumm auf das Handschuhfach.

„Verflixt noch mal", knurrte Mr. Jarvis, als er in das von zwei Säulen eingerahmte Tor einbog, „ich habe ihnen doch gesagt, daß sie noch warten sollen!"

Rebecca richtete sich auf und starrte hinaus. Neben

dem Tor hing ein Schild: ZU VERKAUFEN. Auskünfte unter (805) 687-7447. Rebecca schluckte krampfhaft, während das Haus näher kam. Es war so schön: weiße Stuckwände und ein rotes Ziegeldach, blühende Ziersträucher vor dem überdachten Eingang und auf der Rückseite der von Akanthusstauden gesäumte Weg, den man von hier aus nicht sehen konnte, der zu den Klippen und zum Strand hinunterführte.

„Ich wußte nicht, daß das Haus verkauft wird“, sagte sie mit zitternder Stimme.

„Es ist ja auch gerade erst zum Verkauf freigegeben worden. Ich habe das Maklerbüro angerufen, während du die Krapfen geholt hast. Aber ich habe sie gebeten, noch eine Woche zu warten, bis sie es ausschreiben, damit ich vorher mit dir reden konnte.“ Er schüttelte unwillig den Kopf. „Das wollte ich wirklich nicht, daß du es auf diese Weise erfährst!“

Also redete auch Bob Jarvis um die Wahrheit herum, genau wie alle anderen, außer Papa. Rebecca schnallte ihren Gurt los, noch während das Auto rollte, und als es endlich stehenblieb, sprang sie schnell hinaus. „Danke für's Mitnehmen“, sagte sie tonlos.

Mr. Jarvis schaute sich um. „Wo ist Molly? Ich sehe ihren Wagen gar nicht!“ Er stellte den Motor ab. „Soll ich hierbleiben, bis sie zurückkommt?“

„Nein, nein. Molly hat mir einen Schlüssel gegeben, damit ich ins Haus kann. Und sie wird bestimmt bald wieder dasein. Sie hat Papa versprochen, mich nicht so viel allein zu lassen.“

Er schüttelte den Kopf und schaute sie nachdenklich an, als ob er noch etwas sagen wollte.

Da lief Rebecca schnell durch die Vorhalle und schloß

die Eingangstür auf, um ihm zu zeigen, daß sie ihn nicht hier haben wollte. Als sie die Tür hinter sich zuschlug, hörte sie noch, wie er den Motor anließ und wegfuhr.

Im Wohnzimmer brannte kein Licht, aber Rebecca genügte das sanfte graue Dämmerlicht, das durch das Dachfenster und die breite Fensterfront auf der Westseite hereinsickerte. Sie schlüpfte aus ihren Sandalen und vergrub ihre Zehen in dem dicken Teppich. Sie starrte in den dämmrigen Raum, als ob sie ihn noch nie gesehen hätte. Alles war an seinem Platz – genauso, wie Molly und Rebecca es heute zurückgelassen hatten, als sie zu Mr. Jarvis gegangen waren. Aber irgendwie sah das Haus so aus, als ob es bereits jemand anderem gehörte. Während sie reglos auf einem Fleck stand, beschlich sie ein unheimliches Gefühl: Es war, als ob sie die fremden Leute, die hier wohnen würden, schon beinahe sehen konnte. Andere Möbel würden hier stehen, und niemand würde wissen, daß Papa das Haus einmal selbst entworfen hatte – und auch nicht, daß sie in diesen Räumen gelebt hatten.

Rebecca hatte sich vorgenommen, gründlich über alles nachzudenken, was Mr. Jarvis ihr erzählt hatte, aber wie sollte sie in einem Zimmer nachdenken, in dem bereits fremde Leute herumgeisterten, obwohl sie das Haus noch gar nicht gekauft hatten? Sie schaute zu ihrem Zimmer hinüber, aber in ihrem Zimmer konnte sie nur nachdenken, wenn es aufgeräumt war, und es war nicht aufgeräumt. Und plötzlich wußte sie, wohin sie gehen würde. Sie huschte an der kuscheligen Samtcouch und an den Stühlen mit den niedrigen Rückenlehnen vorbei, dann lief sie durch das Eßzimmer und weiter durch die Küche zum Windfang. Die Tür klemmte wie immer. Sie rüttelte daran, bis sie aufging, und lief auf Zehenspitzen über den kalten Boden. Als sie die Tür am anderen Ende des Durchgangs erreichte, blieb sie stehen. Sie war nicht mehr hier gewesen, seit Papa gestorben war. Die Tür war ja sowieso abgeschlossen, hatte sie sich immer eingeredet. Aber in Wirklichkeit hatte sie Angst, daß es ihr wieder so gehen würde wie an dem Tag, als Mr. Jarvis sie von der Schule abgeholt hatte. Sie war in Papas Schlafzimmer gegangen, um etwas zu holen, und da lagen seine Schlüssel und andere Sachen, die er immer bei sich getragen hatte, auf der Kommode – als ob er jeden Augenblick nach Hause kommen mußte. Es war ein schreckliches Gefühl gewesen.

Sie streckte die Hand nach dem Türgriff aus und hoffte beinahe, daß die Tür wirklich abgeschlossen war. Aber sie ging ganz leicht auf. Das Zimmer roch wie immer; Pfeifenrauch war besonders hartnäckig, der Geruch ging einfach nicht weg. Sie schaute aus dem Fenster auf die Schatten der Eukalyptusbäume und den breiten, dunklen Streifen dahinter. Das war der Ozean, und ganz in der Ferne, etwa fünf Meilen vom Strand entfernt, konnte sie die Lichter der Ölbohrtürme blinken sehen. Papas Arbeitszimmer hatte die beste Aussicht im ganzen Haus. Rebecca holte tief Luft und knipste die Schreibtischlampe an. Ihr Herz klopfte, denn gleich würde sie wieder dieses unheimliche Gefühl überfallen. Aber nichts geschah. Hier wartete nichts auf Papas Rückkehr. Jemand hatte den Schreibtisch aufgeräumt und die Tabakskrümel vom Teppich aufgesaugt. Sie war fast erleichtert, daß alles so sauber war. Und auf einmal fand sie es schön, hier zu sein, umgeben von Papas Büchern. Die Regale hatten sie zusammen gebastelt, als Rebecca noch zu klein war, um ihm eine wirkliche Hilfe zu sein. Und dort war der Pfeifenständer, den sie ihm zum Geburtstag geschenkt hatte; alle seine Pfeifen waren darin aufgereiht. Sie setzte sich nicht in Papas Sessel, sondern in den Lehnstuhl, in den sie sich abends immer hineingekuschelt und in dem sie gelesen hatte, während Papa noch am Schreibtisch saß und arbeitete. Wenn er fertig war und Rebecca die Augen noch offenhalten konnte, lasen sie zusammen – richtige Bücher, die nicht nur Bücher waren, sondern gute Freunde, wie Papa immer sagte. Es war viel einfacher, solche Bücher zu verstehen, wenn jemand sie vorlas, und Papa konnte das besonders gut.

Rebecca lehnte sich in ihrem Sessel zurück und schloß die Augen. Wenn sie Papas leeren Sessel nicht vor sich sah, konnte sie sich alles vorstellen – wie sie hier gelebt hatten. Es war, als hätte Mr. Jarvis niemals all diese Lügen über ihn erzählt. Als ob das Haus noch immer Papa gehörte. Als ob sie nicht nach Vermont gehen müßte ...

„Becky! Was machst du hier?"

Rebecca schreckte hoch und stand langsam aus dem Lehnstuhl auf. „Nichts, ich bin wohl eingeschlafen", murmelte sie. Molly wollte sie an sich drücken, aber Rebecca wich schnell zurück. Wieso mußte Molly sie ständig umarmen? Papa hatte das bei ihr auch nicht gemocht.

„Tut mir leid, daß ich mich verspätet habe", sagte Molly, während sie mit Rebecca aus dem Arbeitszimmer ging und die Tür hinter sich zumachte. „Aber du könntest mir helfen, die Sachen wegzuräumen, bevor das Eis schmilzt!"

Rebecca schluckte. Papas Haus wurde verkauft, sie mußte nächste Woche nach Vermont zu ihrer Mutter – und da sollte sie sich über ein Eis freuen?

Molly kam in die Küche zurück, im Arm zwei weitere Tüten. „Erzähl doch mal, wie war deine Unterhaltung mit Mr. Jarvis?" fragte sie.

Rebecca zuckte stumm die Achseln und fing an, die zweite Tüte auszupacken.

„Ich hoffe, er hat dir alles erklärt!" sagte Molly munter.

Rebecca nickte. Sie sagte nichts.

Molly seufzte. „Bitte, Becky! Ich weiß, es ist schwer für dich. Aber du mußt mich verstehen. Als Mr. Jarvis mir die Sache mit dem Sorgerecht erzählte, da habe ich begriffen, warum dein Vater unbedingt wollte, daß du bei mir bleibst. Damit deine Mutter dich nicht bekommt. Und das finde ich wirklich nicht richtig. Deiner Mutter gegenüber, meine ich."

Rebecca hatte keine Lust, sich den Rest anzuhören.

„Oder findest du das vielleicht richtig?" Molly blieb direkt vor ihr stehen.

„Ich weiß nicht! Wahrscheinlich. Ich meine, ich habe jetzt Hunger!" Sie mußte Molly ablenken.

Und das wirkte. Molly sagte nichts mehr, sondern kümmerte sich um den Salat; es ging doppelt so schnell wie sonst. Rebecca hätte Molly keinen größeren Gefallen tun können, denn in letzter Zeit hatte sie kaum etwas gegessen, und sie war sehr mager geworden. Der Haken war allerdings, daß sie jetzt auch wirklich essen mußte, obwohl das Steak wie Sägemehl schmeckte.

Als sie fertig waren, schenkte sich Molly eine zweite Tasse Kaffee ein, während Rebecca in ihrem Eis herumrührte, bis nur noch eine Pfütze übrig war, in der ein paar Schokoladenstückchen schwammen. Sonst vertiefte sich Molly beim Nachtisch in einen ihrer Romane, über die Papa sich immer lustig gemacht hatte, aber heute abend war sie gesprächig. „Du wirst Rachel bestimmt mögen", sagte sie aufmunternd.

„Wieso, kennst du Rachel?" Verflixt! Rebecca hätte sich

am liebsten auf die Zunge gebissen. Das hörte sich ja an, als ob sie sich für Rachel interessierte, dabei war sie ihr doch völlig gleichgültig.

„Nein, aber Mr. Jarvis hat mir von ihr erzählt!“ Molly schleuderte ihre Locken über die Schulter und lächelte. „Sie muß sehr klug sein, ehrlich gesagt, glaube ich, ich hätte ein bißchen Angst vor ihr. So wie früher in der Schule, da hatte ich auch Angst vor den Mädchen, die so wahnsinnig intelligent waren und so viele Bücher gelesen haben. Na, du weißt schon, was ich meine. Aber das magst du doch, oder?“

Rebecca rührte schneller in ihrem Eis. Daß Molly sich vor jemandem fürchtete, war eine komische Vorstellung. Andererseits, wenn sie es sich richtig überlegte, hatte Molly sich nicht auch heimlich vor Papa gefürchtet? Und er hatte sie ausgelacht oder ihr Fragen gestellt, die sie nicht beantworten konnte.

Rebecca stand auf und kippte das Eis in die Spüle. „Ich räume jetzt mein Zimmer auf“, sagte sie. Wozu sollte sie sich noch mehr Geschichten über ihren Vater anhören?

Aber Molly ließ ihr keine Ruhe. Sie platzte mit ein paar Kisten in Rebeccas Zimmer, und kaum hatten sie zu packen angefangen, da ging es schon wieder los mit den alten Geschichten, über die Molly im Grunde gar nichts wußte.

„Die nicht!“ rief Rebecca und zeigte auf die alte Stoffpuppe, die Molly in der Hand hielt. „Damit spiele ich schon längst nicht mehr.“

Molly hörte zu packen auf und versuchte, einen Arm um Rebeccas Schultern zu legen. „Sieh mal, Becky“, sagte sie, „ich weiß, daß du deinen Vater schrecklich gern gehabt hast, und er dich auch. Aber jetzt wirst du bei deiner Mutter leben, das mußt du einfach begreifen!“

Rebecca machte sich aus Mollys Arm los und stand auf. „Hast du deinem Freund Ben gesagt, daß er morgen zu deiner Vorführung kommen soll?"

„Ach, du liebe Güte, nein, das habe ich völlig vergessen."

„Dann ruf ihn lieber jetzt gleich an. Es ist nämlich schon spät!" sagte Rebecca.

Molly schaute auf ihre Uhr. „Das kann man wohl sagen. Also gut. Aber ich rufe Ben nur ganz kurz an, damit wir hier fertigwerden. Dein Zimmer muß morgen unbedingt ordentlich aussehen."

Sie lief hinaus, und Rebecca hörte ihre Absätze über den Parkettboden klappern, bis das Geräusch vom Teppich verschluckt wurde. Mr. Jarvis wäre bestimmt zufrieden mit ihr. Sie hatte Molly überlistet – wie ein kleines Mädchen, das man zum Krapfenholen wegschickt.

Als Molly eine halbe Stunde später ins Schlafzimmer zurückkam, verschonte sie Rebecca mit ihren Geschichten über den Vater und sagte auch kein Wort mehr über Rachel. Nicht an diesem Abend, und auch die ganze restliche Woche nicht.

Bob Jarvis brachte Rebecca zum Flughafen. Es war eine lange Fahrt, und weil um diese Zeit viel Verkehr war, mußten sie schon um sechs Uhr morgens aufbrechen. Molly fühlte sich dieser Aufgabe nicht gewachsen, wie sie sagte, und wahrscheinlich war es ganz gut, daß sie nicht mitkam. Papa sagte immer, man müßte sich schleunigst vor Molly in Sicherheit bringen, wenn sie gerührt war, sonst gab es tränenreiche Szenen. Molly hatte sogar zu Hause geweint, als sie sich von ihr verabschiedet hatte. Nicht auszudenken, wie sie sich erst auf dem Flughafen aufgeführt hätte!

Mr. Jarvis würde jedenfalls kein Theater machen, darauf konnte Rebecca sich verlassen. Er fuhr so gelassen zum Tor hinaus, als ob sie nur einen kleinen Ausflug machen wollten. Endlich hatten sie den Strand hinter sich gelassen und fuhren an einer langen Reihe von gepflegten Bürogebäuden vorbei. Dazwischen leuchteten immer wieder kleine Grüppchen von Zitronenbäumen auf, goldgelb schimmerten die Früchte durchs Laub. Als sie endlich zum Flughafen kamen, schaute Mr. Jarvis alle paar Sekunden auf seine Uhr. Er drehte den Zündschlüssel um, sprang mit einem Satz aus dem Wagen und zerrte in aller Eile die Koffer aus dem Kofferraum. Offenbar waren sie spät dran. Aber Rebecca rührte sich nicht – sie war wie gelähmt. Erst jetzt begriff sie, daß sie wirklich fortging. Sie hatte es natürlich die ganze Woche gewußt, aber es war ihr mehr wie ein Traum oder ein Film vorgekommen. Nicht so, als ob das wirklich ihr passierte.

Ein Mann schob einen Gepäckwagen zum Auto und lud die Koffer auf; er schaute auch auf die Uhr. „Sie haben nicht mehr viel Zeit", sagte er. „Letzter Aufruf!"

„Ich weiß", erwiderte Bob Jarvis und gab dem Mann ein Trinkgeld. „Hauptsache, Sie bringen die Koffer zum Schalter!"

Der Mann starrte auf das Geld, grinste und eilte mit dem Gepäck davon. Bob Jarvis machte die Wagentür auf. „Wir sind wirklich spät dran", sagte er, „wir müssen laufen, sonst verpaßt du deinen Flug."

Rebecca starrte ihn an. Sie sah ihn nur ganz verschwommen. Mr. Jarvis kam ihr auf einmal so fremd vor, zwischen all den Autos, die herumfuhren und hupten, und all den Leuten, die an ihnen vorrübereilten.

„Rebecca! Bitte!“ Er zog an ihrer Hand.

Sie schüttelte verwirrt den Kopf, und einen Augenblick später rannten sie. Es war wie in einem Alptraum – auf einem endlosen Laufband drängten sie sich an anderen Leuten vorbei in einen tunnelartigen Gang. Bestimmt würde sie gleich erwachen, und alles war wieder wie sonst: Ihre Plüschtiere würden auf sie warten, am Fußende ihres Bettes aufgereiht, und daneben die Kleider. Und Papa würde hereinkommen und sagen: „Hallo, Prinzessin! Hast du gut geschlafen?“

Sie waren jetzt in einer riesigen, runden Halle, und Mr. Jarvis redete auf eine Frau in einem blauen Kostüm ein. Er drückte Rebecca etwas in die Hand. „Rebecca!“ Er schüttelte sie ein bißchen, bis sie zu sich kam und ihn anstarrte. „Das ist dein Flugticket. Paß auf, daß du es nicht verlierst. Und das sind deine Gepäckscheine. Die darfst du auch nicht verlieren. Und hier ist Rachels Telefonnummer und meine, falls etwas los ist. Alles klar?“

Falls etwas los ist. Vielleicht würde das Flugzeug abstürzen. So etwas kam vor. Sie hatte schon Bilder von Flugzeugkatastrophen im Fernsehen gesehen. Oder sie würde gar nicht ankommen in Vermont, in dem schönen alten Farmhaus.

„Bitte, Sir“, sagte die Frau im blauen Kostüm. „Die Maschine wartet auf Ihre Tochter!“

„Ich bringe sie noch die Rampe hoch“, sagte er und drängte sich schnell an der Frau vorbei.

Die Rampe war lang und rot. Als sie oben ankamen, wartete schon eine andere Frau in blauem Kostüm auf sie. „Sie können jetzt nicht weiter mitkommen, Sir“, sagte sie höflich, „aber ich verspreche Ihnen, ich passe gut auf Ihre Tochter auf.“ Sie streckte Rebecca die Hand hin.

Rebecca starrte Bob Jarvis an.

„Also, dann auf Wiedersehen“, sagte er betont fröhlich, so wie eben Erwachsene reden, wenn sie einem Mut machen wollen. Er nahm sie ganz fest in die Arme. „Und vergiß nicht: Es wird alles gut werden!“

Sie mußte ihm jetzt auf Wiedersehen sagen. Man soll immer höflich bleiben, hatte Papa ihr gesagt, auch wenn man unglücklich ist. Aber die Stimme gehorchte ihr nicht, und sie konnte sich kaum auf den Beinen halten, so elend war ihr. Bob Jarvis drückte sie noch einmal an sich, dann drehte er sich um und ging. Sie hätte ihm gern nachgeblickt, aber die Frau in der blauen Jacke nahm ihre Hand und führte sie zu ihrem Sitz. Hinter ihr knallte die große Tür zu, und eine andere Stewardess begrüßte die Passagiere. Plötzlich hoffte Rebecca, das Flugzeug würde tatsächlich abstürzen. Na ja, nicht wirklich, aber trotzdem, es konnte auch nicht schlimmer sein, als das, was sie erwartete. In ein paar Stunden würde sie irgendwo auf einem fernen Flughafen landen, dann mußte sie aussteigen in ihr neues Leben.

„Meine Damen und Herren, wir sind soeben auf dem Internationalen Flughafen Bradley gelandet“, erklang eine Stimme übers Mikrophon. „Wir bitten Sie, auf Ihren Plätzen zu bleiben und die Sicherheitsgurte anzubehalten, bis die Maschine steht.“

Aber die Leute kümmerten sich nicht darum. Sie standen auf und suchten ihre Sachen zusammen, und als die Maschine endlich ausgerollt war, drängten sich schon alle im Mittelgang. Rebecca blieb, wo sie war. Die Stewardess hatte ihr gesagt, sie sollte sitzenbleiben, bis die andern Leute ausgestiegen waren, damit sie ihr helfen konnte, Rachel zu suchen. Nur hatte sie nicht „Rachel“ gesagt, sondern „deine Mom“, so, als ob Rebecca es gar nicht erwarten könnte, ihrer „Mom“ um den Hals zu fallen. Es dauerte eine ganze Weile, bis der Mittelgang sich geleert hatte. Schließlich kam die Stewardess und lächelte Rebecca freundlich an. „Wie sieht deine Mom aus?“ fragte sie.

Die Frage verwirrte Rebecca. Sie konnte ja nicht gut zugeben, daß sie es nicht wußte. Sie überlegte einen Augenblick. „Sie hat rote Haare“, sagte sie schließlich, und ihre Stimme klang heiser. Als Rebecca die Gangway hinunterging, klopfte ihr Herz wie wild und in ihrem Magen rumorte es.

„Ist das Rebecca Davidson?“ fragte eine ruhige Stimme direkt neben der Stewardess.

Rebecca blickte nicht auf, es ging einfach nicht. Die Stewardess drückte der Frau, die gerade gesprochen hatte, etwas in die Hand. „Bitte unterschreiben Sie hier.“ Rebecca hörte einen Stift eilig über ein Blatt Papier kratzen. Dann klopfte ihr die Stewardess auf die Schulter und ging.

„Erst mal raus aus dem Gedrängel“, sagte die ruhige Stimme. Eine Hand legte sich auf Rebeccas Schulter und steuerte sie in eine Halle, in der nicht so viele Leute waren. Rebecca konnte immer noch nicht aufschauen. Sie sah nur ein Paar Beine in Jeans und Stiefeln. Keine Reitstiefel –

2 10271-8

feste Arbeitsstiefel. Rebecca ging neben den Stiefeln her; sie machte immer zwei Schritte, die Stiefel nur einen. Endlich blieben sie vor einer Sesselreihe stehen.

„So“, sagte die Stimme. Rebecca wußte genau, daß sie jetzt aufschauen und höflich sein mußte, aber sie konnte ihre Augen nicht vom Fußboden losreißen.

„Also gut“, sagte die Stimme sanft. „Wenn ich mich hinsetze, schaust du mich dann an?“

Die Stiefel rückten einen Schritt zurück, und die Jeansknie knickten ein. Eine Hand griff nach ihrer. Sie war rauh und verarbeitet, die Nägel waren rissig. Rebecca dachte an Mollys Hände mit den perfekt lackierten Fingernägeln und den hübschen Ringen. Ganz allmählich wanderten ihre Augen weiter nach oben. Sie sah eine abgetragene Daunenjacke mit offenem Reißverschluß, darunter ein Flanellhemd. Dann ein spitzes Kinn, den Mund ohne einen Hauch von Lippenstift, eine leicht gebogene schmale Nase. Und schließlich helle Augen, die Rebecca aufmerksam ansahen. Sehr klare grüne Augen waren es. Rebecca blickte schnell weg und betrachtete die Haare – rote Haare, ein bißchen wild, hinten mit einer Spange zusammengehalten.

„Hast du mich jetzt genug studiert?“ fragte Rachel.

Rebecca zuckte zusammen und schaute wieder auf den Boden. Sie hatte die Frau nicht anstarren wollen. Eine Weile schwiegen sie beide.

„Gut“, sagte Rachel. „Dann holen wir jetzt deine Koffer!“ Sie stand auf und ging mit großen Schritten die lange Halle hinunter. Rebecca mußte fast laufen, um mit ihr Schritt zu halten. Sie war außer Atem, als sie endlich zur Gepäckausgabe kamen – oder keuchte sie nur so heftig, weil sie sonst in Tränen ausgebrochen wäre? Rachel freute sich kein bißchen, daß Rebecca zu ihr gekommen war. Sie hatte es ja gleich gewußt.

„Die Gepäckscheine?" fragte Rachel und streckte ihre Hand aus. Rebecca zog sie aus ihrer Tasche. Rachel starrte auf die Scheine: „Fünf Koffer? Hast du fünf Koffer dabei?"

Rebecca nickte kläglich. Wieso machte Rachel so ein Theater wegen der fünf Koffer? Sie war ja schließlich nicht auf einer Ferienreise. Schweigend zeigte sie auf ihre Koffer, sobald einer auf dem Band um die Kurve herum kam, und Rachel hob sie herunter.

„Gut, das war's", sagte sie, als der fünfte Koffer auftauchte. „Du nimmst den hier, ich trage den Rest. Mach besser deine Jacke zu!"

Rebeccas Hände zitterten, als sie an ihrem Reißverschluß zerrte. Sie trug eine Daunenjacke, wie Rachel, aber ihre war neu und sauber. Molly hatte sie ihr gekauft, an dem Tag vor ihrer Abreise. War das gestern gewesen? Sie hob den fünften Koffer hoch und schleppte ihn zur Tür. Einmal drehte sie sich um und sah Rachel hinter sich herkommen, unter jedem Arm einen Koffer, und einen in jeder Hand.

Rebecca verschlug es den Atem, als sie die Tür aufmachte, so kalt war es draußen. Ihr Atem hing wie eine kleine Wolke vor ihrem Gesicht, und sie hatte das Gefühl, daß ihre Hände am Koffergriff festfroren.

„Links!" rief Rachel. Sie mußte fast schreien, um gegen den Wind anzukommen. Rebecca wandte sich nach links. Sie zitterte vor Kälte. Sie schlitterten über den Parkplatz. Schmutzige Schneehaufen türmten sich um die Laternenpfosten. Auch die Autos waren schmutzig. Besonders dieser scheußliche offene Lieferwagen, der Rachel gehörte.

„So!" sagte sie und legte die Koffer auf die Ladefläche des

scheußlichen Lieferwagens, dann nahm sie Rebeccas Koffer und stellte ihn dazu. „Und nun hinein mit dir!"

Rebeccas Jeans blieben an dem zerrissenen Sitzbezug hängen. Rachel schwang sich auf den Fahrersitz. „Am besten wickelst du dich in die Decken ein", sagte sie, „die Heizung funktioniert nicht richtig."

Rebecca tat es, aber sie fragte sich, wozu das gut sein sollte, denn die Decken waren eiskalt. Rachel ließ den Motor an; der Wagen bebte und ratterte schließlich aus dem Parkplatz hinaus und auf die Autobahn. Zitronenbäume wie in Kalifornien gab es hier nicht, statt dessen lag Schnee auf beiden Straßenseiten, aber es war ganz gewiß kein Bilderbuchschnee. Er war nur schmutzig-braun und häßlich. Rebecca zitterte vor Kälte. Abgesehen von dem Schnee, sah es hier nicht viel anders aus als in Kalifornien, stellte sie enttäuscht fest. Häuserblocks, Bürogebäude, Straßen, Verkehr – nur gab es hier keinen Strand, sondern einen breiten Fluß. Rebecca mußte plötzlich daran denken, wie sie einmal mit Papa auf der Küstenstraße gefahren war und ihn gefragt hatte, warum sie eigentlich in Santa Barbara lebten. „Weil die ganze restliche Welt häßlich ist", hatte er ihr geantwortet. Und das stimmte. Wie fast alles, was Papa gesagt hatte.

„Bob hat mir schon gesagt, daß du nicht viel sprichst!" Rachels Stimme ließ Rebecca zusammenfahren. Sie schaute zu ihr hinüber. Rachel starrte geradeaus auf die graue, düstere Straße, und sie sah selbst ein bißchen grau und düster aus. Rebecca überlegte krampfhaft, was sie auf diese Bemerkung antworten sollte. Aber es fiel ihr nichts ein.

„Was magst du am liebsten?" fragte Rachel. „Bücher? Pferde? Schokoladenkuchen? Erdnußbutter und Rieseneisbecher mit Sahne? Oder gibt es überhaupt nichts, worüber du gern redest?"

„Pferde!" Rebecca erschrak über ihre eigene Stimme – sie piepste ja richtig. Rachel mußte sie für einen schönen Schwachkopf halten.

„Wirklich?" Rachel warf ihr einen raschen Blick zu. „Kannst du reiten?"

„Ein bißchen!"

„Reitest du gern?"

„Es geht."

Rachel blickte wieder auf die Straße.

Rebecca starrte aus dem Fenster auf die riesigen Häuserblocks einer häßlichen Stadt, an der sie vorüberfuhren. Warum hatte sie das gesagt? Sie konnte nämlich recht gut reiten. Papa hatte ihr zwar kein eigenes Pony geschenkt, aber bis er krank geworden war, hatte er sie immer zum Reitstall gefahren. Und diesen Winter hatte Bob Jarvis sie jeden Samstag hingebracht. Amity, ihre Reitlehrerin, die selbst noch ein junges Mädchen war, hatte sie sogar Fanfare reiten lassen. Fanfare war ein richtig gutes Pferd, kein Schulpferd. Die meisten Reitschüler durften ihn nicht reiten. Fanfare war schon älter, aber er war früher einmal ein sehr gutes Dressurpferd gewesen. Amity ritt ihn manchmal und zeigte, was er konnte.

„Ich habe fünf Pferde", sagte Rachel und warf Rebecca wieder einen Blick zu.

Fünf! Vier, hatte Bob Jarvis gesagt!

„Wir reiten dann, wenn es wärmer wird, jetzt nicht", erklärte Rachel. „Im Januar ist es verdammt kalt auf einem Pferd. Da frieren dir Finger und Zehen ein. Und die Pferde sind dann auch nicht draußen, sondern im Stall!" Also konnte man hier nur ein paar Monate im Jahr reiten. Und da gab es Leute, die freiwillig an einem solchen Ort lebten.

Inzwischen waren nicht mehr so viele Häuser zu sehen. Der Lieferwagen keuchte einen Hügel hinauf und wurde ständig von anderen Autos überholt. Als sie oben waren, schaute Rebecca auf ein weites, silbergraues Tal hinunter. Hier und da flammten ein paar Lichter zwischen den weißen Kirchtürmen auf, die aus jedem kleinen Ort herauswuchsen. Die Schneewälle neben der Straße waren jetzt höher und nicht mehr schmutzig. Und in der Luft wirbelten Schneeflocken wie winzige Flaumfedern.

„Nach dem Wetterbericht steht uns heute noch ein Wintersturm bevor!“ erklärte Rachel.

Was war das, ein Wintersturm? Ein Hurrikan? Oder ein Blizzard?

Es wurde sehr schnell dunkel, und der Schnee fiel immer dichter. Das war schön, besonders, als Rachel die Scheinwerfer anstellte, und die Flocken im Lichtstrahl wirbelten. Sie fuhren von der Autobahn herunter auf eine kleinere Straße. Links und rechts lagen Tankstellen und Hamburger-Restaurants.

„Hast du Hunger?“ fragte Rachel.

„Nein“, sagte Rebecca. „Ich meine, nein, danke.“

„Auch gut“, sagte Rachel, „dann fahren wir durch. Es sind nur noch dreißig Meilen, aber es wird glatt werden.“

Sie fuhren jetzt einen steilen Hügel hinauf. Viele Autos kamen ins Rutschen und stellten sich quer, aber der Lieferwagen tuckerte zügig an ihnen vorbei. Rebecca fragte sich, ob Rachel magische Kräfte hatte. Es war doch seltsam, daß sie es schafften, und alle anderen nicht. Durch das Seitenfenster konnte man jetzt nichts mehr sehen, und wenn man durch die Windschutzscheibe schaute, war es, als ob man in einer weißen Wand verschwinden würde. Rebecca verlor sich in den Anblick der weißen, wirbelnden Schneeflocken und fragte sich schläfrig, woher sie kamen, und wohin sie gingen. Sie träumte eine ganze Zeit vor sich hin, dann richtete sie sich auf und starrte auf die Straße hinaus. Aber da war keine Straße mehr. „Wie kannst du überhaupt noch fahren? Man sieht gar nichts mehr!“ sagte sie.

„Instinkt“, antwortete Rachel, „den entwickelt man hier!“

„Ach so. War das auch Instinkt, daß wir alle Autos auf dem Hügel überholt haben?“

„Nein, das war Allradantrieb“, sagte Rachel lächelnd.

Rebecca konnte sich nicht viel unter Allradantrieb vorstellen, aber sie mochte nicht fragen. Sie fuhren jetzt sehr langsam, und die Welt ringsum war wie ausgelöscht: nur noch weiße Schneeflocken, die im Scheinwerferlicht tanzten.

Endlich sagte Rachel: „Wir sind gleich da.“

Eine Straßenlampe schwebte auf sie zu – wie ein Lampion in einer dicken Schneewolke.

„Sieht aus wie Narnia“, sagte Rebecca leise.

Rachel bog nach links ab. „Dann hast du also die Narnia-Bücher gelesen?“ fragte sie. Es klang erfreut.

Rebecca nickte. „Ich bekomme manchmal Bücher von der Bücherfee – so hat Papa sie genannt. Letztes Jahr hat mir die Bücherfee alle Narnia-Bände zum Geburtstag geschenkt. Ich habe sie in einer Woche gelesen, alle. Und als ich fertig war, hab ich sie gleich noch einmal gelesen.“ Plötzlich sah sie sich wieder in Papas Arbeitszimmer sitzen, in ihren Lehnstuhl gekuschelt, mit einem Buch in der Hand. Wie fern das jetzt alles war ...

„Weißt du nicht, wer dir die Bücher geschenkt hat?“ fragte Rachel.

„Nein, ich dachte immer, daß Papa dahintersteckt. Er war ja auch der Nikolaus und die Zahnfee. Aber die Bücher sind auch nachher noch gekommen, nach dem letzten September. Also war es vielleicht Mr. Jarvis ..."

Der Lieferwagen schleuderte mit den Hinterrädern nach rechts, und die Koffer knallten gegen die Seite. Dann schoß er wieder nach links, und Rachel riß leise schimpfend das Lenkrad herum. Fast wären sie in einen Schneewall gesaust, aber Rachel bekam den Wagen gerade noch rechtzeitig wieder in ihre Gewalt. Die Räder griffen wieder. Rebecca zog sich die Decke über den Kopf. Wenn sie doch nur wirklich in Narnia wären, dann könnte Aslan vor dem Wagen hergehen, und Rebecca wäre in Sicherheit.

Der Wagen machte eine scharfe Kehrtwendung, die Räder wühlten im Schnee, dann schlingerten sie ein paarmal hin und her, und schließlich ging der Motor aus. Rebecca schaute aus ihren Decken hervor. „Stecken wir fest?"

„So kann man es auch nennen", sagte Rachel trocken. „Wir sind zu Hause!"

Rebecca sah sich um. „Bestimmt?"

„Glaubst du, ich fahre bei dem Schneegestöber zum Spaß hier herauf? Bleib noch einen Augenblick sitzen, ich will erst ein paar Lichter anmachen."

Rachel versank bis über die Knie im Schnee, als sie aus dem Wagen sprang. Sie kämpfte sich durch und verschwand in der Dunkelheit. Nach ein paar Minuten flammten überall Lichter auf. Grauer Stall, graues Holzhaus, weißer Schnee – in Vermont gab es offenbar nur diese Farben. Alles war verschneit.

„Na, wie sieht's aus, willst du nicht reinkommen?" Rachel war wieder da und schaute ins Fahrerhaus herein.

„Nimm gleich einen Koffer mit!"

Wie sollte sie mit einem Koffer durch diesen Schnee kommen? Aber Rachel stampfte schon mit zwei Koffern an Rebecca vorbei, und so blieb ihr nichts anderes übrig, als mit einem der Koffer hinterherzustolpern. Sie fiel zweimal hin, aber Rachel nahm kaum Notiz davon. Endlich wankte sie durch die Tür, und zwar nicht in eine Halle, sondern direkt in die Küche. Aber was für eine Küche! Rebecca dachte an ihre Küche zu Hause: Die war sauber gekachelt, und es gab eine Geschirrspülmaschine, zwei Herde, ein Mikrowellengerät – einfach alles. Aber diese Küche hatte nicht einmal einen Linoleumboden, sondern breite Holzdielen mit Flickenteppichen darauf. Eine Geschirrspülmaschine gab es offenbar nicht, denn im Abwaschbecken türmte sich das schmutzige Geschirr.

Rachel kam mit den beiden restlichen Koffern herein. „Ich fürchte, das Feuer ist fast ausgegangen", sagte sie. „Du kannst schon mal nachlegen, ich trage solange die beiden Koffer in dein Zimmer."

„Kann ich nicht einfach die Heizung aufdrehen?"

„Das ist die Heizung", sagte Rachel. Sie zeigte auf ein kesselähnliches Monster, das in eine Backsteinmauer eingelassen war. „Hat dir deine Bücherfee nicht auch die *Little House*-Bücher und *The Open Gate* geschenkt?"

Wie konnte Rachel das wissen? Seltsam. Aber daß jemand tatsächlich mit so einem altmodischen Ofen heizte, das war noch viel seltsamer. Rebecca schaute zu, wie Rachel die Ofentür aufmachte, ein paar Holzscheite hineinwarf und die Tür dann wieder zumachte.

„So geht das", sagte Rachel. „Vergiß es nicht. Du mußt gleich noch einmal Holz nachlegen. Und danach drückst du die Ofenklappe hoch."

Die Ofenklappe? Was in aller Welt war eine Ofenklappe? Rachel schaute in Rebeccas ratloses Gesicht. „Hier, das silberne Ding, das ist die Ofenklappe. Damit wird die Luftzufuhr geregelt. Wenn du die Klappe nicht rechtzeitig hochdrückst, kannst du das ganze Haus in Brand stecken. Also, vergiß es nicht."

Rachel stapfte mit den beiden Koffern die Treppe hinauf. Rebecca schlich sich ein bißchen näher an den Ofen heran. Wie heiß mußte er sein, bevor sie die Klappe hochdrücken mußte? Und überhaupt, es war doch verrückt, sein Haus mit einem Ofen zu heizen, der alles in Brand stecken konnte. Aber vorläufig bestand jedenfalls keine Gefahr. Der Ofen war noch nicht einmal lauwarm.

„Was macht das Feuer?" Rachel kam wieder in die Küche und machte die Ofentür auf. „Gut, ich lege jetzt noch einmal Holz nach, und du bleibst hier sitzen und wartest, bis der Ofen heiß ist. Das dauert noch etwa zehn Minuten. Ich muß mich um die Pferde kümmern."

Rebecca wollte gern fragen, ob sie mitkommen durfte, aber das ging nicht, weil Rachel ja glauben sollte, daß ihr die Pferde nicht so besonders wichtig waren. „In Ordnung", sagte sie also nur. Sie war müde, und der Schaukelstuhl vor dem Ofen war vermutlich der wärmste Fleck im ganzen Haus. Sie setzte sich hinein, ohne Rachel anzusehen.

Rachel ging hinaus.

Rebecca schaukelte ein bißchen, dann schaute sie sich um. Es war keine sehr freundliche Küche. Spinnweben hingen von der Decke, und die Wände waren rußig und grau. Mein Gott, Molly würde der Schlag treffen! Sie fühlte sich nur wohl, wenn alles um sie her sauber, hübsch und neu war. Und Rachels Haus war alt und abweisend und kalt. Der Ofen knisterte, und Rebecca stieß den Schaukelstuhl ein bißchen zurück. Die Ofenklappe! Vorsichtig drückte sie ein bißchen dagegen, und die Klappe schnellte sofort hoch. Es wurde wärmer und wärmer, Rebecca zog ihre Jacke aus. Auf dem Tisch neben ihrem Stuhl lag eine Pferdezeitschrift. Sie blätterte darin, bis sie auf eine Seite stieß, auf der ein großer Grauschimmel beim Sprung über ein Hindernis abgebildet war. Das Hindernis war höher als das Pferd. Die Reiterin, die den Grauen ritt, wirkte genauso konzentriert wie ihr Pferd. Rebecca wünschte sich sehnlichst, auch einmal so zu springen. Ob Rachels Pferde springen konnten? Sie stellte sich vor, wie sie mit dem grauen Pferd auf ein Hindernis zuritt – dann der Absprung und hoch hinauf, immer höher, bis sie auf der anderen Seite wieder herunterschwebte ... Sie rutschte ein bißchen tiefer in ihren Sessel, und ihr Kopf sank gegen die Rückenlehne.

Plötzlich war es dunkel und wieder eiskalt, und Rebecca mußte ganz dringend auf die Toilette. Es dauerte eine ganze Weile, bis sie begriff, daß sie auf einem Bett lag, eingehüllt in etwas Leichtes, Warmes, und ohne Schuhe. Sie tastete herum, und ihre Hand stieß gegen etwas, das sich wie eine Lampe anfühlte. Sie blinzelte, und als sich ihre Augen an das Licht gewöhnt hatten, stellte sie fest, daß sie in einem Zimmer mit schrägen Wänden lag, die nach oben hin in einen spitzen Winkel mündeten. Ihre Koffer waren in einer Ecke aufeinandergestapelt, daneben standen ein hübscher, weißer Schreibtisch und ein geblümter Sessel, in den Rebecca dreimal bequem hineingepaßt hätte. Ein schönes Zimmer, mit Mullgardinen vor den Fenstern, nur furchtbar kalt. Zitternd nahm sie ihre Jacke von der Stuhllehne und zog sie an.

Mehrere Türen gingen vom Flur ab. Vielleicht war ja eine davon die Badezimmertür. Sie machte die erste auf, es war ein Schlafzimmer. Die zweite Tür führte auch in ein Schlafzimmer. Die dritte stand einen Spalt breit auf, so wie manche Toiletten- oder Badezimmertüren. Sie stieß sie auf und tastete an der Wand nach dem Lichtschalter. Etwas Großes, Schwarzes sprang vom Boden auf und kam auf sie zu. Hastig versuchte sie die Tür wieder zu schließen, aber das Tier hatte sich schon mit der Schulter dazwischengedrängt. Rebecca wollte davonstürmen, stolperte aber über ein unebenes Dielenbrett. Eine große, feuchte Zunge fuhr über ihr Gesicht. Ein Hund! Sie schob ihn sanft fort, und er wich höflich zurück und ließ sie aufstehen. Der Hund war fast so groß wie sie selbst. Sie streichelte seinen großen Kopf, und er klopfte freudig mit dem Schwanz gegen die Wand.

„Ruhig, Xeno“, rief eine verschlafene Stimme.

Rebecca spähte vorsichtig durch die Tür: Sie sah ein Bett mit einem kleinen Hügel darauf, neben dem sich zwei Katzen zum Schlafen eingerollt hatten. Das war wohl Rachels Schlafzimmer.

„Pst, sei still“, flüsterte sie dem großen Hund zu. Er setzte sich auf den Boden und schaute erwartungsvoll zu ihr hoch. Sie kraulte ihn unter dem Halsband, so wie sie es immer bei Bob Jarvis' Hund gemacht hatte. Dieser Hund schien die Stelle auch zu mögen; er legte den Kopf auf die Seite und klopfte sachte mit seiner linken Pfote auf den Boden. Wie schön, daß sie hier einen Hund haben würde!

Aber die Toilette hatte sie immer noch nicht gefunden. Vielleicht war sie unten. Mein Gott, wie steil diese Treppe war! Sie hielt sich am Geländer fest und setzte vorsichtig einen Fuß vor den andern. Xeno rutschte behend an ihr vorbei und landete mit einem dumpfen Aufprall auf dem Boden. Hier unten war es viel wärmer. Sie wandte sich nach rechts, da war noch so ein eisernes Ofenmonster. Der Raum war mollig warm; sogar der Perserteppich unter ihren Füßen fühlte sich warm an. Aber wo war die Toilette? Sie stieß eine Tür hinter dem Ofen auf: endlich!

Rebecca ging ins Wohnzimmer zurück und kauerte sich neben Xeno vor dem Ofen zusammen. Links von ihr schliefen zwei Katzen auf einem Sessel. Waren es dieselben wie oben? Nein, das mußten andere sein. Sie hielten einander mit den Pfoten umschlungen. Es war schön hier, viel wärmer als in ihrem Schlafzimmer. Eigentlich konnte sie ja auch vor dem Ofen weiterschlafen. Sie schloß die Augen.

Was war das? Der Wind? Rebecca fuhr hoch und setzte sich auf, aber die Katzen und Xeno schlummerten friedlich weiter. Trotzdem, da war es wieder, das Geräusch – es hörte sich an wie ein leises Wimmern. Und dann ein Kratzen und Scharren.

„He, ihr Kätzchen“, flüsterte sie, „da gibt’s was zu fressen für euch! Los, sucht die Maus!“ Die größere Katze blinzelte Rebecca mit ihren goldgelben Augen an. Wieder hörte sie das Geräusch. Es kam aus der Richtung, in der die Küche war. Sie stand auf und stieß die Tür auf.

„Oh! Wie süß!“ Das schwarze Hundebaby kugelte auf den Rücken, dann stand es auf, und vor Aufregung wedelte es mit dem ganzen Körper. Rebecca hob den kleinen Hund auf und drückte ihn an sich. Dann aber hielt sie ihn schnell von sich weg. Ein dünner, gelber Wasserstrahl pladderte auf den Boden. Sie holte ein paar Küchentücher und wischte die Bescherung auf. „Bist du fertig?“ fragte sie, aber der kleine Hund war verschwunden. O nein! Wenn er nun auf die Treppe pinkelte? Sie stürzte in den Flur hinaus und schaute ins Wohnzimmer, dann in die Toilette. Nichts. Vielleicht war er unter den Ofen gekrochen? Womöglich würde er sich verbrennen! Sie kniete sich vor den Ofen, um nachzusehen, aber da war er auch nicht. „Xeno, wo ist der kleine Hund?“

Der große Hund schaute sie an und klopfte mit dem Schwanz auf den Boden. Und der kleine Hund lag ganz unschuldig neben ihm eingerollt und klopfte auch mit dem Schwanz auf den Boden. So ein süßes kleines Hundebaby! Rebecca hätte sich am liebsten dazu gelegt. Und warum sollte sie eigentlich allein schlafen? Sie hob den kleinen Hund auf und nahm ihn auf den Arm. „Kommst du mit mir?“ fragte sie. Er fuhr schnell mit der Zunge über ihr Gesicht. Offenbar hatte er nichts dagegen. „Gut“, sagte sie, „aber bevor du wieder eine Pfütze machst, weckst du mich, ja?“

Oben in ihrem eiskalten Zimmer zog sie zuerst einmal die Bettdecke richtig hoch und breitete zwei weitere Dekken darüber, die säuberlich zusammengefaltet neben dem Sessel lagen. Dann schlüpfte sie ins Bett zurück und drückte den kleinen Hund an sich. Er brummte und rülpste ein bißchen und drückte sich in ihren Arm. Sie streichelte ihn. So einen Hund hatte sie sich seit Jahren gewünscht, aber Papa mochte keine Tiere, und Molly haßte Hundehaare auf den Teppichen. Na ja, der Teppich unten vor dem Ofen war zwar ein Perserteppich, aber ganz abgewetzt. Doch was machte das schon, Hundehaare taten ihm nichts.

Rebecca hörte, wie etwas die Treppe heraufkam, und gleich darauf schnoberte Xeno über ihr Gesicht. Als er die winzige Hundeschnauze aus den Decken hervorschauen sah, zog er sich am Bett hoch, drehte sich dreimal im Kreis und ließ sich dann der Länge nach hinplumpsen. Rebecca zog ihre Beine unter ihm hervor und zwängte sie in die einzige freie Ecke des Bettes. Es war vielleicht ein bißchen eng, aber sehr gemütlich. Papa wäre bestimmt nicht damit einverstanden, daß sie die Hunde in ihrem Bett schlafen ließ, aber schließlich war ihr Schlafzimmer in Kalifornien auch nicht so kalt gewesen. Allmählich fielen ihr die Augen zu. Im Halbschlaf sah sie Mollys blonden Lockenkopf vor sich und dann Rachels aufmerksame grüne Augen und ihre Riesenschritte. Es war klar, daß Papa und Rachel nicht miteinander leben konnten. Verschiedener konnten zwei Menschen nicht sein. Der kleine Hund zappelte im Schlaf, und sie drückte ihn noch ein bißchen fester an sich.

Die Hunde waren fort, als Rebecca aufwachte, und helles Sonnenlicht flutete in ihr Zimmer. Also war besseres Wetter, und das war gut. Wie spät mochte es wohl sein? Sie warf einen Blick auf ihre Armbanduhr: acht Uhr, aber das war kalifornische Zeit. Während sie fröstelnd in ihre Kleider schlüpfte, versuchte sie sich daran zu erinnern, wie das mit der Zeitverschiebung war. Gingen die Uhren hier vor oder nach? In der Schule hatten sie darüber gesprochen, aber sie hatte nicht aufgepaßt.

Sie konnte Rachel nirgends finden, als sie herunterkam, aber die Küche war warm, und es duftete köstlich wie in einer Bäckerei. Zwei Brotlaibe lagen auf dem Tisch, einer davon war schon angeschnitten. Mißtrauisch untersuchte Rebecca das Brot: Es war warm, dunkelbraun, schwer. Sie säbelte eine Scheibe ab, die oben viel dicker war als unten, dann strich sie Butter darauf, und biß hinein. Es schmeckte. Jetzt fehlte nur noch ein Glas Schokomilch. Sie machte die Kühlschranktür auf und suchte, aber sie fand nur einen Krug mit purer, weißer Milch – keine Schokomilch.

Rebecca nahm das Brot und die Milch zum Fenster mit und blickte hinaus. Der Stall kam ihr heute morgen nicht halb so groß vor wie gestern nacht. Außerdem brauchten die grauen Wände dringend einen neuen Anstrich, und schief waren sie auch. Das ganze Gebäude neigte sich nach rechts, so daß es aussah, als ob es nur von den riesigen Schneewällen rings herum am Einstürzen gehindert würde. Rebecca dachte an Papas Haus in Santa Barbara mit den blendend weißen Stuckwänden und den hellen, freundlichen, gepflegten Zimmern. Was würde Papa wohl sagen, wenn er wüßte, daß man sie in dieses alte Farmhaus gebracht hatte, hierher, wo es weit und breit nur Schnee gab?

In einiger Entfernung vom Stall rannte Xeno fröhlich bellend durch den Schnee. Hinter ihm gingen zwei große, schwere Pferde. Sie zogen ein Gerät, das wie ein riesiges Nudelholz aussah. Rachel saß oben, den Kopf von mehreren dicken Schals vermummt. Vielleicht durfte Rebecca sich neben Rachel setzen, wenn sie ganz höflich fragte? Schnell stopfte sie ihr Brot in den Mund, trank etwas Milch und stürzte zur Tür.

Ein bitterkalter, schneidender Luftzug und drei Katzen fegten an ihr vorbei ins Haus, als sie die Tür aufmachte. Es war wohl doch besser, wenn sie ihre Jacke anzog, obwohl draußen die Sonne schien. Sie warf sich die Jacke über und ging hinaus. Links und rechts türmten sich hohe Schneewälle. Erst jetzt merkte sie, wie kalt es war. Ihr ganzes Gesicht brannte, und bei jedem Atemzug mußte sie husten.

„Becca!" schrie Rachel über den Hof. „Geh sofort rein!"

Rebecca blieb stehen und starrte erschrocken zu ihr hinüber.

„Du sollst wieder reingehen, hab ich gesagt! Bitte!" Rachel stand jetzt hoch aufgerichtet auf dem Nudelholz und zeigte auf das Haus.

Rebecca drehte sich um und stapfte in die Küche zurück. Was hatte sie jetzt wieder falsch gemacht? Sie durfte doch wohl noch ein paar Schritte aus dem Haus gehen? Sie setzte sich vor den Ofen und rieb sich die steif gefrorenen Hände und das eiskalte Gesicht. Tränen verschleierten ihren Blick, als sie auf den Ofen starrte, und sie dachte sehnsüchtig an Santa Barbara. Dort hatte ihr niemand verboten, ins Freie zu gehen, und Papa hatte sie auch niemals angeschrien.

Das Telefon klingelte. Sie ließ es zuerst läuten, aber beim sechsten Mal nahm sie dann doch den Hörer ab. Wenn der Anrufer so hartnäckig war, mußte es wohl wichtig sein.

„Rachel?" fragte eine Männerstimme.

„Nein, tut mir leid, sie ist draußen. Ich bin ihre ..."

„Rebecca! Hier ist Bob Jarvis! Wie geht es dir?"

Mr. Jarvis! Tränen stürzten ihr aus den Augen und rollten über ihre Wangen, die von der eisigen Luft draußen jetzt wie Feuer brannten. Sie brachte kein Wort heraus.

„Ich bin heilfroh, daß ihr gut angekommen seid. Im Wetterbericht haben sie einen schweren Schneesturm für Vermont angesagt – und Temperaturen weit unter Null!“

„Ach, wir sind ganz gut durchgekommen!“ sagte Rebecca leise.

„Dann muß Rachel eine verdammt gute Fahrerin sein! Wie kommt ihr beiden miteinander zurecht?“

„Nicht sehr gut!“

„Nicht sehr gut? Und warum nicht?“

„Na ja, sie freut sich überhaupt nicht, daß ich bei ihr bin. Zum Beispiel heute morgen, als ich herunterkam, war sie nicht einmal da ...“

„Na, hör mal, es ist schon halb zwölf bei euch. Sie kann doch nicht den ganzen Vormittag herumsitzen und warten, bis du aufwachst!“

„Und letzte Nacht im Auto hat sie kaum etwas gesagt!“

„Und du?“

Auf diese Frage antwortete Rebecca lieber nicht. „Vielleicht wird sie mich ja nie mögen – was dann?“

„Nun warte es erst einmal ab“, sagte Bob Jarvis. „Das ist eine große Chance für euch beide. Und du mußt auch Rachel verstehen. Es fällt ihr wahrscheinlich schwer, mit dir zu reden, weil sie weiß, wie du über sie denkst.“

Warum hielt er immer zu Rachel? Es war doch ganz klar, daß Rachel sie niemals mögen würde. „Aber wenn das alles nichts nützt, wenn ich hierbleibe und abwarte und abwarte und sie mag mich trotzdem nicht – niemals? Was ist dann?“

„Wenn das wirklich so ist, wenn du unglücklich bist und dich gar nicht dort eingewöhnen kannst – ja, dann komme ich und hole dich zurück. Und wir suchen etwas anderes für dich. Aber du mußt Geduld haben, bitte. Du wirst sehen, es geht. Sechs Monate kannst du schon durchhalten, oder?“

„Ist das wahr, darf ich dann wirklich zurückkommen?"

„Ja, Rebecca, aber ich sagte doch, du mußt dir Zeit lassen, viel Zeit. Und wenn es trotzdem nicht besser wird, auch nach Monaten nicht, dann hole ich dich zurück. Das verspreche ich dir. Und solange kannst du dich doch um die Tiere kümmern. Tiere gibt es bestimmt genug bei Rachel – wahrscheinlich viel zu viele, wenn du mich fragst."

„So viele auch wieder nicht. Nur einen großen Hund und ein kleines Hundebaby und ein paar Katzen. Die Pferde habe ich noch nicht gesehen."

„Na, dann wird es höchste Zeit, daß du dich mit ihnen anfreundest. Das ist doch immerhin ein Anfang."

„Ja, gut. Aber wo soll ich dann leben, wenn Sie mich zurückholen?"

„*Wenn* ich dich zurückhole. Das weiß ich noch nicht. Das muß ich mir noch überlegen."

Rebecca war enttäuscht, weil er nicht gesagt hatte, daß er sie in seine Familie aufnehmen würde. Sie war einmal dort gewesen, da waren zwei Jungen und ein Hund in einem großen, gemütlichen Haus, das ein bißchen wie eine Scheune aussah.

„Also, Rebecca, ich muß mich jetzt um einen Klienten kümmern. Ich wollte nur wissen, ob ihr gut gelandet seid. Und jetzt, Kopf hoch! Erst mal abwarten."

Das hatte er bereits gesagt. „Ja, gut." Sie hörte es klicken, als er einhängte, und dann legte sie langsam den Hörer auf. Sechs ganze Monate! Es waren jetzt erst vier Monate her, daß Papa gestorben war, und das kam ihr wie eine Ewigkeit vor. Aber jedenfalls würde sie nicht für alle Zeiten hier bleiben müssen.

Die Tür flog krachend auf, und Xeno sprang herein,

gefolgt von dem kleinen Hund. Beide Hunde schüttelten sich, so daß funkelnde Eissplitter auf den Küchenboden fielen. Kein Wunder, daß der Boden so schmutzig war. Rachel kam hinter den Hunden herein. Sie wickelte ihren Kopf aus drei Schals heraus und stampfte den Schnee von ihren Stiefeln.

„Zwanzig Grad unter Null", sagte sie, während sie die Schals in eine Schublade stopfte und die Stiefel vor den großen Schuhhaufen in der Ecke stellte. „Deshalb wollte ich nicht, daß du rauskommst und zuschaust. Du hättest Frostbeulen bekommen können. Mußt dich erst langsam an diese Temperaturen gewöhnen!"

Rebecca nickte. Rachel könnte ja wenigstens ihre Jacke aufhängen. Machte es ihr denn gar nichts aus, daß hier alles so unordentlich war?

Der kleine Hund war mit seinem Freßnapf beschäftigt gewesen; jetzt sah er Rebecca und warf sich japsend in ihre Arme. Ein Lächeln flog über Rachels strenges Gesicht.

„Er scheint dich zu mögen", sagte sie.

„Er war so allein gestern nacht", erwiderte Rebecca, während sie versuchte, der stürmischen, feuchten Hundeschnauze auszuweichen. „Und da habe ich ihn in mein Zimmer mitgenommen."

„Ja, dort hab ich ihn heute morgen auch gefunden. Gerade noch rechtzeitig. Sonst wärst du womöglich in deinem eigenen Bett ertrunken."

Nanu? Rebecca schaute überrascht auf, aber Rachels Gesicht war so ernst wie immer. Warum lächelte sie nicht, wenn sie etwas Komisches sagte? „Na ja, heute nacht bin ich bestimmt nicht mehr so müde", sagte Rebecca, „ich lasse ihn ganz früh raus!"

„Dann schläft er also heute nacht auch bei dir?"

„Ja, ich meine, wenn du nichts dagegen hast ..."

„Ich bestimmt nicht, aber dir wird es vielleicht noch leid tun. Er ist eine Mischung aus Schäferhund, Neufundländer und Pyrenäenhund. Er wird also mindestens so groß wie Xeno sein, wenn er ausgewachsen ist. Und dann wirst du nicht mehr viel Platz in deinem Bett haben."

„Ach, ich glaube nicht ..." Beinahe hätte Rebecca gesagt, daß sie dann nicht mehr hier sein würde, aber da fiel ihr zum Glück ein, daß Rachel ja noch gar nichts davon wußte. Also sagte sie bloß: „Das macht mir nichts aus."

„Na, gut." Rachel warf ein paar Holzscheite in den Ofen. „Willst du eine Tasse Kakao?"

„Nein, danke." Das war ihr einfach so herausgerutscht, sie begriff selbst nicht, warum. Vor ein paar Minuten hatte sie noch sehnsüchtig nach einer Schokomilch gesucht. Sie kraulte den kleinen Hund am Ohr und wartete, daß Rachel aus der Küche ging.

Aber Rachel ging nicht. Sie kochte sich eine Tasse Tee und setzte sich an den Tisch. Sie wollte doch nicht etwa mit ihr reden?

„Ich glaube, ich packe jetzt meine Sachen aus", sagte Rebecca schnell. Sie stand vom Fußboden auf und klopfte ihre Jeans ab. Warum, zum Kuckuck, konnte Rachel das Haus nicht sauber halten?

„Soll ich dir helfen?" fragte Rachel.

„Nein, danke!" Rebecca stürzte zur Tür hinaus, aber als sie das Telefon sah, fiel ihr plötzlich der Anruf wieder ein, und sie drehte sich um. „Mr. Jarvis hat angerufen!"

Rachel blickte auf; ihr Gesicht war völlig ausdruckslos. „Ist etwas nicht in Ordnung?"

„Nein, nein. Er wollte nur wissen, ob ich gut angekommen bin."

Rachel nickte.

Rebecca lief schnell die Treppe hinauf, damit Rachel sie nicht fragen konnte, was Mr. Jarvis sonst noch gesagt hatte. Verflixt, sie hatte ihren kleinen Hund vergessen. Er saß unten an der Treppe und jaulte kläglich. Sie lief noch einmal hinunter, packte ihn und rannte wieder nach oben. Über Bewegungsmangel brauchte sie sich jedenfalls in diesem Haus nicht zu beklagen.

Es dauerte ziemlich lange, bis sie mit dem Auspacken fertig war, denn bei jedem Stück, das sie aus dem Koffer nahm, versank sie in Erinnerungen. Den Pullover zum Beispiel hatte ihr Papa zum Geburtstag geschenkt, kurz bevor er erfahren hatte, wie krank er war. Und das Schmuckkästchen hatte er ihr in San Francisco gekauft; er hatte sie damals auf eine Geschäftsreise mitgenommen. Und hier der Kalender, den er ihr letzten Herbst geschenkt hatte. Es war ein akademischer Kalender, hatte Papa gesagt. Das hieß, daß er von September bis September ging, so wie das Schuljahr. Rebecca blätterte darin und las die Eintragungen. Papas Beerdigung. Weihnachtsferien – es war einfach furchtbar gewesen ohne Papa. Verabredung mit Mr. Jarvis. Sie suchte herum und fand schließlich ihren Füllhalter. Neben den 21. Januar schrieb sie: „Flug nach Vt.“, dann strich sie den Tag durch. Das bedeutete, wie viele Tage waren es noch bis zum 22. Juni? Sie fing zu zählen an, aber nach der ersten Hälfte kam sie durcheinander. Vielleicht könnte sie Mr. Jarvis schon am 1. Juni anrufen. Und bis dahin konnte sie jeden Abend einen Tag durchstreichen.

Sie legte den Kalender unter ihr Kopfkissen, dann packte sie ihre Stofftiere aus. Sie hatte sie alle von Papa bekommen, und sie wußte auch noch ganz genau, wann.

Und es hatte solchen Spaß gemacht, einen Namen auszusuchen. Alle stammten aus Büchern, die sie zusammen gelesen hatten. Bücher hatte ihr Papa allerdings nie geschenkt; dafür war die Bücherfee zuständig gewesen.

„Siehst du", sagte Rebecca leise zur Bücherfee, „deine Bücher sind schon alle unterwegs hierher. Und Platz haben wir genug – schau dir nur die vielen Regale an. Ich kann sie alle darin aufstellen." Sie lächelte der Bücherfee zu, aber dann fiel ihr plötzlich ein, daß Rachel unten war. Wenn Rachel sie nun dabei fand, wie sie gegen die Wand redete? Sie würde denken, daß Rebecca übergeschnappt war.

Aber mit wem sollte sie sonst reden? In Gedanken hatte sie immer „wir" gesagt – Rebecca und die Bücherfee. Sie erzählte der Bücherfee Geschichten, die sie sich selbst ausgedacht hatte, und manchmal vertraute sie ihr auch Dinge an, über die man eigentlich nicht sprechen durfte. Zum Beispiel hatte sie ihr anvertraut, daß sie nicht nach Vermont gehen wollte, und sie hatte ihr auch erzählt, daß sie sich schreckliche Sorgen machte, als Papa so krank war. Und als er dann gestorben war, hatte sie der Bücherfee zu erklären versucht, daß Papa niemals mehr wiederkommen würde – da erst hatte sie geweint.

Der kleine Hund saß schläfrig auf dem Bett und gähnte. Vielleicht konnte sie ja mit ihm reden? Das würde Rachel wahrscheinlich eher verstehen. Es war jedenfalls viel besser, als wenn sie in die leere Luft redete.

„Was meinst du, mein Kleiner", fragte sie, „kann ich mit dir reden?"

Der kleine Hund wedelte begeistert mit dem Schwanz, sein ganzer Körper wackelte mit. Dann rutschte er unbeholfen vom Bett herunter und drehte sich schnuppernd im Kreis. Rebecca hob ihn hoch, trug ihn schnell die Treppe hinunter und setzte ihn vor die Tür. Er hockte sich sofort hin, und als er fertig war, kam er wieder herein.

„Du bist ein braver Hund!“ Sie kraulte seine Ohren und ging durch den Flur zurück. Der Hund folgte ihr bis zur Treppe, aber dann trottete er in ein Zimmer, das gegenüber vom Wohnzimmer lag. Rebecca lief hinterher, doch plötzlich blieb sie wie angewurzelt stehen. Der Raum war bis unter die Decke mit Büchern vollgestopft – überquellende Regale, ganze Stapel von Büchern auf dem Fußboden, unter den Lampen und auf einem riesigen Schreibtisch, an dem Rachel über eine Schreibmaschine gebeugt saß. Xeno lag mitten auf dem Fußboden auf einem Bündel alter Zeitschriften. Er war sicher oft hier, denn überall waren seine schwarzen Haare zu sehen.

Rachel schaute auf, und sie machte ein geistesabwesendes Gesicht. „Ist etwas?“

„Nein. Der kleine Hund ist hier reingelaufen. Ich hole ihn nur schnell.“ Sie streckte die Hand nach ihm aus, aber er kugelte davon und warf dabei ein paar Bücher und einen Stapel Schreibpapier um. Die Blätter flatterten durch das ganze Zimmer, und Rachel sprang ungeduldig auf. „Bitte bring ihn hier raus, ja? Die Seiten habe ich eben erst getippt!“

Rebecca packte den Hund und lief die Treppe hinauf. Als sie in ihrem Zimmer in Sicherheit war, drückte sie ihn fest an sich und weinte ein bißchen. Papa hätte sie niemals so grob aus seinem Arbeitszimmer verjagt. Im Gegenteil, er freute sich immer, wenn sie ihn besucht hatte.

Um drei Uhr aßen sie zu Mittag. Rebbeca war schon halb verhungert, aber sie hatte sich nichts zu sagen getraut.

Rachel schnauzte sie ja doch nur an, wenn sie sich in ihrem Arbeitszimmer sehen ließ. Rachel versuchte, ein Gespräch in Gang zu bringen, aber Rebecca konzentrierte sich ganz auf ihr Sandwich und die Plätzchen, die wirklich gut waren und anscheinend nicht aus einer Packung stammten. Als sie mit dem Essen fertig waren, sagte Rachel, daß sie jetzt eine Reitstunde geben müßte, und ob Rebecca vielleicht Lust hätte, mit in den Stall zu kommen. Rebecca sprang auf, aber dann fiel ihr wieder ein, daß sie ja so tun wollte, als ob ihr Pferde nicht besonders wichtig seien. Also sagte sie nur: „Ja, sicher", und sie hoffte, daß es nicht allzu begeistert klang.

Draußen war es wärmer geworden – ein paar Grad unter Null, aber wenigstens mußten sie den Kopf nicht mehr in dicke Schals einwickeln. Der Schnee auf dem Hof war plattgewalzt – von dem „Nudelholz", hatte Rachel ihr erklärt –, und das war ein Glück, denn Rebecca trug nur Turnschuhe. Aber ihre Zehen waren schon steifgefroren, bevor sie den halben Weg zum Stall zurückgelegt hatten. Papa hatte wieder einmal recht gehabt: An manchen Orten konnte man einfach nicht leben.

Im Stall war es erstaunlich warm, und fünf Pferdeköpfe ragten über die Boxentüren. Wie ein Foto in einer Pferdezeitschrift, dachte Rebecca, nur war die Stallgasse uneben und die Decke voller Spinnweben.

„Die beiden da am Ende der Reihe sind ein Gespann – Matt und Jeff", sagte Rachel und gab Rebecca eine Tüte Karotten. Rebecca folgte ihr zu den Boxen und gab sich Mühe, ihre Aufregung zu verbergen. Die zwei rieben ihre großen Köpfe an Rachels Jacke. Rebecca zog eine Karotte aus der Tüte. Jeff streckte seinen Kopf vor und schnappte die Karotte.

„Guter Junge", flüsterte Rebecca. „He! Du!" Matts breite Nase stieß sie heftig zurück an die Wand.

„Gib ihm lieber seinen Anteil", sagte Rachel und lächelte ein bißchen.

Rebecca hielt ihm eine Karotte hin, und der große Wallach nahm sie behutsam. Rebecca streckte die Hand aus und streichelte sein zotteliges, braunes Gesicht. „Er ist ein lieber Kerl."

„Er ist wie ein Dichter", sagte Rachel, „und Jeff wie ein Fußball-Star. Matt steht den ganzen Tag herum und denkt nach; Jeff dagegen wirft die Hinterbeine hoch und läuft über die Weide, immer auf der Suche nach einem neuen Abenteuer!" Rachels Stimme klang ganz anders, wenn sie über ihre Pferde sprach. Sie liebte sie, das sah man schon an der Art, wie sie die beiden hinter den Ohren kraulte. Warum gab sich Rebecca eigentlich so viel Mühe, ihr Interesse an Pferden zu verbergen? Es war doch eigentlich dumm, und sie bereute es schon beinahe.

Sie gingen weiter zur nächsten Box. Dieses Pferd war kleiner als die beiden schweren Belgier, aber es hatte ebenfalls ein gutmütiges, feierlich-ernstes Gesicht.

„Dimwit", sagte Rachel, „sie ist meine Lehrerin."

„Lehrerin?" Rebecca hielt Dimwit eine Karotte hin.

„Ja, wenn man Reitstunden gibt, braucht man ein Pferd, das den Schülern das Reiten beibringt", sagte Rachel. „Du kannst viel von ihr lernen, wenn du willst."

Fast hätte Rebecca gesagt, daß sie für ein Schulpferd schon ganz gut sei, aber das durfte Rachel nicht wissen. Bevor ihr eine andere Antwort einfiel, war Rachel schon zur nächsten Box weitergegangen.

„Und das hier ist mein besonderer Freund", sagte Rachel, „Killiger's Sundance. Dancer, so nennen wir ihn."

Der kastanienbraune Kopf, der über die Boxentür ragte, war schmal und feinknochig, die beiden zierlichen Ohren bildeten oben eine vollkommene Spitze. Er war nicht so langhaarig wie die anderen Pferde, und sogar hier, in dem trüben Licht, hatte sein feines Fell einen warmen, rotgoldenen Glanz.

„Oh! Er ist wunderschön!" sagte Rebecca leise.

„Ja, nicht wahr?" Rachel streichelte seine weiße Blesse. „Er war noch ein Fohlen, als ich ihn kaufte, und jetzt ist er vier Jahre alt. Im Frühjahr will ich ihn einreiten. Bisher habe ich ihn nur longiert, seit zwei Jahren jedenfalls!"

„Darf ich dann zuschauen?" fragte Rebecca begierig.

„Sicher, aber besonders aufregend wird es nicht sein. Hoffe ich jedenfalls. Ich mache das nicht wie die Cowboys im Fernsehen. Ich bilde nach der sanften Methode aus, falls dir das was sagt."

„Wie bei Black Beauty", sagte Rebecca.

„Black Beauty ist ein sehr gutes Buch", erwiderte Rachel.

Rebecca ging auf die letzte Box zu. Ein braunes Pony schaute zu ihr hoch; aus seinem Maul hingen ein paar Heubüschel. Abgesehen von der Farbe sah es aus wie eine kleinere Ausgabe von Dancer: kleine runde Hufe, zierliche Beine, hübsche Ohren und eine schneeweiße Blesse auf der Stirn des schmalen, edlen Kopfes. Rebecca starrte es an. Wozu brauchte Rachel ein Pony? War das etwa ... vielleicht, nur ganz vielleicht ein Pony für sie?

Ein Wagen hielt vor dem Stall, und gleich darauf ging die große Tür auf. Ein Mädchen in Reithosen und Reitstiefeln schlüpfte herein. Sie war etwas älter als Rebecca. „Hallo, Rachel", rief sie, „ist die Reitbahn schon geräumt?" Dann sah sie Rebecca und verstummte. „Oh, hallo", sagte sie schließlich. „Du mußt Becca sein. Schön, daß du da bist. Ich hab mich schon die ganze Zeit auf dich gefreut. Rachel meinte, daß du sicher auch Pferde magst. Bekommst du eins?“

„Alles zu seiner Zeit“, sagte Rachel, die jetzt hinter Rebecca auftauchte. „Becca, das ist Patty Ellrow. Ihr gehört das braune Pony, das du eben bewundert hast.“

Patty gehörte bestimmt zu den Mädchen, die in der Schule überall beliebt waren, das sah Rebecca sofort. Insgeheim hatte sie sich oft gewünscht, sie wäre auch so: unbekümmert und offen und beliebt. Obwohl sie natürlich nicht wirklich wie dieses Mädchen sein wollte. Und ihr gehörte also dieses wunderschöne Pony. Es war kein Geschenk für sie, keine Überraschung, wie Rebecca einen Augenblick gehofft hatte. Und nun sollte sie auch noch freundlich zu diesem Mädchen sein. Das war hart.

„Hallo“, sagte Rebecca. Das war ein bißchen dürftig, aber mehr konnte sie sich nicht abringen.

„Willst du mir helfen, Goner zu putzen?“ fragte Patty. Sie nahm einen Führstrick vom Haken und ging in seine Box. „Er heißt Gone with the Wind, aber ich nenne ihn Goner. Er ist ein walisisches Reitpony, und er springt wie der Teufel! Wir haben erst letzten Herbst mit dem Training angefangen, doch kaum hatte er eine gewisse Kondition erreicht, da fing es an zu schneien!“ Patty lächelte, als sie das Pony in die Stallgasse hinausführte. Sie band den Strick an einem Querbalken fest und begann Goner zu striegeln. „Springst du?“ fragte sie.

„Nein. Mein Vater hat es mir nicht erlaubt. Er sagte, es sei zu gefährlich.“ Dann biß sie sich auf die Lippen: Sie konnte doch angeblich noch gar nicht so gut reiten, um überhaupt ans Springen zu denken! Aufmerksam schaute sie zu, wie Patty Goners braunes Fell glänzend bürstete, dann die Satteldecke und den Sattel auflegte und den Gurt festschnallte. Vielleicht war es doch ganz gut, daß sie so getan hatte, als ob sie nicht viel von Pferden verstand. Amity hatte ihr nämlich nie erlaubt, ein Pferd selbst zu satteln oder aufzutrensen. Nur putzen, das hatte sie machen können.

„So", sagte Patty, während sie Goners schicke, schwarzweiße Zügel an den Trensenringen befestigte. „Bist du soweit, Rachel?"

Rachel hatte in der Futterkammer herumgewerkelt, jetzt kam sie wieder in den Stall. „Ja, alles in Ordnung. Komm mit und schau zu, Becca, falls deine Zehen noch nicht erfroren sind!"

Es war eiskalt, als sie aus dem Stall nach draußen kamen, aber Patty und Goner machte das anscheinend nichts aus. Patty stieg mühelos in Goners Sattel, und das Pony tänzelte zur Reitbahn hinunter. Rachel stand in der Mitte der Bahn. Sie lächelte, als Goner ein paar übermütige Bocksprünge machte, die Patty aber nicht aus der Ruhe brachten. Sie saß fest im Sattel, ja, sie wurde nicht einmal richtig durchgeschüttelt. Es sah wie ein Spaß aus.

„Laß ihn ein bißchen traben, bis er mit dem Geschnaube aufhört", sagte Rachel. „Er braucht das nach dem Stehen!"

Rebecca wartete darauf, daß Pattys Beine gegen die Flanken des Ponys schlugen, aber Goner trabte los, als ob seine Reiterin sanft auf einen unsichtbaren Knopf gedrückt hätte. Er stellte den schönen Schweif übermütig auf, aber er keilte nicht mehr aus, und Patty fing jede seiner Bewegungen so leicht und anmutig auf, daß man sah, es kostete sie nicht die geringste Anstrengung. Die beiden kannten sich, das war klar.

Plötzlich war Rebecca sehr froh, daß sie nicht behauptet

hatte, sie sei eine gute Reiterin. Sie konnte zwar Fanfare in Santa Barbara reiten – auf dem Hufschlag und mit allen Variationen – wenn Amity da war und aufpaßte. Aber über diese Stufe war Patty offenbar schon weit hinaus. Sie sah aus wie ein Profi; wahrscheinlich konnte sie genauso viel wie Amity! Und wenn Rachel ihr Unterricht gab, hieß das doch, daß Rachel sogar noch besser war!

Der kleine Hund kam hinter Rebecca hergerannt und spielte mit ihren Schnürsenkeln. Rebecca hob ihn auf. „Komm, mein Kleiner", sagte sie ganz zerknirscht, „wir gehen wieder ins Haus."

Es war schon fast dunkel, als Rachel und Patty in die Küche kamen, dabei war es erst kurz nach halb vier. Rebecca hatte die ganze Zeit vor dem Ofen gedöst, und immer, wenn sie hochschreckte, quälte sie der Gedanke, was für eine schlechte Reiterin sie war, verglichen mit Patty. Aber wenigstens hatte sie das Feuer gut geschürt. Rachel und Patty drängten sich um den Ofen und wärmten ihre steifen, roten Finger.

„Meine Zehen sind die reinsten Eiszapfen", verkündete Patty fröhlich. Sie zog ihre Stiefel aus und bewegte ihre kalten Füße in den Socken. Das Hundebaby erwachte von seinem Nickerchen und sah sie am Boden sitzen. Im Nu war er bei ihr, sprang begeistert an ihr hoch und leckte ihr mit der Zunge übers Gesicht und die Ohren. „Ist der süß!" rief Patty lachend. „Wie heißt er, Rachel?"

Das hatte Rebecca auch schon fragen wollen. Und Pattys Frage klang so selbstverständlich, daß es ihr auf einmal kinderleicht vorkam. Wieso nur?

„Da mußt du Becca fragen", sagte Rachel. „Er gehört ihr."

Rebecca hörte auf zu schaukeln. Ihr? Das Hundekind

sollte wirklich ihr gehören?

„Ach, du Glückliche!“ sagte Patty. „So einen kleinen Hund habe ich mir schon immer gewünscht. Und wie willst du ihn nennen?“

Rebecca überlegte fieberhaft, denn sie wollte ja nicht dumm vor Patty und Rachel dastehen. „Tumnus“, sagte sie nach kurzem Zögern. Den Namen hatte sie sich eigentlich für ein neues Plüschtier aufheben wollen, aber zu einem kleinen Hund paßte er viel besser.

„Tumnus! Ein toller Name – und natürlich aus Narnia!“ sagte Patty. „Ich habe die Bücher verschlungen, du auch? Rachel hat mir alle Bände geschenkt, gleich nachdem sie die Narnia-Bücher an ...“

„Hier, der Kakao ist fertig“, unterbrach sie Rachel. Sie drückte jedem der beiden Mädchen einen dampfenden Becher in die Hand, dann ging sie ins Wohnzimmer, um dort den Ofen anzuheizen.

„Mmmh“, machte Patty genüßlich, „Rachel kocht den besten Kakao der Welt!“ Sie trank noch einen Schluck. „In welcher Klasse bist du?“

„In der fünften.“

„Wirklich? Du siehst älter aus. Ich bin in der sechsten. Eigentlich müßte ich schon in der siebten sein, aber ich bin nicht versetzt worden. Meine Eltern hatten vor drei Jahren einen Autounfall, und ... danach konnte ich mich einfach auf nichts mehr konzentrieren. Ich konnte nicht mehr lernen!“

„Oh, waren sie lange im Krankenhaus?“

Patty schüttelte den Kopf. Sie lachte nicht mehr. „Sie sind alle beide ... umgekommen. Ich lebe jetzt bei meinen Großeltern. Ich nehme an, Rachel hat's dir nicht erzählt!“

„Oh! Das tut mir leid ...“ Rebecca verstummte.

„Ist schon gut. Es ist ja so lange her, und meine Großeltern sind einfach super. Ein Glück, daß ich sie habe, sonst wäre ich in ein Heim gekommen, oder sie hätten einen Pflegeplatz für mich ausgesucht.“

„Einen was?“ Rebecca begriff nicht.

„Na, was glaubst du, was die Leute vom Jugendamt mit elternlosen Kindern machen? Sie bringen sie an einem Pflegeplatz unter. Und du wirst gar nicht erst gefragt, ob du da hin willst, das kannst du mir glauben. Du gehst zu den Smiths, heißt es dann, und schon bist du dort. Dabei nehmen dich die Smiths womöglich bloß, weil sie auf das Geld vom Jugendamt scharf sind.“

„Du liebe Zeit!“ Rebecca rieß die Augen auf. Das hörte sie zum erstenmal. Aber andererseits – irgendwo mußten elternlose Kinder ja schließlich bleiben. Und solche Heime und Pflegeplätze hatte es ja schon zu Charles Dickens' Zeiten gegeben.

„Ja, ich hatte wirklich Glück“, sagte Patty. „Wir haben einen Jungen in der Schule, dessen Mutter die Familie verlassen hat, und sein Vater ist dann völlig heruntergekommen. Jedenfalls ist der Junge in den letzten zwei Jahren von einem Pflegeplatz zum anderen gegeben worden – sieben insgesamt. Und das merkt man ihm auch an. Er ist total aggressiv.“

Rebecca dachte darüber nach. Sie verstand den Jungen, und er tat ihr leid.

Draußen hupte ein Auto. „Das ist mein Großvater!“ Patty sprang auf und fuhr in ihre Stiefel. „Wiedersehen, Rachel“, rief sie in den Flur. In der Küchentür drehte sie sich noch einmal um. „Kommst du morgen in die Schule, Becca?“

„Morgen?“

„Ja, heute hatten wir noch frei, aber morgen fängt das neue Halbjahr an. Also, wenn du kommst, mache ich dich mit allen bekannt. Bis dann!“ Sie winkte und lief zur Tür hinaus.

Rachel kam in die Küche und zog ihre Stiefel wieder an. „Ich muß die Pferde füttern“, sagte sie. „Ich bin nur hereingekommen, um mich aufzuwärmen.“

Tumnus stürzte sich auf ihre Schnürsenkel, und sie streichelte ihn. „Tumnus, ja? Das ist ein netter Name.“

Rebecca kicherte plötzlich. „Bloß nennen wir ihn dann womöglich Tommy!“

„Paßt doch gut zu ihm – Tommy!“ Rachel lächelte ein bißchen.

Dann fiel Rebecca wieder ein, daß sie Rachel etwas Wichtiges zu sagen hatte. „Hm, also, wo wir gerade von Spitznamen reden ...“

„Ja, was ist damit?“

„Ich heiße nicht Becca, sondern Rebecca. Das ist ein Name aus dem Alten Testament. In Papas Familie haben alle solche Namen gehabt, seit der *Mayflower*, und aus einem biblischen Namen macht man keine Spitznamen.“

„*Mayflower*? Das mußt du mir erklären!“ Rachel sah sie aufmerksam an.

„Nun, Papa sagte ...“

„... daß seine Familie mit der *Mayflower* herübergekommen ist und daß du deshalb einen alttestamentarischen Namen hast wie deine puritanischen Vorfahren?“ Rachel lachte. „Es tut mir leid, daß ich dich enttäuschen muß, Becca, aber bis vor wenigen Generationen hat keiner deiner Vorfahren überhaupt je von der *Mayflower* gehört. Seine Familie stammt zum großen Teil aus Polen – seine Mutter hat einen anständigen, hart arbeitenden Fabrikar-

3 10271-8

beiter namens Davidson geheiratet. Und meine Vorfahren sind auf einem irischen Schiff herübergekommen, als in Irland die große Hungersnot herrschte – von ihnen haben wir auch die roten Haare. Meine Mutter hat einen Farmer in Vermont namens Herrick geheiratet. Und die biblischen Namen, das war reiner Zufall. Deiner allerdings nicht. Ein guter Freund hat uns auf die Idee gebracht, als du unterwegs warst. Er meinte, bei unseren Namen – Caleb und Rachel – müßten wir dir unbedingt auch einen *Mayflower*-Namen geben. Und das haben wir getan – zum Teil auch, weil meine Mutter Rebecca hieß. Aber wir haben dich immer Becca genannt. Hat dein Vater dich nicht auch so genannt?"

„Nein, er hat immer Prinzessin zu mir gesagt."

„Das paßt", knurrte Rachel. Ihre hellen Augen sahen auf einmal sehr grün aus.

Rebeccas Ohren dröhnten, und sie bereute es schon, daß sie diesen Kakao getrunken hatte. „Aber Papa sagte, im Alten Testament gäbe es keine Spitznamen oder Abkürzungen!"

Der grimmige Ausdruck verschwand aus Rachels Augen. „Also, das ist bestimmt eine interessante Frage", sagte sie. „Klar, wenn ein Mädchen heute Judith getauft wird, heißt es natürlich Judy. Aber wie war das früher? Ich weiß es nicht. Vielleicht sollten wir das mal nachprüfen." Sie lächelte, so wie Papa, wenn er ihr eine Frage stellte, auf die sie bestimmt keine Antwort wußte. „Du weißt schon, was das eigentlich ist, das Alte Testament?"

„Die erste Hälfte der Bibel, oder?" Hoffentlich war das richtig.

„Ja, genau. Also, in meinem Arbeitszimmer steht eine dicke alte Bibel, in dem Regal neben dem Schreibtisch.

Nimm sie dir und fang schon mal an zu suchen. Vielleicht stößt du dabei auf Caleb, Rachel und Rebecca – das wäre bestimmt ganz aufschlußreich. Und wenn du mir beweisen kannst, daß im Alten Testament nirgends auch nur eine einzige Abkürzung auftaucht, dann gebe ich mich geschlagen. Dann hat dein Vater recht gehabt, und ich nenne dich Rebecca. Einverstanden?"

„Ja!" Rebecca stürzte in Rachels Arbeitszimmer, noch bevor Rachel in ihre Stiefel gestiegen war. Sie fand die Bibel genau an der Stelle, die Rachel beschrieben hatte. Sie zog das dicke Buch aus dem Regal und blätterte darin. Das Alte Testament, das Alte Testament, das war ja viel mehr als die erste Hälfte der Bibel. Eher die ersten drei Viertel. Wie sollte sie das schaffen? Sie schlug die erste Seite auf und stellte fest, daß sie die Geschichte kannte. Aber sie las sie zum erstenmal in diesen altmodischen Wörtern und Ausdrücken, und das war irgendwie schön. Sie las und las, und das Summen in ihren Ohren wurde immer lauter. Schließlich schaute sie erschöpft aus dem halbblinden Fenster – Adam und Eva waren gerade aus dem Paradies vertrieben worden. Hatte Papa das wirklich alles gelesen? Wußte er wirklich ganz genau, daß es in der Bibel keine Spitznamen gab? Und Rachel hatte behauptet, daß ihre Vorfahren gar nichts mit der *Mayflower* zu tun hatten, ob das stimmte? Papa würde doch über so etwas keine dummen Witze machen! Namen seien sehr wichtig, hatte er immer gesagt, denn der Name verrät einem, wer man ist. Deshalb war sie ja auch seine Prinzessin. Was war daran auszusetzen?

Tommy kam fröhlich aus der Küche hereingetapst und kletterte auf Rebeccas Schoß. Sie streichelte ihn, während sie über seinen Kopf hinweg auf die doppelten Druckspalten starrte. Die Buchstaben verschwammen vor ihren Augen, und es wurde ihr wieder schlecht. Papa hatte recht gehabt, aber es würde schrecklich lange dauern, das zu beweisen. Sie versuchte, noch ein Stück weiterzulesen, aber sie fühlte sich immer elender. Ja, vielleicht war es wirklich einfacher, wenn sie sich von Rachel und Patty und allen anderen Leuten hier Becca nennen ließ. Es war ja sowieso nur für sechs Monate.

Sie wiegte Tommy in ihrem Arm und dachte dabei an Namen, Namen, Namen und an die neue Schule mit all den unbekannten Gesichtern. Dann fiel ihr die Sache mit den Pflegeeltern wieder ein. Pflegeplätze! Womöglich hatte Mr. Jarvis das gemeint, als er sagte, er würde etwas anderes für sie suchen. Sie hätte sich gern eingeredet, daß Mr. Jarvis niemals so etwas Schreckliches tun würde, aber schließlich hatte er sie ja auch hierher geschickt! Also war er wohl auch dazu fähig.

Eins war jedenfalls sicher. Sie würde nicht in diesem kalten, abweisenden Haus bleiben, bei einer Mutter, die sie nicht einmal bei ihrem richtigen Namen nannte. Und sie wollte auch nicht mit einem Mädchen befreundet sein, das viel besser reiten konnte als sie selbst – jedenfalls keine Sekunde länger als unbedingt nötig. Und wenn Mr. Jarvis am 1. Juni hierher kam und sie vor die Wahl stellte: entweder Rachel oder ein Pflegeplatz – dann würde sie einfach weglaufen. Wie Oliver Twist. Im Sommer war das ja auch nicht so schlimm.

Tommy seufzte im Schlaf, und Rebecca beugte sich über ihn und küßte ihn. Ihn würde sie natürlich mitnehmen, wenn sie fortlief, das stand fest.

Es war erst halb elf. Rebecca seufzte und schaute sich im Klassenzimmer um. Unglaublich, wie langsam die Zeit in der Schule verging, besonders wenn man kein gutes Buch zum Lesen hatte. Sicher, das hier war eine andere Schule mit anderen Kindern, aber sie war wie alle Schulen: einfach langweilig. Rebecca war als erste fertig gewesen, und jetzt wußte sie nicht, was sie tun sollte. Sie drehte das Blatt mit den Matheaufgaben um und zeichnete auf die Rückseite. Zuerst einen Stall, dann ein paar Bäume und die vordere Hälfte eines Pferdes. Nur die vordere Hälfte; die Hinterbeine waren zu schwierig, und deshalb versteckte sie ihre Pferde immer hinter Ställen und Bäumen.

Als sie fertig war, seufzte sie wieder. Papa hatte recht gehabt: Zu Hause lernte man viel mehr als in der Schule. Wenn sie in Santa Barbara geblieben wäre, hätte er sie nächstes Jahr in eine Privatschule geschickt. Aber es war zwecklos, darüber nachzudenken. Sie stützte ihr Kinn in die Hand. Die anderen waren immer noch nicht fertig – nur der merkwürdige Junge auf der anderen Seite des Klassenzimmers – der mit den geflickten Jeans und der dicken, schwarzen Locke, die ihm in die Augen hing. Er war gleichzeitig mit ihr fertig geworden, aber er saß immer noch über sein Blatt gebeugt. Wahrscheinlich zeichnete er auch; sie sah es an der Art, wie sein Stift sich über das Papier bewegte.

Sie beobachtete ihn, aber ihre Gedanken waren weit fort. Plötzlich legte der Junge den Stift weg und stieß seinen Stuhl so heftig zurück, daß er gegen die dahinterstehende Bank knallte. Das Mädchen, das dort saß, schreckte hoch, sagte aber nichts. Anscheinend fürchteten sich alle irgendwie vor diesem Jungen. Keiner wagte es, ihm etwas zuzuflüstern oder ihm ein Zettelchen in die Hand zu drükken, als er nach vorn zum Lehrerpult schlurfte.

Die Lehrerin blickte auf und nahm dem Jungen das Blatt aus der Hand. Sie studierte es gründlich, nickte und legte es weg. „Alles richtig, Bill. Möchtest du jetzt am Computer arbeiten?"

Bill zuckte nur die Achseln, aber Rebecca stellte fest, daß er sehr zufrieden aussah, als er sich umdrehte. Er stolzierte auf die Tür zum Computerraum zu, als ob die ganze Klasse ihm gehörte.

„Becca, bist du auch fertig? Dann bring mir dein Blatt!"

Rebecca ging langsam zum Pult vor. Sie spürte die Blicke der anderen Schüler in ihrem Rücken und versuchte sich einzureden, daß es ihr nichts ausmachte. Die Lehrerin nahm ihr das Blatt aus der Hand, und während sie es durchlas, fiel Rebeccas Blick auf den Schreibtisch. Bills Blatt lag mit der Rückseite nach oben, und es war etwas darauf gezeichnet; es mußte Bills Blatt sein, denn es lag als einziges nicht auf dem Stapel, den die Lehrerin gerade korrigierte. Rebecca beugte sich vor und starrte die Zeichnung an. Ein Pferd, aber es war ganz anders als ihre Pferde. Das war ein wirkliches Pferd, ein anmutig tänzelndes Pferd mit gebogenem Hals. Und die Muskeln – sie saßen genau dort, wo wirkliche Pferde Muskeln haben. Das Pferd sah so lebendig aus, als ob es gleich vom Blatt herunterspringen würde.

„Hast du diese Aufgaben schon in deiner vorigen Schule durchgenommen, Becca?"

Sie fuhr zusammen, aber sie nickte.
„Was habt ihr dort sonst noch gemacht?"
„Brüche. Teilen. Dezimalzahlen!" Rebecca hatte mit einem Rechenbuch gearbeitet, das eigentlich für die siebte Klasse bestimmt war. Sie war froh darüber gewesen, weil sie dann nicht so viel mit den anderen Kindern herumsitzen mußte.

Die Lehrerin nickte. „Zum Glück haben wir noch einen Schüler in der Klasse, der das alles auch schon gehabt hat. Du kannst ab morgen mit ihm zusammen arbeiten. Möchtest du jetzt auch am Computer arbeiten?"

Rebecca warf noch einen letzten Blick auf das Pferd, dann ging sie zum Computerraum. Anscheinend galt das hier als eine besondere Auszeichnung, aber sie hatte noch nie mit einem Computer gearbeitet. In ihrer Schule in Santa Barbara wurden erst jetzt für das neue Halbjahr Computer aufgestellt. Papa hatte seit Jahren dafür gekämpft, aber der Direktor hatte einfach erklärt, es gäbe kein Geld dafür. Schließlich hatten sich die Eltern zusammengetan, und das hatte gewirkt. Aber Rebecca war ja dann weggegangen.

Bill kehrte ihr den Rücken zu, als sie zur Tür hereinschlüpfte, und er drehte sich auch nicht um. Rebecca setzte sich an einen Computer, der möglichst weit entfernt von ihm stand, und starrte auf den leeren Bildschirm. Was jetzt? Sie spähte zu Bill hinüber. Sie konnte ja hier nicht die ganze Zeit nur herumsitzen, also blieb ihr nichts anderes übrig, als ihn zu fragen. Rachel hatte gesagt, Fragen stellen sei die beste Art und Weise, mit den anderen Kindern Freundschaft zu schließen; das würde ihre Hilfsbereitschaft wecken. Eine gute Idee, hatte Rebecca zuerst gedacht, aber Rachel mußte sich ja auch nicht mutterseelenallein in einem Raum voller Computer mit dem größten Klassenekel anlegen. Rebecca starrte wieder auf Bills Rücken. Vielleicht war es doch besser, einfach nur dazusitzen.

Auf Bills Bildschirm leuchteten rote Buchstaben auf einem grünen Hintergrund auf, dann kamen Zahlen. Er grinste, drückte eine andere Taste, und das Bild verschwand.

„Wie hast du das gemacht?“ fragte Rebecca, ohne zu überlegen.

Bill wirbelte herum. „Was machst du denn hier?“

Rebecca wich vorsichtig ein bißchen zurück, aber sie sagte sich, daß jemand, der so schöne Pferde zeichnete, doch nicht ganz schlecht sein konnte. „Ich will nur wissen, wie man dieses Ding anstellt.“

Bill starrte sie an, als sei sie ein dreiköpfiges Monster von einem fremden Planeten. „Siehst du die Tasten da – ‚on‘ und ‚off‘?“ sagte er geduldig – zu geduldig. „Dann drück mal die ‚On‘-Taste.“

Rebecca drückte. Der Bildschirm leuchtete auf und sagte „Hallo.“

„Und jetzt?“ fragte sie. Aber Bill kehrte ihr schon wieder den Rücken zu und hackte wie wild auf den Tasten herum. Vielleicht sollte sie das auch tun. Sie drückte auf ’A’. Nichts passierte. Der Bildschirm blieb freundlich und nett, aber es rührte sich nichts – gar nichts. Die Lehrerin machte die Tür auf und schaute herein. „Wir fangen jetzt mit Lesen an“, sagte sie, aber dann sah sie Rebeccas Bildschirm. „Weiter bist du nicht gekommen?“

„Ich ... ich habe noch nie mit einem Computer gearbeitet“, gab Rebecca zu.

„Was?“ rief Bill und starrte sie an.

„Bitte, Bill“, wies ihn die Lehrerin zurecht. Sie setzte ihr Lehrerinnenlächeln auf. „Bill, das ist Becca Davidson. Sie ist in Mathe genauso weit wie du, also werdet ihr ab morgen zusammen arbeiten.“

Mit Bill arbeiten? O Gott, dachte Rebecca. Sie traute sich nicht, ihn anzusehen; sie wollte lieber gar nicht erst wissen, was er von dieser umwerfenden Idee hielt. Sie konnte sich schon denken, was er für ein Gesicht machte. Zögernd ging sie hinter den beiden her und hoffte, es würde niemandem auffallen, daß sie zusammen aus dem Computerraum kamen. Auf ihrem Tisch lagen jetzt zwei Lesebücher. Das eine hatte Rebecca schon in der zweiten Klasse gehabt, das andere in der dritten. Sie seufzte.

Die Lehrerin blieb neben ihr stehen. „Hast du eins dieser Bücher schon in deiner alten Schule durchgenommen?“

Rebecca nickte. „Alle beide. Und auch die nächsten zwei Bände.“

„Und was ist damit?“ Die Lehrerin hielt ihr ein Buch unter die Nase.

„Das auch, im letzten Herbst. Wir waren schon beim nächsten. Das blaue mit den Pferden und dem Wagen drauf.“

„Aha! Mit dem Buch arbeitet Bill auch gerade. Dann könnt ihr auch zusammen lesen. Das ist doch schön. Er freut sich bestimmt, wenn er Gesellschaft hat.“ Die Lehrerin lächelte und holte das Buch. „Lies die vierte Geschichte“, sagte sie.

Die vierte Geschichte handelte zufällig von den Pferden und dem Wagen. Ein Junge namens Phaeton wollte den Beweis haben, daß er wirklich der Sohn des Sonnengottes Apollo war, und so fragte er, ob er Apollos Pferde lenken durfte. Apollo wollte es nicht. Seine Pferde waren wild und ungestüm, und sie gehorchten nur ihm. Sie mußten mit ihrem Wagen die Sonne über die Himmelsbahn ziehen. Aber irgendwie gelang es Phaeton, Apollo zu überreden, und er stürmte los. Natürlich gingen die Pferde mit ihm durch. Sie stiegen zu hoch in den Himmel hinauf und zerstörten die Atmosphäre. Dann flogen sie zu dicht über der Erde dahin und verbrannten die Felder. Schließlich war Zeus so erzürnt über den Schaden, den die Pferde angerichtet hatten, daß er Phaeton aus dem Sonnenwagen in den Ozean schleuderte.

Rebecca schaute sich im Zimmer um, als sie die Geschichte zu Ende gelesen hatte. Bills Zeichenstift arbeitete wie verrückt. Wenn sie so gut zeichnen könnte wie er, dann würde sie ein Bild von diesen prächtigen, flammenden Pferden malen. Sie nahm ihren Stift in die Hand und versuchte es, aber nach ein paar Minuten strich sie alles wieder durch. Es war zwecklos: Das, was ihr vorschwebte, konnte sie einfach nicht wiedergeben.

Die Pausenglocke schrillte, und die Schüler stürzten aus ihren Bänken und stellten sich in zwei Reihen auf, Jungen und Mädchen getrennt, genau wie in Kalifornien. Bill zeichnete immer noch, als Rebecca zum hinteren Ende der Mädchenreihe schlenderte, wo es kein Gedrängel und Geschubse gab.

„Bill!“ rief die Lehrerin.

Bill stand langsam auf und starrte dabei immer noch auf seine Zeichnung. Er machte einen letzten Strich, dann schlurfte er auf die Jungenreihe zu. Rebecca traute ihren Augen nicht: Er ging seelenruhig an den anderen Jungen vorbei und stellte sich als erster in der Reihe auf! Und niemand gab ihm auch nur einen Rippenstoß! Im Gegenteil, die anderen Jungen wichen ein bißchen zurück und machten ihm Platz. Wie hatte er das bloß gemacht, daß sie ihm so eine Unverschämtheit durchgehen ließen?

Patty war schon in der Kantine, und Rebecca beschloß, sich neben sie zu setzen. „Was mache ich mit meinem Geld?“ fragte sie und schaute sich suchend um.

„Das gibst du deiner Lehrerin“, sagte Patty. „Aber hier bei mir kannst du nicht bleiben. Du mußt dich zu deiner Klasse setzen, das ist hier so. Also, bis nach dem Essen! Das ist die einzige Pause, in der wir uns treffen können.“

Rebecca suchte ihre Lehrerin und fand sie schließlich ganz am anderen Ende der Kantine am Lehrertisch. Sie gab ihr das Geld und lief schnell zu dem Tisch zurück, an dem die Fünftklässler saßen. Sie hatte keinen Hunger, so wie immer. Dann blieb sie stehen. Alle Plätze auf der Mädchenseite waren besetzt, und auf der Jungenseite waren nur noch zwei Stühle frei. Zwischen den beiden freien Stühlen saß Bill. Er hatte das ganze Tischende für sich. Sollte sie sich etwa dorthin setzen? Hilfesuchend schaute sie zu Patty hinüber, aber Patty schwatzte und kicherte mit ein paar anderen Mädchen aus der sechsten Klasse. Also dann. Rebecca häufte eine Portion Spaghetti und Bohnen auf ihren Teller, nahm sich zusammen und setzte sich rechts neben Bill. Die Mädchen am anderen Tischende starrten sie an und flüsterten miteinander. Der Junge auf ihrer rechten Seite zog eine Grimasse und tat so, als ob er Läuse oder Flöhe von seinem Jackenärmel bürstete. Sehr witzig, dachte Rebecca. Sie senkte den Kopf möglichst tief über den Teller, und es gelang ihr sogar, ein paar Bissen hinunterzuwürgen, obwohl sie wußte, daß ihr Gesicht mindestens so rot wie die Spaghettisauce war. Bill schaute nicht einmal auf.

Als die Schule aus war, wartete Rachel mit dem Lieferwagen auf sie. Der Bus fuhr nicht bis zu ihrer Straße hinauf, und Rachel meinte, wenn sie Becca sowieso zur Bushaltestelle bringen mußte, konnte sie ja auch gleich die ganze Strecke fahren. Das hieß, daß sie Rebecca zur Schule bringen und wieder abholen würde.

„Na, wie war's denn?" fragte Rachel, als sie die Tür zum Fahrerhäuschen aufmachte.

Das war eine typische Erwachsenenfrage – in Wirklichkeit wollten sie das gar nicht wissen.

„Es geht", murmelte Rebecca ausweichend.

Gegenüber vom Parkplatz wartete Patty auf ihren Bus. Rachel hupte und winkte; Patty sagte etwas zu dem aufsichtführenden Lehrer, dann ging sie vorsichtig über den spiegelglatt gefrorenen Fußweg zum Wagen.

„Wir fahren zur Post", sagte Rachel. „Spring rein!"

„Toll!" rief Patty und schwang sich auf den zerrissenen Sitz neben Rebecca. „Dann kann ich dich gleich meiner Großmutter vorstellen, Becca. Sie arbeitet nämlich dort!"

Eine berufstätige Großmutter – das war eine seltsame Vorstellung. Aber warum nicht? In Vermont war eben alles anders.

„Weißt du schon das Neueste?" sagte Patty zu Rachel. „Becca arbeitet in Lesen und Rechnen mit dem größten Raufbold der Schule zusammen!" Rebecca hatte Patty in der Mittagspause alles erzählt, und Patty hatte sie getröstet, so gut es ging.

Rachel schaute Rebecca stirnrunzelnd an. „Gehörst du etwa zu den Schlußlichtern in der Klasse?" fragte sie.

„Natürlich nicht!" sagte Rebecca gekränkt.

Patty griff beschwichtigend ein: „Nein, nein, so ist das nicht. Bill wäre eigentlich schon in der sechsten Klasse, aber Mrs. Thompson wird nicht mit ihm fertig. In unserer Klasse hat es ständig Ärger mit ihm gegeben, und eines Tages sind alle Jungen über ihn hergefallen und haben ihn kräftig aufgezogen. Starke Sachen haben sie zu ihm gesagt. Sie finden eben, daß er ein Spinner ist und kein richtiger Junge, weil er immer nur zeichnet. Aber er hat ein paar von ihnen furchtbar verprügelt. Sie haben drei Lehrer gebraucht, um ihn zu bändigen. Danach haben sie ihn in Mrs. Standishs Klasse gesteckt, obwohl sie dieses Jahr die fünfte hat. Aber sie ist schon so lange an der Schule, die läßt sich nicht auf der Nase herumtanzen."

„Aha", sagte Rachel, „dann ist der ungehobelte Künstler wohl ziemlich gescheit, wie?"

Rebecca nickte, und Patty fügte hinzu: „Und ob. Er war der Beste in unserer Klasse. Und das ist komisch, die meisten Pflegekinder sind nämlich schlecht in der Schule."

„Ach!" sagte Rachel. „Ist er der ...?"

„Genau", sagte Patty.

„Willst du mir nicht ein bißchen mehr erzählen?" fragte Rachel.

„Ich habe gestern schon mit Becca über ihn gesprochen. Weil er bei Pflegeeltern leben muß, und wir nicht. Pech für den armen Bill, Glück für uns!"

„Sind denn alle Pflegeeltern so schrecklich?" fragte Rachel.

Das war natürlich eine Fangfrage; und wenn man sein ganzes Leben mit Papa verbracht hatte, fiel man bestimmt nicht darauf herein. Rebecca stieß Patty in die Rippen, um sie zu warnen, aber Patty plapperte unbekümmert weiter.

„Klar doch. Die Leute brauchen Geld, also nehmen sie schwer erziehbare Kinder bei sich auf."

„Heißt das, daß alle Pflegekinder schwer erziehbar sind?"

fragte Rachel. „Und deine Großeltern haben doch auch Pflegekinder aufgenommen, als dein Vater schon groß war. Glaubst du im Ernst, sie haben diese unglücklichen Kinder bloß ausgenützt? Um Geld zu verdienen?“

Patty machte so große Augen, daß Rebecca beinahe lachen mußte. Fallen waren lustig – sofern man nicht selber hineintappte.

„Aber sag mal“, fuhr Rachel fort, „wer sind eigentlich Bills Pflegeeltern?“

„Die Amidens“, sagte Patty. Ihre Stimme klang ziemlich zerknirscht.

„Na, dort ist er bestimmt gut aufgehoben“, sagte Rachel. „Ich kenne die Amidens zwar nicht so gut, aber sie haben einen schönen Hof. Klein, aber gut in Schuß. Und Ed Amidens Clydesdales sind die besten Pferde im ganzen Staat Vermont!“

Patty lebte wieder auf. „Ja, mein Großvater sagt, man sieht gleich, wem Eds Herz gehört. Er hat ein kleines Haus für seine Frau gebaut und einen riesigen Stall für seine Pferde!“

„Das spricht nur für ihn. Sehr vernünftige Wertmaßstäbe, finde ich“, sagte Rachel mit todernster Miene und bog in den Parkplatz vor der Post ein.

Patty schlüpfte aus dem Fahrerhäuschen, sobald der Wagen hielt. „Willst du die Post holen, Becca? Ich zeige dir, wie man das Schließfach aufmacht.“

Rebecca schaute Rachel fragend an. Sie war bestimmt nicht damit einverstanden. Papa war längst nicht so empfindlich wie Rachel, und selbst er hatte ihr streng verboten, sein Postschließfach aufzumachen.

„Geh nur!“ sagte Rachel. „Wenn du dich nicht beeilst, hat Patty das Schließfach aufgemacht, bis du dort bist.“

Das war seltsam, ganz anders als Papa, dachte Rebecca, als sie über den Parkplatz schlitterte. Sie brachte das Schließfach erst beim dritten Versuch auf, aber Patty behauptete, für den Anfang sei das schon ganz gut. „Das kannst du bald im Schlaf", sagte sie tröstend. „Und jetzt greif mal rein! Oh, ein rosa Zettel! Das heißt, daß ein Paket für dich da ist, und das mußt du bei meiner Großmutter abholen. Komm mit!"

Rebecca folgte Patty in einen Nebenraum. Eine kräftige, untersetzte Frau mit grauen Löckchen und einer Brille stand über den Schalter gebeugt. Sie lächelte, als Patty hereinkam; das mußte wohl die Großmutter sein, vermutete Rebecca.

„Das ist Becca", sagte Patty. „Sie hat einen rosa Zettel!"

Mrs. Ellrow hatte ein gewinnendes Lächeln, und sie trug einen schönen Pullover, so daß ihr Arbeitskittel gleich viel fröhlicher wirkte. „Du siehst deiner Mutter sehr ähnlich", sagte sie herzlich. „Schön, daß du da bist. Wir haben uns alle auf dich gefreut."

„Danke", sagte Rebecca. Es tat richtig gut, so herzlich empfangen zu werden. Mrs. Ellrow freute sich *wirklich*, nicht so wie andere Leute, die sich gar nicht gefreut hatten, als sie angekommen war.

„So, und jetzt wollen wir mal sehen", sagte Mrs. Ellrow. „Aha, Kisten. Ja, vier Stück!" Sie trippelte nach hinten zu den Regalen und kam mit zwei riesigen Kartons auf dem Arm zurück. Dann kehrte sie um und brachte noch zwei Kisten. „Was ist denn da drin? Steine?"

Rebecca lächelte. „Hauptsächlich Bücher. Und Plastikpferde."

„Wie viele Pferde hast du?" fragte Patty interessiert. „Ich habe ..."

„Patty, lauf lieber zu Rachel hinaus und sag ihr, daß sie Becca helfen soll, die Kisten ins Auto zu tragen."

„Sofort!" Patty stürzte hinaus und stieß in der Tür mit einer alten Frau zusammen. „Entschuldigung", rief sie über die Schulter zurück.

Rebecca schlenderte zum Anschlagbrett am anderen Ende des Raums hinüber und betrachtete die Fotos der ‚vermißten Kinder'. Wo waren sie wohl, diese Kinder? Waren sie ihren Müttern davongelaufen? Oder ihren Pflegeeltern? Fragen, auf die sie wohl nie eine Antwort bekommen würde.

„... Rachel Herrick's Tochter?" fragte die alte Frau leise. Rebecca starrte auf die Fotos und tat so, als ob sie gar nicht hinhörte, damit die beiden Frauen weiterredeten.

„Ja, richtig", sagte Mrs. Ellrow nur. Anscheinend wollte sie das Gespräch so schnell wie möglich beenden.

„Na, das war aber auch höchste Zeit, daß sie endlich ihr Kind bekommt", meinte die alte Frau. „Die arme Rachel, es hat mir in der Seele weh getan, wie sie sich da oben auf ihrem Hügel verschanzt hat. Wo sie doch früher immer so fröhlich und lustig war. Ein Glück, daß ihr Vater nichts davon wußte, der hätte sich vor Kummer im Grabe umgedreht."

„Das wird jetzt alles besser werden, ganz bestimmt", sagte Mrs. Ellrow hastig, als ob sie die alte Frau daran hindern wollte, noch mehr auszuplaudern.

„Müssen jetzt gut acht Jahre her sein, daß ihr Nichtsnutz von einem Mann das Kind entführt ..."

„Hallo, Rachel!" rief Mrs. Ellrow ein bißchen lauter als nötig. Die alte Frau schlurfte ein paar Schritte beiseite zum anderen Ende des Schalters und musterte Rebecca mit neugierigen Blicken, während sie die Briefmarken auf einen Umschlag klebte.

„Dann sind deine Sachen also gekommen", sagte Rachel. „Vor allem Bücher, wie?" Sie hob zwei Kartons hoch.

„Ich wette, die meisten stammen von hier", sagte Mrs. Ellrow und lächelte Rachel dabei zu. „Mein Gott, wenn ich an all die Pakete denke – kaum zu glauben, wie viele Bücher Rachel an ein gewisses kleines Mädchen in Kalifornien geschickt hat!"

Was sollte das heißen? Rebecca schaute Rachel fragend an, aber Rachel runzelte die Stirn und brachte Mrs. Ellrow mit einem abwehrenden Kopfschütteln zum Schweigen.

„Das müssen die Pferde sein", verkündete Patty, die gerade den einzigen leichten Karton vom Schalter nahm. Sie gab ihn Rebecca. „Ich trage die andere Kiste!"

Sie stapften mit den vier Kisten in die Kälte hinaus. In Rebeccas Kopf schrillte eine Alarmglocke, aber sie war viel zu verwirrt, um der Sache nachzugehen.

„Bis morgen", rief Patty und legte die Kiste hinten in den Lieferwagen. „Darf ich mir deine Pferdesammlung anschauen, wenn du sie ausgepackt hast?"

„Klar!" Rebecca nickte.

Rachel startete den Lieferwagen, der unter lautem Protestgeheul ansprang, und Rebecca winkte Patty zu, als sie vom Parkplatz ratterten. Die Sonne ging schon unter – unglaublich, wie früh es im Winter in Vermont dunkel wurde! Rebecca lehnte sich in ihrem Sitz zurück und betrachtete die kleinen, heruntergekommenen Häuser, die an ihr vorüberflogen. *Entführt!* hatte die alte Frau gesagt. *Dieser Nichtsnutz von ihrem Mann hat das Kind entführt ...*

„Ist etwas nicht in Ordnung?" fragte Rachel, während sie in die Straße zu ihrem Haus einbog.

„Ich bin bloß müde."

„Das kann ich mir denken. War ein langer Tag für dich!"

Entführt. Und dann Mrs. Ellrow's Bemerkungen über die Bücher. Aber das war bestimmt ein Irrtum. Rachel hatte ihr keine Bücher geschickt, sonst hätte Papa es ihr doch gesagt. Oder etwa nicht? *Entführt.* Plötzlich wurde ihr richtig schlecht. Speiübel.

Sie holperten die Einfahrt hinauf, und Rachel stellte den Motor ab.

„Bist du sicher, daß alles in Ordnung ist?" fragte sie noch einmal. Rebeccas Ohren summten und dröhnten immer lauter; sie konnte kaum ihre Hand nach dem Türgriff ausstrecken.

„Was für Bücher, was ...?"

Rachel erstarrte und umklammerte mit ihren behandschuhten Händen das Lenkrad. „Was für Bücher? Was meinst du, Becca?"

Rebecca würgte und würgte, als ob sich sich übergeben müßte. Es hatte keinen Sinn, zu fragen. Wenn Rachel ihr Bücher geschickt hätte, dann hätte Papa ihr das gesagt, ganz bestimmt. Aber er hatte nichts gesagt. „Ach, nicht so wichtig", murmelte sie.

Rachel warf ihr einen langen, forschenden Blick zu, aber dann sagte sie nur: „Ich höre Tommy drinnen jaulen. Du solltest ihn besser rauslassen, bevor er die Küche überschwemmt."

Rebecca schlüpfte aus dem Wagen und stapfte durch den Schnee zur Hintertür. Papa hätte es ihr doch gesagt, wenn Rachel ihr Bücher geschickt hätte, oder? Natürlich! Papa hatte keine Geheimnisse vor seiner Prinzessin gehabt. Mrs. Ellrow hatte wahrscheinlich etwas anderes gemeint.

Tommy freute sich so sehr, als er Rebecca sah, daß er eine Pfütze auf dem Küchenboden hinterließ, bevor sie ihn vor die Tür setzen konnte.

Die nächsten Wochen waren ziemlich merkwürdig. Einerseits wurde Rebeccas Zimmer immer schöner und gemütlicher, nachdem ihre Sachen gekommen waren. Die Bücher standen Rücken an Rücken in den Regalen und sahen prächtig aus. Zusammen mit der Bücherfee hatte Rebecca sie sogar nach den Anfangsbuchstaben der Autoren geordnet, wie die Bücher in einer Bibliothek. Für ihre Plastikpferde hatte sie das oberste Regalbrett reserviert. Einige trabten, andere galoppierten, und manche standen ganz ruhig da. Jedenfalls sahen sie wie richtige Pferde aus oder zumindest wie richtige Pferde im Sommer, denn in Vermont waren die Pferde im Winter ziemlich zottelig. Für die Plüschtiere war zuerst nicht genug Platz im Zimmer gewesen, aber als Rebecca eines Tages von der Schule nach Hause kam, fand sie ein neues Regal vor – direkt unter dem Fenster. Es hatte genau die richtige Größe. Alle ihre Tiere hatten darauf Platz, und sie brauchte nicht einmal die kleinen vor die großen zu stellen. Das war wirklich toll. Rebecca verbrachte viel Zeit hier oben. Sie saß dann in ihrem großen, bequemen Sessel, eingehüllt in die warme Steppdecke, die am gleichen Tag aufgetaucht war wie das Regal für die Plüschtiere.

Andererseits war da noch die Schule und – Rachel. Die neue Schule war zunächst ein richtiger Alptraum, weil Rebecca mit Bill zusammenarbeiten mußte. Das bedeutete, daß niemand etwas mit ihr zu tun haben wollte. Aber eines Tages klagte sie Patty ihr Leid, und gleich am nächsten Tag fragten sie zwei wirklich nette Mädchen, ob Rebecca sich beim Essen zu ihnen setzen wollte. Von da an redeten auch alle anderen Mädchen mit ihr, wenn sie Lust zum Reden hatte. Aber sie unterhielt sich meistens mit Patty. Patty kam mit jedem gut aus und war überall beliebt – Rebecca bewunderte sie tief.

Ja, aber Rachel. Sie verbrachte zwar die meiste Zeit in ihrem Arbeitszimmer oder im Stall, aber sie versuchte doch immer wieder, mit Rebecca zu reden. Meistens beim Abendessen, wenn Rebecca ihr nicht ausweichen konnte. Sie redete von Pferden und vom Reiten, und das wäre auch in Ordnung gewesen, aber Rebecca mußte ständig auf der Hut sein, damit Rachel nicht merkte, daß sie mehr über Pferde wußte, als sie zugab. Rachel redete auch über die Bücherfee-Bücher – sie hatte sie alle gelesen, alle! – aber Rebecca mußte so tun, als ob sie das gar nicht interessierte. Die Bücherfee war etwas ganz Besonderes, *ihre* Bücherfee, und sie wollte sie mit niemandem teilen, schon gar nicht mit Rachel.

Aber Rachel gab nicht so leicht auf. Eines Tages fing sie damit an, Rebecca vorzulesen. Gleich nach dem Abendessen. Und das war hart, denn sie suchte wirklich gute Bücher aus, und sie konnte fast so gut vorlesen wie Papa. Ein paar Abende lang lag Rebecca mit den Hunden auf dem abgewetzten Teppich vor dem Wohnzimmerofen und lauschte. Aber als sie das zweite Buch bis zur Hälfte gelesen hatten, bekam Rebecca Gewissensbisse. Papa wäre bestimmt gekränkt, wenn er wüßte, daß sie mit Rachel Bücher teilte, so wie früher mit ihm. Und als Rachel sich am nächsten Abend hinsetzte und das Buch aufklappte, sagte Rebecca, daß sie es schon zu Ende gelesen hätte. Rachel sagte nichts dazu; sie stand nur auf und ging in ihr Arbeitszimmer.

Nicht lange danach – vielleicht ein paar Tage später – wurde es dann richtig schlimm, nicht mehr nur merkwürdig. Es kam völlig überraschend, denn bis dahin war alles wie immer. Rebecca ging zur Schule, und auf dem Heimweg holte sie die Post aus dem Schließfach. Rachel schaute die Post durch und gab ihr einen Brief von Molly.

„Für dich, hast du den Brief nicht gesehen?" fragte sie.

Rebecca zuckte die Achseln. Sie traute sich immer noch nicht so richtig, die Post durchzusehen. Papa war damals so böse mit ihr gewesen ... Der Brief roch nach Mollys Parfum, und Rebecca stellte sich Molly beim Schreiben vor: wie sie ganz sorgfältig auf jedes ‚i' einen kleinen Kreis malte und größere Buchstaben machte als sonst, damit auch wirklich jedes Kind den Brief lesen konnte. Dabei mußte sie doch wissen, daß jemand, der Papas Handschrift entziffern konnte, mit jeder Schrift zurecht kam.

„Wie geht es Molly?" fragte Rachel und schaute von einem länglichen Umschlag auf.

Rebecca starrte aus dem Fenster. „Das Haus ist verkauft", sagte sie. Ihre Stimme zitterte. „Molly zieht zu ihrem Freund Ben."

Sie fühlte, wie sich eine Hand auf ihr Knie legte. „Das heißt nicht, daß sie deinen Vater nicht gern gehabt hat", sagte Rachel.

Rebecca zog ihr Knie weg, aber sie schaute zu Rachel hinüber. Es war immerhin nett von ihr, obwohl sie es nicht verstand. „Ach, nein, das ist schon in Ordnung. Ben ist wirklich nett. Es ist nur ..." Sie schluckte. „Es ist nur wegen dem Haus."

Rachel zog die Augenbrauen ein bißchen hoch, aber nach einer Weile nickte sie. „Ich habe hier einen Brief von Bob Jarvis. Ich soll dir ausrichten, daß er dir die Dickens-Bände deines Vaters schicken wird und auch alle anderen Sachen, die du behalten willst. Fällt dir etwas ein?"

Rebecca dachte an die schönen Bilder, an die Samt-Couch und an den antiken Eßzimmertisch. Nein, diese Sachen paßten einfach nicht in Rachels altes Haus. Das Sofa wäre im Nu voller Hundehaare und die Bilder voller Spinnweben ... „Nein, nichts!" sagte sie leise.

„Gut, aber sag mir Bescheid, wenn du es dir anders überlegst. Wir müssen ja nicht gleich heute anrufen!"

Wenigstens würden die Dickens-Bücher kommen! Plötzlich sah sich Rebecca in Papas Arbeitszimmer sitzen und in den Büchern schmökern. Sie blinzelte ein paarmal und starrte angestrengt in die Schneeflocken, die jetzt vom grauen Himmel herunterrieselten. Dann fiel ihr plötzlich ein, was sie gern haben wollte.

„Erinnerst du dich an den Perserteppich in Papas Arbeitszimmer?"

Und da passierte es.

„Ich habe das Haus nie gesehen", sagte Rachel kurz.

Rebecca starrte sie an. „Du hast es nie gesehen? Aber ich dachte, du hast dort mit Papa zusammen gelebt?"

Rachel startete den Wagen und ließ den Motor viel lauter aufheulen als sonst. „Oh, nein. Wir haben in einem bescheidenen kleinen Häuschen gelebt. Dein Vater hat das neue Haus erst gebaut, als wir bereits geschieden waren!" In ihrer Stimme schwang ein seltsamer, verletzter Ton mit, der Rebecca erschreckte. So hatte Rachel noch nie gesprochen. „Was wir hatten, war ihm nicht gut genug, nein. Der Märchenprinz und seine kleine Prinzessin mußten natürlich in einem Schloß wohnen!"

Rebecca ballte ihre Fäuste in den Handschuhen. „Das ist nicht wahr!"

„Was ist nicht wahr?"

„Es war kein Schloß! Es war ein schönes, gemütliches Haus! Und sauber war es, und alles sah immer hübsch und gepflegt aus. Das sagte jeder, alle Leute fanden es schön ..." Heiße Tränen brannten auf Rebeccas Wangen.

„Oh, das glaube ich dir!" So etwas wie Hohn tropfte von Rachels Lippen. „Er mußte ja dem Richter beweisen, wie reich er war, damit er dich behalten durfte. Und alle anderen Leute von dir fernhalten konnte. Er wollte dich ganz für sich allein haben, dein lieber, lieber Vater!" Sie riß das Lenkrad so heftig herum, als sie in ihre Straße einbog, daß der Wagen ins Schleudern kam.

Rebecca starrte auf Rachels weißes, zorniges Gesicht und drückte sich verängstigt in ihren Sitz. Vielleicht würde sie jetzt endlich aufhören, wo der Wagen so gefährlich herumschleuderte.

Aber Rachel hörte nicht auf. „Guter Gott, Kind! Begreifst du denn nicht, was er dir angetan hat? Er hat dich in einen goldenen Käfig gesperrt, das hat er mit dir gemacht! Oder hat er etwa deine Freunde in sein Schloß gelassen?"

„Natürlich! Wir haben fast jedes Wochenende Gäste zum Abendessen gehabt!"

„Aber deine Freunde waren bestimmt nicht dabei!"

„Seine Freunde waren auch meine Freunde!"

„Na klar, warum sollte sich seine Prinzessin auch mit anderen Kindern abgeben, wo sie doch ihn hatte?"

Rachel raste in mörderischem Tempo über die Hügelkuppe. „Und noch etwas! Du traust dich nicht, die Post durchzusehen – hat er dir das vielleicht verboten?"

Rebecca machte sich so klein wie möglich.

„Sag schon, ist es nicht so?"

Daran wollte Rebecca jetzt bestimmt nicht denken – es war das einzige Mal, daß Papa so furchtbar böse mit ihr gewesen war. Doch es half nichts. „Ja. Aber nur, weil vielleicht wichtige Geschäftsbriefe darunter waren."

„Seit wann lassen sich Rechtsanwälte ihre Geschäftspost nach Hause schicken?"

„Er hat seine Briefe nicht nach Hause bekommen. Er hatte ein Schließfach auf der Post, so wie du!" Allerdings erst, nachdem Rebecca damals die Post durchgeschaut hatte und er so wütend geworden war. Aber das brauchte Rachel nicht zu wissen.

„Also gut, ein Schließfach. Hast du es aufmachen dürfen?"

Rebecca starrte aus dem Fenster. Sie begriff plötzlich.

„Ja oder nein?" beharrte Rachel.

Rebecca schüttelte den Kopf. Wenn Rachel doch bloß aufhören würde! Sie fühlte sich schon wieder hundeelend, so wie neulich auf dem Postamt, als die alte Frau mit Mrs. Ellrow gesprochen hatte. „Ich weiß nicht."

„Aber ich. Er hatte Angst, daß ich dir eines Tages vielleicht doch einen Brief schreiben würde – trotz Gerichtsbeschluß. Sonst hätte es ihm doch egal sein können."

„Das ist nicht wahr! Du hast mir ja sowieso nie geschrieben!" Rebecca erstickte fast.

„Woher weißt du denn, daß ich dir nie geschrieben habe, wenn du die Post nie durchgesehen hast?"

Rachel bog in die Einfahrt ein. Rebeccas Hand lag auf dem Türgriff, noch bevor Rachel den Wagen zum Stehen gebracht hatte.

„Bleib sitzen!“ rief Rachel. „Hat er dich ans Telefon gelassen?“

„Wir hatten einen Anrufbeantworter ...“

„Dann bist du also nie ans Telefon gegangen, wenn er nicht da war, richtig?“

Rebecca nickte. „Darf ich jetzt aussteigen?“

„Nein, nein!“ schrie Rachel und schlug mit der Hand auf das Armaturenbrett. „Du bleibst hier drin, bis du endlich begreifst, daß die Wahrheit ganz anders aussieht als die Märchen, mit denen dich Caleb Davidson gefüttert hat!“

Rebecca zitterte am ganzen Leib, aber sie konnte nichts dagegen machen – ihr Körper gehorchte ihr nicht mehr. Genauso war es ihr gegangen, als Mr. Jarvis ihr gesagt hatte, daß Papa gestorben war.

Rachel drehte sich zu ihr um und sah sie an. „Nimm zum Beispiel die Bücherfee. Und sag mir mal, von wem die Bücher wirklich waren. Das mußt du doch inzwischen herausgefunden haben, oder? Vor zwei Wochen hast du es mir ja beinahe gesagt.“

Rebeccas Ohren brausten, dröhnten und schrillten, als sie in Rachels erregtes Gesicht blickte. Die Bücherfee! Ihre liebste, geheimste Freundin, von der sie ihre schönsten Bücher bekommen hatte! Die Bücherfee, mit der sie gesprochen hatte, als Papa im Krankenhaus war und Molly erst spät abends von der Arbeit nach Hause kam. Die Bücherfee war ... „Du?“ Ja, es mußte wohl so sein. Aber Papa hätte es mir gesagt, behauptete ihr Verstand hartnäckig.

„Ja, natürlich, ich. Ich habe nie etwas hineingeschrieben. Ich habe nie einen Brief mitgeschickt. Ich hätte sonst großen Ärger mit dem Vormundschaftsgericht bekommen. Dein Vater hat ja nur darauf gewartet, daß ich einen

Fehler machte. Aber ich habe dir Bücher geschickt, Bücher, die ich selbst für dich ausgesucht habe, und nachdem sie nie zurückgekommen sind, habe ich angenommen, daß du sie bekommen hast. Es war die einzige Möglichkeit, dir zu zeigen, daß ich an dich denke und daß ich dich vermisse!" Ihre Stimme bebte. „Aber selbst in meinen schlimmsten, rachsüchtigsten Augenblicken wäre ich nicht auf die Idee gekommen, daß er die Pakete aufmachen und durchsuchen würde. Und daß er dir dann die Bücher geben würde, ohne dir zu sagen, daß sie von mir waren." Sie wandte sich ab. „Aber genau das hat er getan."

„Hat er nicht!" Aber Rebecca verstummte. Rachel hatte recht. Sie hatte die Bücher nie selbst auspacken dürfen. Er gab sie ihr einfach und sagte, sie kämen von der Bücherfee. Das bedeutete ... Plötzlich drang die Stimme der alten Frau an ihr Ohr: „Entführt!" Sie drückte die Hand auf das Ohr, aber da hörte sie Mr. Jarvis in ihr anderes Ohr sagen: „Dein Papa ist nach Hause gekommen, hat den Babysitter bezahlt, und dann hat er dich, sagen wir mal, auf einen kleinen Ausflug mitgenommen ..."

„Entschuldige bitte", sagte Rebecca plötzlich. Sie stieß gerade noch rechtzeitig die Autotür auf, bevor sie sich übergeben mußte. Viel kam nicht heraus, denn sie hatte seit Wochen kaum etwas gegessen, aber sie würgte verzweifelt, während sie sich über dem Boden zusammenkrümmte und ihre Haare aus dem Gesicht herauszuhalten versuchte. Als es endlich aufhörte, richtete sie sich auf, lehnte sich an den Lieferwagen und schaute sich erschöpft um. Der Stall war noch da und senkte sich wie immer zur Einfahrt hin ab. Auch der Holzstapel drückte sich noch an die Hauswand. In der Ferne schob sich die Sonne über die blauen, samtweichen Berge. Sie hing in einem kleinen

Loch, das sie in den grauen Himmel gebohrt hatte. Alles war wie vorher – nur stand Rachel jetzt neben ihr.

Rebecca schaute beinahe flehend zu ihr auf. „Darf ich jetzt reingehen und ein Glas Wasser trinken?"

Rachel schaute zu den fernen Bergen hinüber. „Ja, natürlich", sagte sie.

Rebecca hielt sich mit einer Hand am Lieferwagen fest, als sie sich umdrehte und davonwankte.

„Becca ..."

Oh, nein! Bitte nicht! Mehr konnte sie jetzt einfach nicht ertragen!

„Es tut mir so leid, Kind. Ich wollte wirklich nicht ..."

Rebecca schüttelte den Kopf, dann stieß sie sich vom Wagen ab, wie ein Schwimmer vom Beckenrand, und ging den ganzen Weg zur Küche, ohne sich ein einziges Mal umzuschauen. Tommy und Xeno sprangen freudig an ihr hoch, aber sie schob sie weg. Zuerst stolperte sie ins Badezimmer und spülte ihren Mund aus. Dann ging sie in ihr Zimmer hinauf und starrte auf das Bücherregal.

Die Bücherfee. Sie hörte Rachels zornige Stimme, die an ihr Ohr drang: „Die Wahrheit – und nicht die Märchen, mit denen Caleb Davidson dich gefüttert hat."

Die Bücherfee. Kansas und Tante Em. Narnia und Lucy. Ungarn und Jansci. Dakota Territory und Laura. Sie zog die Bücher eins nach dem andern heraus und stapelte sie sorgfältig ganz weit hinten in ihrem Wandschrank. Dann legte sie sich auf ihr Bett, starrte zum Fenster hinaus und schaute zu, wie sich das Licht allmählich veränderte: von blau zu grau und schließlich schwarz.

Nach langer Zeit ging das Licht unten in der Halle an, und sie hörte Schritte die Treppe herauf und dann an ihr Zimmer kommen. „Becca ..." Das Geräusch der Schritte verstummte, und ihr Licht ging an.

Rebecca blinzelte ein paarmal, bis sich ihre Augen an das Licht gewöhnt hatten, dann sah sie Rachel im Türrahmen stehen und auf das leere Bücherregal starren.

„Was ist denn?“ fragte Rebecca.

Rachel holte tief Luft. Sie hatte rote Ringe um die Augen, und ihr Gesicht sah ein bißchen verquollen aus. „Das Abendessen ist fertig.“

„Ich habe keinen Hunger, danke.“

„Komm trotzdem mit herunter. Vielleicht überlegst du es dir ja noch anders. Ich bitte dich!“

Also ging Rebecca hinter Rachel die steile Treppe hinunter, in die Küche und zum Tisch. Keiner der beiden sagte beim Essen auch nur ein Wort über die Bücher. Nein, eigentlich sagten sie überhaupt nichts.

Auf diesen schrecklichen Tag folgten ein paar trostlose Wochen. Rachel lief mit einem grauen, verschlossenen Gesicht herum und sah aus, als ob sie überhaupt nie mehr lächeln wollte.

Rebecca war auch nicht nach Lächeln zumute. Sie wollte möglichst alles vergessen, was Rachel ihr gesagt hatte, aber immer wieder fielen ihr jetzt bestimmte Dinge ein, die ihr Leben in Santa Barbara betrafen – Kleinigkeiten, auf die sie sich früher keinen Reim machen konnte. Aber jetzt bekamen sie auf einmal einen Sinn: Die Post. Der automatische Anrufbeantworter. Daß sie nicht wie die anderen Kinder mit dem Bus zur Schule gefahren war, sondern stets hingebracht und abgeholt wurde. Daß sie immer unter Erwachsenen war und keine gleichaltrigen Freunde hatte. Als Molly zu ihnen zog, veränderte sich zwar einiges, aber wohl nur, weil Molly diese Dinge nicht so wichtig nahm und Papa schon zu krank war, um sich darum zu kümmern. Sie war ja auch ziemlich viel allein zu Hause gewesen, solange Papa im Krankenhaus lag. Hatte er das gewußt? Vielleicht hatte er sich deshalb so fürchterlich mit Molly gestritten, als er nach seiner ersten Operation wieder nach Hause gekommen war? Ja, das war gut möglich. Danach bekam Rebecca einen Babysitter, aber das war so lächerlich, daß Molly sie einfach wieder allein zu Hause ließ, nachdem Papa gestorben war.

Nein, es war zwecklos, sich etwas vorzumachen. Wenn Papa nicht befürchtet hätte, daß Rachel sich irgendwie mit ihr in Verbindung setzen würde, hätte er das alles nicht getan. Dann hatte Mr. Jarvis vielleicht doch die Wahrheit gesagt. Andererseits – warum hatte Papa nicht gewollt, daß Rachel sie besuchte, und warum hatte er befürchtet, daß sie es heimlich versuchen würde? Rachel war ja ziemlich seltsam, aber sie war ein Mensch, der seine Versprechen hielt. Sie hatte Rebecca nicht geschrieben, und sie hatte sie auch nicht angerufen. Sie hatte ihr nur die Bücher geschickt. Rebecca wollte lieber gar nicht daran denken. Es paßte einfach nicht zu ihrem Vater, so wie sie ihn in Erinnerung hatte: fröhlich und witzig, mit seinen Büchern, seinen Pfeifen und seiner Prinzessin. Wenn Rebecca doch nur mit jemandem darüber sprechen könnte! Aber die Bücherfee war nicht mehr da, und Tommy war noch zu klein. Er würde das alles nicht verstehen.

Um die Februarmitte war die Lage dann so trostlos, daß Rebecca völlig verzweifelt war. Sie war ganz sicher, daß sie es einfach nicht länger ertragen konnte. Sie wäre am liebsten weggelaufen, aber dann würde sie in all dem Graupel, Schnee und Eisregen erfrieren, der unablässig vom ewig grauen Himmel fiel. Doch dann entdeckte sie den Stall. Es begann an einem langweiligen, grauen Sonntag, als Rachel vom Frühstück aufstand und ihre Stiefel anzog.

„Darf ich mitkommen?“ fragte Rebecca.

Rachel war überrascht, und das war auch kein Wunder, denn Rebecca war seit ihrem ersten Tag in Vermont nie wieder im Stall gewesen. Aber Rachel nickte, und so ging Rebecca neben ihr her.

Wie sich herausstellte, gab es eine Menge zu tun. Die Pferde brauchten Heu und Hafer. Sie brauchten Wasser, und das bedeutete, schwere Eimer schleppen. Die Boxen mußten ausgemistet werden, und das dauerte eine ganze Weile. Deshalb verbrachte Rachel also so viel Zeit draußen! Eigentlich war es doch Blödsinn, daß sie die ganze Arbeit allein machen mußte. Warum ließ sie sich nicht von jemandem helfen?

„Darf ich Dimwit putzen?“ fragte Rebecca, als sie fertig waren.

„Natürlich. Obwohl sie vielleicht vor Überraschung tot umfällt. Sie ist seit letztem Herbst nicht mehr gestriegelt worden!“ War lange im Offenstall. Aber dann streifte Rachel der großen Stute das Halfter über und führte sie zu dem Querbalken. Rebecca nahm eine Kardätsche und den Gummistriegel und strich mit langen Strichen über Dimwits Flanken, wo der meiste Dreck saß.

„Du mußt mit dem Kopf anfangen“, sagte Rachel, „sonst bürstest du den Schmutz wieder auf die Stellen, die schon sauber sind.“

Ja, das leuchtete ihr ein. Rebecca holte eine Kiste, kletterte hinauf und fing mit der Arbeit an. Dimwits lange Haare knisterten und blieben an der Bürste hängen, aber nach einer Stunde sah sie schon wunderschön aus. Rebecca schaute sich nach Rachel um, doch die war verschwunden. Was sollte sie jetzt tun? Sie konnte Dimwit in ihre Box zurückbringen; das dürfte nicht allzu schwierig sein.

Und das war es auch nicht. Im Gegenteil, es ging so leicht, daß sie beschloß, Matt auch noch zu putzen. Sie schaute sich Dimwits Halfter ganz genau an, um zu sehen, wie es verschnallt war, dann ging sie mit dem riesigen Halfter, das außen an der Tür hing, auf Zehenspitzen in Matts Box. Aber wie sollte sie ihm das Halfter überstreifen? So weit reichten ihre Arme nicht hinauf! Doch Matt machte Rebecca die Sache leicht. Er schob seine Nase durch die Lederschlaufe und senkte den Kopf, so daß sie nur noch die Riemen zu verschnallen brauchte. Er ging wie von selbst zu dem Querbalken.

„Du bist ein liebes Monster", sagte sie und tätschelte seinen Hals. Sie bürstete den großen Belgier und summte dabei eine Melodie, während Matt den Kopf senkte und ihr deutlich zeigte, wie gut es ihm gefiel. Warum hatte Amity ihr nie erlaubt, die Pferde zu putzen? Es machte doch soviel Spaß! Fast ebenso viel Spaß wie Reiten, dieser Kontakt mit dem Pferd. Und plötzlich war sie sehr stolz, daß sie es konnte. Rachel hatte das offenbar gewußt und ihr vertraut, denn sie hatte sie ja einfach allein gelassen.

Von da an verbrachte Becca fast jeden Nachmittag im Stall. Sie fegte die Stallgasse. Sie wischte die Spinnweben von den Wänden und Deckenbalken. Sie bürstete alle Pferde außer Dancer – das sollte sie lieber nicht versuchen, hatte Rachel gesagt, und Becca glaubte ihr. Der Stall sah allmählich richtig wohnlich aus, das gab sogar Rachel zu.

Abends kuschelte sie sich dann mit Tommy in ihren großen Sessel und machte ihre Hausaufgaben. Hauptsächlich wegen Bill. Wenn sie eine Rechenaufgabe falsch machte, dann starrte er sie wieder an, als ob sie ein Monster von einem fremden Stern sei, und das mochte sie nicht. Er löste immer alle Aufgaben richtig, und er wußte alle schwierigen Wörter, die im Lesebuch vorkamen. Also mußte sie wohl oder übel auch alle Aufgaben richtig machen und alle schwierigen Wörter beherrschen. Das bedeutete, daß sie mehr für die Schule arbeiten mußte als früher, und der Erfolg war nicht gerade überwältigend. Bill schien es nie zu bemerken, wenn Becca ihre Aufgaben richtig machte. Aber alles war besser als dieser gräßliche Blick, wenn sie einen Fehler machte. Und so lernte und büffelte sie jeden Abend vor sich hin. Das hatte außerdem den Vorteil, daß sie Rachel aus dem Weg gehen konnte. Gegen Ende Februar erlebte sie dann eine Überraschung mit Bill. Sie hatte eines Tages ihr Buch zu Hause liegen lassen, und das bedeutete, daß es in der Pause nichts anderes für sie zu tun gab, als bei irgendwelchen Spielen mitzumachen. Der bloße Gedanke daran, mit all diesen kreischenden Kindern herumzurennen, machte sie krank. Und deshalb verdrückte sie sich auf dem Weg zur Turnhalle blitzschnell in die Bibliothek. Falls Mrs. Standish etwas gemerkt hatte – sie sagte jedenfalls nichts. Sie ließ einen in Ruhe, solange man keinen Ärger machte.

„Ich brauche ganz schnell ein Buch“, sagte sie zu der Bibliothekarin, als sie hereinstürzte. „Ich müßte eigentlich in der Turnhalle sein.“

Die Bibliothekarin lächelte und zog ein Buch aus einem der Stapel auf ihrem Schreibtisch. „Das habe ich für dich reserviert“, sagte sie. Bibliothekare waren immer freundlich, wenn sie merkten, daß man Bücher mochte. „Hast du es schon gelesen? *Beauty* von Robin McKinley!“ Becca schüttelte den Kopf.

„Es ist ein Märchen, aber der Held ist ein Pferd“, sagte die Bibliothekarin und drückte einen Stempel auf den Innentitel des Buches. „Du kannst es deiner Mutter zeigen. Sie will ja immer wissen, was an neuen Büchern herauskommt, damit sie ... Aber was rede ich da, das ist ja jetzt nicht mehr nötig ...“

„Ich zeige es ihr ganz bestimmt“, rief ihr Rebecca schnell zu, während sie hastig die Tür aufstieß. Wer in dieser Stadt wußte eigentlich nicht, daß Rachel die Bücherfee war? Jemand raste an ihr vorbei und schleuderte sie gegen die Wand.

„Bill! Komm sofort zurück!“ rief eine Männerstimme. Es war Mr. Corey, der Direktor. Und Becca stand hier mitten in der Halle, während der Vormittagspause. Aber er fragte sie bloß, ob ihr auch nichts passiert sei. Ein Stück weiter vorn drehte Bill sich um, aber er kam nicht zurück.

„Du hast dieses Mädchen umgerempelt“, sagte Mr. Corey. „Falls dir etwas daran liegt, beim Sport mitzumachen, solltest du dich besser entschuldigen.“

Becca sah, wie Bill seine Hände in die Hosentasche steckte und eine Haarsträhne aus den Augen schleuderte. Erwachsene waren manchmal wirklich komisch. Jedes Kind konnte doch sehen, daß Bill lieber den ganzen Tag im Büro des Direktors schmoren würde, als Becca um Entschuldigung zu bitten.

„Das ist schon in Ordnung“, hörte sie sich plötzlich sagen. „Ich bin aus der Tür gerannt, und er konnte mich nicht sehen. Ich bin ihm einfach vor die Füße gelaufen!“

4 10271-8

Tiefe Stille entstand. Mr. Corey machte ein verdutztes Gesicht.

Bill starrte Becca einen Augenblick an, dann schaute er auf den Boden. „Tut mir leid, daß ich dich umgestoßen habe", brummte er. Dann wirbelte er herum und stürzte auf die Turnhallentür zu.

Mr. Corey sah Rebecca mit hochgezogenen Augenbrauen an, aber er sagte nur: „Na, wie geht es dir, Rebecca? Hast du dich schon eingewöhnt?"

Sie nickte.

„Mrs. Standish hat mir gesagt, daß du mit Bill zusammenarbeitest? Kommt ihr beiden miteinander zurecht? Bill hat wirklich eine schwere Zeit hinter sich. Es würde ihm helfen, wenn er jemanden hätte, mit dem er reden könnte. Ich meine, jemand, der ein ebenso guter Schüler ist wie er."

Sie zuckte die Achseln.

Mr. Corey gab sich einen Ruck. „Solltest du nicht beim Sport sein? Na, dann lauf schon."

Das brauchte er ihr nicht zweimal zu sagen. Sie konnte es sowieso kaum erwarten, endlich wegzukommen. In der Sporthalle setzte sie sich in eine der obersten Zuschauerbänke und schmökerte ein bißchen in *Beauty*. Nach ein paar Seiten wußte sie, daß es wirklich ein gutes Buch war. Sie lehnte sich zurück und schaute sich um. Bill stand in einer Ecke und knallte mit voller Wucht einen Basketball gegen die Wand, immer wieder. Ganz allein.

„Bill Lavoie hat sich bei dir entschuldigt?" fragte Patty ungläubig, als Becca es ihr in der Mittagspause erzählte. „Nicht zu fassen! Ich sehe schon die Schlagzeilen vor mir", kicherte Patty. „Schwer erziehbarer Jugendlicher verliebt sich in Rotschopf!"

Becca nahm sich vor, kein Wort mehr über die Sache zu sagen. Manchmal merkte man eben, daß Patty schon fast vierzehn war. Und Mr. Corey hatte offenbar keine Ahnung, was er ihr da einbrockte: Sobald sie mit Bill auch nur ein paar freundliche Worte wechselte, würden die anderen Kinder sämtliche Toilettenwände mit „Bill + Becca"-Herzen beschmieren. Eine schreckliche Vorstellung, denn sie mochte ihn ja nicht einmal. Andererseits war es schwer, sich nicht für Bill zu interessieren. Erstens konnte er zeichnen. Dann die Pferde. Und außerdem trieb er sich an Orten herum, wo er nichts zu suchen hatte – zumindest kam es Becca so vor. Er fuhr meistens mit dem Vierer-Bus, aber manchmal verschwand er nach der Schule, und der Bus fuhr ohne ihn ab. Das war nicht in Ordnung, nur hatte anscheinend niemand Lust, sich mit Bill anzulegen, um was es auch ging. Hin und wieder kam es vor, daß Rachel sich verspätete, und dann sah Becca Bill herumlungern, als ob er auf jemanden wartete. Und ein paarmal, als Rachel wirklich sehr spät dran gewesen war, nicht nur fünf oder zehn Minuten, hatte Becca beobachtet, wie Bill auf den Motorschlitten-Weg zuging, der in die Wälder führte. Anscheinend war sie die einzige, die es bemerkte, und sie wollte es auch lieber für sich behalten. Sie wußte, daß hier manche Schüler Drogenprobleme hatten, so wie in Kalifornien, und wenn jemand drogenabhängig war, mußte er das Zeug irgendwoher bekommen. Aber an dieser Schule waren sie streng. Fast jede Woche mußten sie sich einen Abschreckungsvortrag anhören – Hände weg von Drogen! Wenn also Bill sich da draußen etwas Verbotenes beschaffte, war es besser, den Mund zu halten, denn sonst würde er den größten Ärger bekommen. Und Becca wollte ihn nicht verraten.

Eines Tages jedoch kam Rachel fast eine halbe Stunde zu spät, und als Becca zum fünfzigsten Mal auf den Schulhof rannte, um nach ihrem Lieferwagen Ausschau zu halten, hörte sie irgendwo einen Motorschlitten tuckern. Sie schaute in die Richtung, aus der das Geräusch kam, und sah gerade noch, wie der Motorschlitten um die Ecke bog und hielt. Eine Gestalt in einer roten Jacke kam hinter einem Ahornbaum hervor und sprang hinter dem Fahrer auf: Bill! Der Motorschlitten tuckerte wieder los und war im Nu verschwunden.

Becca war verwirrt. Vielleicht sollte sie doch etwas sagen? Aber wem? Mr. Corey? Auf keinen Fall. Mrs. Standish? Nein, lieber nicht. Die Sache ließ ihr keine Ruhe. Sie zerbrach sich den Kopf darüber, während sie die Boxen ausmistete, und beim Abendessen und auch nachher, als sie mit Rachel das Geschirr spülte, konnte sie an nichts anderes denken. Sie spülten jetzt jeden Abend das Geschirr, nicht erst, wenn die Teller ausgingen. Sie wußte nicht mehr genau, wann sie damit angefangen hatten, aber seither sah die Küche viel gemütlicher aus. Rachel warf ihr dauernd so merkwürdige Blicke zu, und Becca fühlte sich nicht wohl in ihrer Haut. Wie sollte sie auch nachdenken, wenn Rachel sie prüfend anschaute, als ob sie wissen wollte, was in Beccas Kopf vorging? Molly hatte es nie gemerkt, wenn Becca etwas auf dem Herzen hatte, weil sie entweder zu beschäftigt oder zu müde gewesen war. Und Papa war so launisch – sie mußte immer auf der Hut sein, ob ihm gerade etwas im Kopf herumging, sonst konnte es leicht passieren, daß er sie anschnauzte. Aber es war schwer, vor Rachel etwas zu verheimlichen. Becca seufzte und verscheuchte Tommy mit ihrem Geschirrtuch.

„Warum erzählst du mir nicht, was los ist?“ fragte Rachel. Becca fuhr zusammen. Seit jenem schrecklichen Tag, an dem sie die Bücher in den Schrank geräumt hatte, hatte sie von Rachel kaum etwas anderes zu hören bekommen als kurze Fragen oder Antworten auf ihre Fragen. Sie konnte doch mit Rachel nicht über Bill sprechen. Aber warum eigentlich nicht? Sie brauchte ihr ja nicht alles zu sagen. Und vielleicht fiel ihr etwas ein, wie man Bill aus der Patsche helfen konnte. Rachel war nicht dumm, soviel war sicher. Sie war fast so klug wie Papa, wenn auch natürlich längst nicht so nett.

„Ich habe mir überlegt, was mit Bill los ist“, sagte sie.

Rachel schüttete Wasser über einen Teller. „Mit Bill?“ fragte sie erstaunt.

„Na, du weißt doch. Bill Lavoie, der bei den Amidens lebt.“

„Ach, ja. Das Pflegekind. Hat er Probleme?“ Becca durfte sich jetzt nicht verplappern. „Also, er redet nie mit den anderen Kindern“, fing sie vorsichtig an, „und er läuft herum, als ob er ständig eine Wut im Bauch hätte. So benehmen sich Leute doch nur, wenn sie Probleme haben, oder?“

Ein schwaches Lächeln huschte über Rachels Gesicht, aber bevor Becca sich einen Reim darauf machen konnte, war es schon wieder verschwunden. „Vielleicht ist er bloß schüchtern?“

„Überhaupt nicht! Wenn wir uns zum Mittagessen aufstellen, drängt er sich immer ganz nach vorn, und die anderen machen ihm auch noch Platz. Sogar die Lehrer lassen ihn in Ruhe, solange er keine Schlägerei anfängt. Aber seine Bilder sind wirklich toll ...“ Und plötzlich erzählte sie Rachel von dem Phaeton-Bild, das Bill an ihrem ersten Tag in der Schule gemalt hatte: wie die Feuerpferde davonstürmten, wie die Sonne am Wagen festgemacht war, wie Phaeton als brennende Fackel ins Meer stürzte ... „Und er hat auch noch andere Bilder gemalt. Mrs. Standish wollte ihm zuerst die Bilder wegnehmen, weil er nicht aufpaßt, aber dann hat sie gesehen, wie gut sie waren, und jetzt läßt sie ihn in Ruhe. Sie wollte sogar, daß er die Zeichnungen der ganzen Klasse zeigt, aber er hat sich geweigert. Er sagt immer, er zerreißt sie, wenn sie fertig sind."

„Wenn er sie zerreißt, woher weißt du dann, daß sie so gut sind?"

„Weil er sie an unseren Tisch bringt, damit er weiterzeichnen kann, wenn er vor mir mit dem Lesen fertig ist. Aber ich lese immer furchtbar schnell, weil ich mir die Bilder anschauen will."

„Vielleicht bringt er sie deshalb an euren Tisch – damit du sie anschauen kannst", sagte Rachel.

Becca fiel ein, daß sie schon eine Menge Bilder von Bill zu sehen bekommen hatte. Er ließ sie sozusagen vor ihrer Nase herumliegen. „Na ja, vielleicht", gab sie zu.

„Dann glaubst du also, daß seine Schwierigkeiten mit seiner Begabung zusammenhängen? Weil er nur seine Bilder im Kopf hat? Da könntest du recht haben. Bei den Jungen hier zählen ganz andere Dinge. Wer nicht als Waschlappen gelten will, muß ein guter Holzfäller, Jäger, Fußballer oder Rugbyspieler sein – solche Sachen. Weißt du noch, was Patty erzählt hat? Warum die anderen Jungen über ihn hergefallen sind?"

„Klar. Und ich glaube, er prügelt sich manchmal immer noch mit ihnen. Letzte Woche kam er mit einem riesigen blauen Fleck im Gesicht zur Schule."

Rachel drückte energisch den Schwamm aus. „Ein blauer Fleck? Kommt das öfter vor?"

Becca dachte nach. „Hin und wieder." Vielleicht trieb er sich deshalb in den Wäldern herum. Schlägereien. Aber wer würde sich die Mühe machen, ihn auf einem Motorschlitten abzuholen, bloß um sich mit ihm zu prügeln?

Rachel schaute sie eindringlich an. „Ist das die Wahrheit? Hast du auch wirklich nichts erfunden oder beschönigt?"

Zum Glück hatte sie nichts von „weglassen" gesagt. „Ja!" Becca nickte. Rachel zog den Stöpsel aus dem Spülbecken und ließ das Wasser ablaufen. „Vielleicht sollte ich mal mit Ed Amiden sprechen", überlegte sie.

Ach, du liebe Güte! Vielleicht hatte Bill ja wirklich mit Drogen zu tun. „Vielleicht solltest du lieber noch warten. Ich meine ..."

Rachel lächelte mit einem Mundwinkel. „Keine Sorge. Ich will Ed nur fragen, ob er mit Bill und den Pferden herüberkommen kann. Ich brauche jemand, der mir hilft, ein paar umgestürzte Baumstämme aus dem Weg zu räumen, bevor die Sirupernte losgeht. Matt und Jeff schaffen das nicht allein."

Becca nickte. Das hörte sich gut an. Aber sie war froh, daß sie nichts über den Motorschlitten gesagt hatte. In der gleichen Nacht, als Becca schon im Bett lag, hörte sie Rachel unten telefonieren. Und am nächsten Morgen klingelte das Telefon, als sie gerade beim Frühstück saßen. Rachel ging hin und kam nach einer Weile mit zufriedener Miene wieder zurück. So sah sie immer aus, wenn sie etwas Wichtiges getan hatte. „Also, es geht los", sagte sie.

Becca blickte von ihrem Erdnußbutter-Toast auf.

„Ed Amiden kommt heute nachmittag und hilft mir, die

Baumstämme wegzuschaffen. Das heißt, daß ich dich nicht von der Schule abholen kann. Aber Mrs. Ellrow springt für mich ein. Sie fährt dich, Patty und Bill hierher, und vielleicht bleibt sie noch eine Weile da, damit Patty ihren Goner putzen kann."

Becca schaute sich in der Küche um. Spinnweben und schwarze Kühlschranktüren störten zwar Patty kein bißchen, aber was würde Mrs. Ellrow sagen?

Rachel zog eine Grimasse, als sie Beccas Blicken folgte. „Ich glaube, ich sollte hier ein bißchen sauber machen, bevor sie kommt", sagte sie. „So, und jetzt spring schnell in den Wagen. Je eher ich mit der Arbeit anfange, desto schneller bin ich fertig."

Becca raste zum Lieferwagen hinaus. Sie würden also Besuch bekommen? Und Rachel würde die Küche putzen? Es war nicht zu glauben.

Mrs. Ellrow wartete mit dem Chevy vor der Schule auf sie, und Patty drängte sich gleich auf den Beifahrersitz. Also mußten Bill und Becca zusammen auf der Rückbank sitzen. Becca war nicht ganz sicher, aber beim Einsteigen war es ihr so vorgekommen, als ob sie ein schadenfrohes Grinsen auf Pattys Gesicht gesehen hätte.

„Hallo, Becca! Hallo, Bill!" sagte Mrs. Ellrow. „Schön, daß wir uns mal sehen!"

„Vielen Dank, daß Sie uns nach Hause fahren", erwiderte Becca höflich. „Das ist sehr nett von Ihnen."

Bill sagte gar nichts. Patty grinste wirklich, diesmal war

Becca ganz sicher. Sie spürte, wie ihr Gesicht knallrot wurde. Bill quetschte sich gegen die hintere Wagentür, so weit von ihr entfernt wie nur möglich.

„Zeichnest du noch, Bill?“ fragte Mrs. Ellrow.

Bill streifte eine Locke aus seinen Augen und schaute zum Fenster hinaus. „Manchmal.“

„Patty sagt, daß du sehr gut zeichnest. Hast du mal Zeichenstunden gehabt?“

„Nein.“

Damit war das Thema erledigt. Sie fuhren schweigend die Straße hinauf, und als sie in Rachels Einfahrt einbogen und anhielten, schoß Bill wie der Blitz aus dem Auto hinaus. „Muß jetzt Ed helfen“, rief er über die Schulter zurück. „Danke für’s Mitnehmen!“ In ein paar Sekunden war er über der Mauer und stapfte den steilen Weg zum Ahornwäldchen hinauf.

Becca führte die anderen zum Haus und fragte sich, ob Mrs. Ellrow wohl sehr pingelig war. Aber als sie die Tür aufmachte, traute sie ihren Augen nicht. Alles war blitzsauber, auch die Kühlschranktür. Auf dem Boden war kein einziges Hundehaar zu sehen. Und das Allerbeste: Die Küche duftete nach Kaffee und Kuchen.

„Krapfen“, hauchte Patty hingerissen. „Super! Und was für Krapfen! Schaut euch das an!“

Mrs. Ellrow lächelte, als sie die Platte mit den Krapfen auf dem sauberen Tischtuch sah. „Schön, daß Rachel wieder Krapfen macht“, sagte sie. „Ihre Mutter war in der ganzen Gegend berühmt für ihre Krapfen. Die durften bei keinem Wohltätigkeitsbasar fehlen. Die Leute haben sich schon Monate im voraus um sie gerissen! Und Rachel kennt natürlich ihre Geheimnisse, obwohl sonst keiner ihrer Mutter das Rezept entlocken konnte.“

Becca biß in einen Krapfen. Er war weich und locker, und der Zuckerguß war genau richtig, nicht zu dick und nicht zu dünn. „Warum hat Rachel keine Krapfen mehr gemacht? Also, wenn ich solche Krapfen backen könnte, würde ich nichts anderes mehr essen."

Mrs. Ellrow lächelte ihr liebes Lächeln, mit dem sie Becca immer begrüßte, wenn sie die Post abholte. „Ja, weißt du", sagte sie, „ich glaube, sie war nicht besonders glücklich, all diese Jahre so allein hier oben, nur mit den Pferden. Und wenn man unglücklich ist, dann vernachlässigt man viele Dinge, die einem vorher wichtig waren. Weil man das Gefühl hat, es kommt nicht darauf an, wenn sowieso alles verkorkst ist!"

Becca kaute nachdenklich an ihrem Krapfen. Ja, da war etwas dran. Es war bestimmt nicht einfach, hier oben ganz allein mit den Tieren zu wohnen. Und sie konnte sich gut vorstellen, daß man sich oft sehr einsam fühlte. Sah das Haus deshalb so furchtbar aus? Denn es war eigentlich ein besonderes Haus. Ein charaktervolles altes Haus.

„Pech für Bill, daß er so schnell abgehauen ist", sagte Patty und grinste Becca an. „Die Krapfen hätte er auch gemocht."

Mrs. Ellrow lachte und schenkte sich eine Tasse Kaffee ein. „Zu viele Frauen. Das ist schwierig für einen Jungen. Meine Söhne waren auch so!" Einen Augenblick sah sie traurig aus, und Becca fiel ein, daß Pattys Vater ja ihr Sohn gewesen war.

„Aber ist Bill bloß schüchtern?" fragte sie, um Patty und Mrs. Ellrow von ihren traurigen Gedanken abzubringen. „In der Schule will keiner neben ihm sitzen. Hat das etwas mit seinen Eltern zu tun? Ich meine, stimmt was nicht mit seinen Eltern?"

„Da liegst du falsch! An Ed und Mary Amiden gibt es absolut nichts auszusetzen!“ Mrs. Ellrow fuchtelte kampflustig mit ihrem Krapfen herum. „Das sind nette, anständige, hart arbeitende Leute, und sie haben immer gut für die Jungen gesorgt, die bei ihnen waren!“

„Niemals Mädchen?“ fragte Patty.

„Nein, nur Jungen. Ed braucht Hilfe auf seinem Hof!“

„Haben sie eine eigene Tochter?“ wollte Becca wissen.

„Nein. Sie konnten wohl keine Kinder bekommen. Na, und ihr dürft mir glauben, es gibt genug Leute, die sich in so einem Fall enttäuscht und verbittert in ihren vier Wänden verkrochen hätten. Aber Ed und Mary nicht. Ed meinte, es gibt genug Kinder, die Hilfe brauchen, wenn sie schon keine eigenen hätten, die sie versorgen könnten. Und deshalb nehmen sie Pflegekinder auf, die sonst keiner haben will.“

„Oh, und so einer ist Bill?“ Pattys Augen waren groß vor Staunen.

„Vermutlich schon, sonst wäre er nicht bei den Amidens. Aber ich finde, er ist ein hübscher, netter Junge, auch wenn du noch so über ihn herziehst, Patty.“

„Ich gehe jetzt Goner versorgen. Kommst du mit?“ fragte Patty.

„Klar“, sagte Becca. „Du wirst staunen, wenn du den Stall siehst! Ich habe nämlich saubergemacht. Du warst schon eine Ewigkeit nicht mehr da.“

„Ja, solange die Reitbahn eine einzige Eisfläche ist, finde ich nicht so leicht jemanden, der mich hierher fährt“, erwiderte Patty. „Aber warte nur, bis es Frühling wird! Dann mußt du mich mit der Reitpeitsche davonjagen.“

Becca kicherte, und dann rannten sie hinaus und zogen unterwegs ihre Handschuhe über. Becca warf noch einen

Blick in die Küche, als sie am Fenster vorbeikamen, und Mrs. Ellrow winkte ihr zu. Es war ein schönes Gefühl, wenn noch jemand anders hier war, nicht nur Rachel. Besonders, wenn Rachel sich dann dazu aufraffte, das Haus zu putzen.

Später, nachdem Patty und Mrs. Ellrow gegangen waren, beschloß Becca, zum Ahornwäldchen hinaufzugehen. Sie war neugierig, was dort vor sich ging. Im Haus gab es nicht viel zu tun, und es war noch zu früh, mit dem Boxenausmisten anzufangen. Sie legte Holz nach, schnürte ihre neuen Stiefel ein bißchen fester und kletterte den steilen Hang hinauf. Es war ziemlich anstrengend, immer wieder brach sie in der Schneekruste ein. Auf halber Höhe keuchte sie schon so heftig, daß sie stehenbleiben und Atem holen mußte. Sie drehte sich um, weil sie sehen wollte, wie weit sie schon gekommen war. Dort unten war das Haus. Aber von hier aus konnte sie auch sehen, wie sich der Hügel etwa eine halbe Meile weiter ins Tal hinab senkte. Hinter der Talsohle stieg die Wiese des Nachbarn steil zu seinem Haus an. Es war ein kleines Haus, halb im Schnee vergraben. In der Ferne ragten die graublauen Berge in den Winterhimmel. Hier gab es jetzt kaum Farben – nur Grauschattierungen und dazwischen hin und wieder ein schwarzes Fichtengehölz.

Von oben hörte sie Rufe und Kettenklirren; sie schüttelte sich und kämpfte sich weiter den Hang hinauf. Xeno und Tommy sprangen ihr entgegen, und gleich darauf sah sie Rachel mit Matt und Jeff auf dem Hügelkamm entlangfahren. Die Pferde schleppten einen riesigen Baumstamm hinter sich her und legten sich mit gesenkten Köpfen in die Sielen. Rachel ging hinter ihnen, den Oberkörper leicht zurückgebeugt, sie mußte lange Schritte machen, um mit den Pferden Schritt zu halten. Einen kurzen Augenblick lang dachte Becca an Molly und wie leicht und anmutig sie sich bewegte.

Rachel hielt die Pferde an und winkte. Als Becca durch den Schnee zu ihnen hinaufstapfte, stellte sie fest, daß Jeff und Matt genauso mühsam keuchten wie sie selbst.

„Habt ihr Goner schon versorgt?“ fragte Rachel als erstes.

„Ja. Und die Krapfen waren einfach herrlich!“

Rachel sah erfreut aus. „Hoffentlich hast du ordentlich gegessen. Bis zum Abendessen wird es noch eine Weile dauern. Ed muß das Gespann hierlassen – wir haben länger gebraucht, als wir dachten, und es wird jetzt gleich dunkel werden. Das ist meine letzte Fuhre. Willst du nicht Ed ein bißchen zuschauen? Ed und seine Pferde, das muß man gesehen haben. Ein großartiges Schauspiel, glaub mir. Die meisten Gespannfahrer brüllen ihre Pferde an, aber Ed redet mit ihnen wie ein liebevoller Freund. Er mag seine Pferde!“

„Kann ich nicht lieber dir helfen?“ fragte Becca.

„Erst wenn ich die Pferde in den Stall zurückbringe, und das dauert noch eine Weile. Also, nun geh schon!“

Rachel schnalzte mit der Zunge, und die beiden Belgier setzten sich wieder in Bewegung. Becca ging widerstrebend in die andere Richtung. Rachel zu helfen erschien ihr geradezu paradiesisch, verglichen mit der Aussicht, Bill bei der Arbeit zuzuschauen. Ob Mr. Amidens Gespann weit weg war? Nein, offenbar nicht sehr weit. Bereits nach wenigen Metern drangen Rufe an ihr Ohr. Sie bog um eine Kurve und blieb wie angewurzelt stehen. Mein Gott, die Pferde! Sie waren noch größer als Matt und Jeff und pechschwarz. Sie stampften und tänzelten ungeduldig, als der Mann, der das Gespann führte, sie anhielt und über die Schulter nach einem Stamm schaute, der sich in der Spur verkeilt hatte. Becca ging mit großen Augen näher heran. So mußten die Pferde ausgesehen haben, die Tag für Tag Apollos Sonnenwagen über den Himmel gezogen hatten.

Der Mann entdeckte Becca. „Aus dem Weg jetzt!“ rief er.

Becca nickte; sie schaute sich suchend um und fragte sich, wo das wohl war: „aus dem Weg“.

„Da drüben!“ Bill zeigte auf einen Baumstumpf, und Becca kletterte hinauf.

„Gut“, sagte Mr. Amiden. Bill hob die Kette auf, die am Harnisch der Pferde festgemacht war, und ging zu dem Stamm hinüber, während Mr. Amiden das Gespann zurückdirigierte. Die Pferde begannen zu tanzen; Becca spürte das Trommeln ihrer riesigen Hufe mit dem langen Behang bis zu der Stelle, an der sie auf ihrem Baumstumpf saß.

„Hoo, jetzt“, gurrte Mr. Amiden. Die Pferde blieben zitternd stehen. Bill befestigte die Kette und sprang beiseite.

„Und jetzt hüh!“ rief Mr. Amiden. Becca konnte ihn kaum hören, so sanft war seine Stimme, aber die Pferde zogen gleichzeitig an, mit gesenkten Köpfen und bebenden Flanken. Ihre Hufe wühlten den Boden auf, so daß der Schnee ringsum nur so aufspritzte. Doch der Stamm rührte sich nicht.

„Ho, ihr beiden! Zuurück, zuuurück, ruuuhig ...“, sagte Mr. Amiden sanft. Schaum flog von den Pferdemäulern, und sie bogen die Hälse, um dem Gebiß zu entkommen. Plötzlich warf eines der beiden Pferde den Kopf auf, stieg und wich auf den Hinterbeinen zurück.

„Ruuuhig, ganz ruuuhig“, rief Mr. Amiden. Das Pferd

kam heftig schnaubend auf die Vorderhand zurück. Mr. Amiden nickte Bill zu, und Bill sprang auf den Stamm, um die Ketten zu lösen.

Sobald sie von dem Stamm befreit waren, machten die Pferde einen Satz nach vorn, und Mr. Amiden brauchte einen Augenblick, bis er sie wieder unter Kontrolle hatte. Er lief hinter ihnen her, während sie ganz in der Nähe von Beccas Baumstumpf im Kreis gingen. Sie sah die Muskeln unter ihrem dichten Winterfell spielen, als die Pferde schnaubend an ihr vorüberstampften.

„Versuch es mal von der anderen Seite!“ rief Bill, der sich den Baumstamm sorgfältig angeschaut hatte. Mr. Amiden nickte und lenkte die Pferde in eine tiefe Schneewehe. Das bremste ihren Schwung; ganz sanft glitten sie hinein.

„Ho!“ Bill faßte das linke Pferd am Halfter und führte das Gespann im Schritt dicht an den Baumstamm heran. Mr. Amiden nickte ihm zu, und er sprang wieder auf den Stamm, die Kette griffbereit in der Hand. Die Pferde schwitzten jetzt; Dampfschwaden stiegen von ihren schweren Leibern auf, als Amiden sie zu dem Baumstamm zurückdirigierte.

Becca krallte vor Aufregung die Fingernägel in ihre Handflächen. Bill hakte die Kette ein und sprang vom Stamm herunter.

„Hüh!“ Mr. Amiden flüsterte fast. Er führte die Pferde ganz behutsam ein winziges Stück rückwärts, und Becca sah, wie ihre Muskeln sich spannten. „HÜH!“ Der Ruf schallte durch die trübe, graue Luft. Die Pferde machten einen Satz nach vorn, ihre Muskeln spannten sich, und sie zogen. Ihre Köpfe berührten fast die Brust, und ihre Hufe rissen die Schneedecke auf. Der Stamm schwankte und ächzte – und plötzlich riß er sich los und wirbelte dabei eine Wolke von Eis und Schneebrocken auf.

„Geschafft!“ schrie Bill.

Becca richtete sich auf ihrem Baumstumpf auf. Sie wußte nicht, ob sie lachen oder weinen sollte. Sie haben es geschafft! Sie haben es geschafft!

„Gut, Bill“, sagte Mr. Amiden. „Gut! Bring jetzt die Kette in Ordnung, damit wir den Stamm zur Siruphütte runterkriegen. Es wird gleich dunkel.“

Bill eilte zum Gespann hinüber, und Becca folgte ihm langsam. Die Pferde standen jetzt still. Sie keuchten schwer.

„Darf ich sie streicheln?“ fragte sie Mr. Amiden.

Mr. Amiden wischte sich mit dem Ärmel seiner Holzfällerjacke den Schweiß vom Gesicht. „Natürlich“, sagte er. Vorsichtig streckte Becca die Hand nach dem Pferd aus, das vorher gestiegen war. Es warf seinen Kopf herum und schnaubte leise, und sie kraulte sein Gesicht unter der Leine, an der Stelle, die Matt so liebte. Das Pferd schien die Stelle auch zu mögen; es warf genüßlich den Kopf auf und ab. Becca griff in ihre Tasche. Zum Glück fand sie noch ein paar Zuckerwürfel. Das andere Pferd schaute herüber und wartete ungeduldig.

„Gib ihr lieber auch einen!“ sagte Mr. Amiden grinsend. Becca ging vorn an dem ersten Pferd vorbei, streichelte die Stute und gab ihr auch einen Zuckerwürfel.

„Okay, alles klar!“ sagte Bill. „Darf ich fahren?“

Becca war sicher, daß Mr. Amiden „nein“ sagen würde; ein Junge konnte doch unmöglich mit diesen riesigen, ungestümen Pferden fertigwerden! Aber Mr. Amiden nickte nur und gab Bill die Leinen. „Schön langsam und ruhig“, sagte er. „Sie sind völlig erledigt.“

Becca schaute zu, wie Bill die Leinen in die Hände

nahm. „Ja", hörte sie sich plötzlich sagen. „Sei bloß vorsichtig, sonst schleudert Zeus seinen Blitz nach dir."

Bill starrte sie einen Augenblick verdutzt an, aber dann ging ihm offenbar ein Licht auf. Becca konnte es nicht fassen – er grinste. Bill lachte richtig.

Die Pferde zogen an und stampften gemächlich den Hügel hinunter. Becca beobachtete Mr. Amiden, während er ihnen nachschaute. Er war kleiner und untersetzter, als sie zuerst gedacht hatte – gar nicht wie Apollo. Sein sandfarbenes Haar war kurzgeschnitten, und seine blauen Augen waren so hell, daß sie beinahe farblos wirkten. Er lächelte sie schüchtern an. „Bist du Becca?"

Sie nickte. „Ihre Pferde sind wunderschön."

„Sie arbeiten gut", sagte er kurz, und dann marschierte er den Hügel hinunter. Becca ging hinter ihm her und grübelte darüber nach, daß es wohl kaum einen größeren Gegensatz zwischen zwei Menschen geben konnte, als zwischen Bill und Mr. Amiden. Bill war widerspenstig und angespannt wie Mr. Amidens Pferde, kurz bevor sie den Stamm herauszogen. Mr. Amiden dagegen wirkte ruhig und gelassen.

Als sie zum Stall kamen, hatte Rachel schon die Lichter angemacht und war gerade dabei, Jeff trockenzureiben. „Geschafft?" fragte sie.

Mr. Amiden nickte, und Becca nickte begeistert mit.

„Was für ein Gespann!" sagte Rachel und schüttelte lächelnd den Kopf. „Es gibt weit und breit kein anderes Gespann, das einen Stamm von dieser Größe herausbekommen hätte."

Mr. Amiden scharrte verlegen mit den Füßen und schob die Hände in die Taschen. „Sie sind gute Arbeiter", meinte er nur.

„Sicher", erwiderte Rachel lächelnd, „aber sie haben auch einen verflixt guten Fahrer!"

Becca hatte noch nie einen Mann erröten sehen. Es war beinahe komisch, obwohl sie sich natürlich das Lachen verkniff. Kaum zu glauben – Mr. Amiden konnte mit riesigen, starken Pferden und widerspenstigen Jungen umgehen, die sonst keiner haben wollte, aber wenn man ihm ein Kompliment machte, errötete er wie ein kleiner Junge. Sie fragte sich einen Augenblick, was Papa wohl von Mr. Amiden gehalten hätte. Papa hatte immer behauptet, es gäbe nur ein Mittel, schwierige Leute zur Vernunft zu bringen. Man müßte sie sozusagen bei den Hörnern packen und niederkämpfen. Bei Mr. Amiden war das anders. Er hielt wohl nichts von Niederkämpfen.

Von der Straße her hörte man Hufgetrappel, gleich darauf brachte Bill das riesige Gespann an die Stalltür. Mr. Amiden und Rachel spannten die Pferde aus, und Bill stolzierte in den Stall hinein. „Ich führe jetzt eins der beiden Pferde trocken – du kannst das andere nehmen, wenn du dich traust", sagte er.

Ob sie es fertigbrachte, eins von diesen Pferden herumzuführen? Gut, sie traute sich, Matt und Jeff zu putzen, aber diese Pferde? Sie waren so viel größer, und sie hatte ja gesehen, wie ungestüm sie werden konnten.

Bill warf ihr seinen „Monster vom fremden Stern"-Blick zu und ging hinaus. „Sie hat Angst", sagte er verächtlich.

„Na ja", sagte Rachel, „du mußt ihr ein bißchen Zeit lassen. Sie hat bisher ein sehr behütetes Leben geführt."

Behütet! Becca lief in die Dämmerung hinaus. „Ich habe überhaupt keine Angst! Ich habe bloß meine Handschuhe angezogen!" Sie holte tief Luft und nahm den Führstrick der riesigen Stute in die Hand. „Komm schon, altes Mädchen", sagte sie und versuchte, Rachels Tonfall nachzuahmen, wenn sie mit Dancer redete. Es klang natürlich nicht so gut, wenn einem dabei die Stimme zitterte. Aber die Stute trat bereitwillig und gemächlich an, und sie folgten Bill und dem großen Wallach die Straße hinunter, drehten um, als die beiden umdrehten, und gingen zum Stall zurück. Becca streckte ihre Hand aus und klopfte den pechschwarzen, immer noch schweißnassen Hals. „Gutes Mädchen! Brav!"

Nach zwei weiteren Runden wartete Bill vor dem Stall auf sie und ging jetzt neben ihnen die Straße hinauf und hinunter. Keiner sagte etwas, aber Becca war sehr stolz. Sie hatte Bill bewiesen, daß sie kein Feigling war.

„Toll, wie du das Gespann gelenkt hast", sagte sie nach der vierten oder fünften Runde. „Wenn ich das nur auch so könnte!"

„Du kannst es lernen!" erwiderte er. „Du darfst bloß keine Angst haben. Du machst es bestimmt nicht schlecht, wenn du erst den Dreh raus hast."

War das etwa ein Kompliment? Becca wollte ihr Glück lieber nicht herausfordern und sagte nichts darauf. Es war sowieso viel zu kalt zum Reden; sie gingen jetzt schon eine Ewigkeit auf und ab, und als Mr. Amiden sie endlich in den Stall holte, war Becca halb erfroren.

„So, Leute", sagte Rachel, nachdem die Pferde in dem großen Außenstall am Ende der Scheune untergebracht waren. „Ab in den Lieferwagen!"

„Wir können zu Fuß gehen", erwiderte Mr. Amiden.

„Unsinn! Ihr habt den ganzen Tag gearbeitet, und es wird jetzt jede Minute kälter."

Becca sah, wie Mr. Amiden Bill anschaute; Bill war anzumerken, daß er lieber gefahren werden wollte.

„Also gut, danke“, sagte Mr. Amiden schließlich.

Zu viert war es ziemlich eng im Lieferwagen, und keiner sagte etwas, bis sie eine langgezogene Einfahrt hinaufratterten. Das Haus oben auf dem Hügel war klein, aber hell erleuchtet, und es machte einen gemütlichen Eindruck. Gegenüber der Einfahrt ragte eine riesige Scheune in den Sternenhimmel. Die Wände waren massiv und gerade, nicht so gefährlich schief wie Rachels Stallmauer.

Rachel stellte den Motor ab, und Becca dachte, sie würde jetzt Mr. Amidens Hof gebührend bewundern. Aber statt dessen sagte sie: „Bill, Becca hat mir erzählt, daß du ein paar interessante Bilder gemalt hast. Darf ich sie auch mal sehen?“

Als Mr. Amiden die Tür aufmachte und das Licht im Fahrerhäuschen anging, sah Becca, daß Bill ein hocherfreutes Gesicht machte. Mr. Amiden dagegen sah ziemlich verlegen aus. „Dann bring sie schnell her, Bill“, sagte er. Bill rutschte von dem zerrissenen Sitz herunter und lief ins Haus.

Mr. Amiden scharrte mit den Füßen. „Er kriegt eine Menge Ärger wegen seiner Bilder“, sagte er. „Nicht, daß ich ihm im Weg sein will, wo er diese Begabung hat, aber ein Mann muß eine richtige Arbeit machen. Nicht nur mit Farben und Papier herumspielen.“

„Und Michelangelo, hat der auch nur herumgespielt?“ fragte Becca.

Rachel zog die Augenbrauen hoch, und Mr. Amiden sah wieder sehr schüchtern aus. „Das war doch einer von diesen alten Malern, oder? Na ja, vielleicht war es damals anders, aber heutzutage muß ein Junge, der kein Geld im Rücken hat ...“

„Da sind sie!“ Bill schlitterte über den vereisten Boden

zum Wagen und reichte Rachel einen Stoß Blätter. Das Phaeton-Bild lag ganz obenauf, und darunter kamen ein paar andere Bilder zum Vorschein, die er in der Schule gemalt hatte. Becca schaute Bill an. Er hatte sie also doch nicht zerrissen.

Rachel beugte sich über die Bilder und schaute sich eins nach dem andern im trüben Licht des Fahrerhäuschens aufmerksam an. „Die Bilder sind ausgezeichnet", sagte sie schließlich, aber nicht in dem Tonfall, in dem Erwachsene normalerweise Kinderbilder lobten, sondern mit aufrichtiger Bewunderung, so wie sie über ein gutes Buch oder ein Konzert oder ein Theaterstück gesprochen hätte. „Du hast bestimmt einen guten Lehrer gehabt."

Becca hatte Bill die ganze Zeit beobachtet; er sah völlig anders aus, wenn er in seine Bilder vertieft war. Aber als Rachel die Bemerkung mit dem Lehrer machte, warf er den Kopf hoch und starrte sie aus weit aufgerissenen, erschrockenen Augen an, wie ein Pferd, dem irgend etwas eine panische Angst eingejagt hat. Rachel bemerkte es – Rachel merkte alles –, aber Mr. Amiden antwortete an Bills Stelle, bevor sie etwas sagen konnte.

„Seit er hier ist, hat er keine einzige Zeichenstunde gehabt. Davor war er in Westminster. Ich glaube, er hat sich das allein beigebracht."

„Westminster?" fragte Becca.

Rachel versetzte ihr einen Rippenstoß, aber Bill sagte zögernd: „Das ist ein Heim für schwer erziehbare Jugendliche. Zeichenstunden gibt's da nicht, darauf kannst du dich verlassen."

Die Haustür ging auf, und eine untersetzte Frauengestalt zeichnete sich im hellerleuchteten Türrahmen ab. „Bill!" rief die Frau. „Du wolltest doch Holz holen, oder?"

„Ja, sofort", sagte Bill. Er schoß über die Einfahrt davon, als ob er es keine Sekunde länger beim Lieferwagen ausgehalten hätte.

Mr. Amiden grinste. „Schüchtern, der Junge", sagte er, dabei war er doch selbst genauso schüchtern.

„Aber begabt", erwiderte Rachel. „Was wissen Sie eigentlich über seine Herkunft?"

„Das übliche. Der Vater trinkt, die Mutter ist tot. Elf verschiedene Pflegeplätze, aber er ist jedesmal fortgelaufen. Schließlich haben ihn die Leute vom Jugendamt in das Westminster-Heim gesteckt. Aber dort ist er auch ausgerissen, und da haben sie uns gefragt, ob wir ihn nehmen."

„Gut, daß Sie ihn genommen haben", sagte Becca. „Da hat er Glück gehabt."

Mr. Amiden sah wieder ganz verlegen aus. „Ist doch nicht der Rede wert. Man muß ihm bloß die Zügel ein bißchen locker lassen. Hat keinen Sinn, so einen kleinen Ausreißer einzusperren, sonst wird nie etwas Ordentliches aus ihm. Zwang verträgt er nicht!"

„Wie kommen Sie mit ihm zurecht? Macht er Ihnen Ärger?" fragte Rachel.

„So gut wie nie. Ein bißchen aufsässig ist er hin und wieder, und ein paarmal hat er sich geprügelt. Meistens wegen den Bildern. Ich sehe das nicht gern, und Mary hat geschluchzt wie ein Kind, weil er so schlimm zugerichtet war. Aber wenn ihm seine Bilder so wichtig sind, muß er selbst dafür geradestehen. Ich hab nicht viel dazu gesagt, habe ihm bloß ein paar Tips gegeben, wie man seine Fäuste gebraucht."

„Hört sich an, als ob er ein guter Junge ist", sagte Rachel. „Braucht er Geld?"

Mr. Amiden grinste. „Soll das heißen, daß Sie welches

zu verschenken haben?“

Rachel lächelte. „Nein. Aber ich brauche einen Stallhelfer. Becca und ich sind den ganzen Nachmittag mit Boxenausmisten beschäftigt. Da ist viel zu tun. Was macht Bill so nach der Schule?“

„Nichts Besonderes. Er kommt mit dem Bus nach Hause und fängt schon mit der Stallarbeit an, bis Mary und ich zurückkommen. Er ist bestimmt froh, wenn er bißchen Geld verdienen kann!“

„Gut“, Rachel nickte. „Dann wollen wir Sie jetzt nicht länger vom Abendessen abhalten. Fragen Sie ihn. Wenn er bei mir arbeiten will, kann ich ihn mit Becca zusammen von der Schule abholen. Wenn er fertig ist, fahre ich ihn nach Hause. Ist ja nicht weit.“

„Mir soll's recht sein“, sagte Mr. Amiden und schob seinen Hut nach hinten. „Kann ihm nicht schaden. Er war ein bißchen schwierig in letzter Zeit. Stubenkoller, wahrscheinlich.“

„Das geht uns allen so“, erwiderte Rachel. Sie stellte den Motor an. „Danke für Ihre Hilfe, Ed. Bis morgen.“

Sie ratterten die Einfahrt hinunter, und Becca starrte in das Tal und auf die Berge, die in den mondhellen Himmel aufragten. Sie dachte an den Motorschlitten. Er gehörte also nicht Mr. Amiden. Mr. Amiden glaubte, daß Bill jeden Tag schnurstracks von der Schule nach Hause ging.

„Du hast völlig recht gehabt mit den Bildern, Becca“, sagte Rachel. „Der Junge hat wirklich Talent!“

„Und dabei hat er nicht mal Zeichenstunden“, seufzte Becca und mußte dabei einen Anflug von Neid unterdrükken.

„Da wäre ich mir nicht so sicher“, meinte Rachel.

„Aber er hat doch gesagt, daß ...“

„Ja, hat er. Aber warum ist er so erschrocken? Da steckt etwas dahinter, und wir sollen es auf gar keinen Fall wissen."

Das stimmte; Becca wußte es. Doch wie hatte Rachel es bloß herausgefunden? „Aber was ist denn so furchtbar daran, wenn er Zeichenstunden nimmt?" fragte sie.

„Kommt drauf an, woher er das Geld dafür bekommt", sagte Rachel kurz. „Oder was er dafür tun muß."

Ein Schauer lief Becca über den Rücken.

„Aber vielleicht ist das ja längst Vergangenheit", fuhr Rachel fort. „Und wenn nicht – solange er für mich arbeitet, kann er nach der Schule keinen Blödsinn machen. Besonders, wenn er obendrein noch gutes Zeichenpapier und ordentliche Farben bekommt."

„Soll das heißen, daß er bei uns zu Hause zeichnen darf?"

„Wenn er will. Und wenn wir ihn in Ruhe lassen!"

„Also, das finde ich toll von dir."

„Gütiger Himmel!" sagte Rachel. „Ein Kompliment! Paß nur auf, Becca, dein Panzer kriegt Löcher."

Becca starrte angestrengt in die Dunkelheit, aber sie konnte Rachels Gesicht nicht sehen. Am besten war es, wenn sie gar nicht darauf reagierte. Sie wußte sowieso nicht so genau, was Rachel meinte. Aber ihre Stimme war so weich, fast zärtlich gewesen, und das war neu.

Bill kam tatsächlich – jeden Tag. Daß er Becca Gesellschaft leistete, konnte man allerdings nicht behaupten. Er mistete die Boxen aus, und dann verschwand er mit seinem Zeichenblock und seinen Farbkreiden nach oben in das leerstehende Zimmer. Trotzdem, allein die Tatsache, daß noch jemand da war, machte das Leben mit Rachel irgendwie leichter. Auf der Heimfahrt im Lieferwagen gab sie ihnen Anweisungen, was sie als nächstes zu tun hatten, und so brauchte sich Becca nicht den Kopf darüber zu zerbrechen, was sie mit Rachel reden sollte. Rachel war jetzt auch nicht mehr ständig in ihrer Nähe, weil ja Bill die Arbeit im Stall machte. Manchmal kam auch Patty mit, und dann gab es sowieso keine Gesprächspausen.

Alles lief eigentlich recht gut, bis es auf einmal wärmer wurde. Eines Tages kletterte das Thermometer auf zehn Grad. Für kalifornische Verhältnisse war das natürlich nicht warm, aber nach drei eiskalten Monaten in Vermont kam es Becca geradezu sommerlich vor. Und die Pferde glaubten offenbar, daß es so bleiben würde. Wenn Becca und Patty sie putzten, bürsteten sie das ganze Winterhaar aus, das in Büscheln durch die offene Stalltür davonwehte.

„Sirupzeit", sang Patty, während sie den herumfliegenden Flocken von Pferdehaar nachschaute.

Bill, der gerade eine Box ausmistete, nickte ihr zu. „Das hat Ed heute morgen auch gesagt", brummte er.

„Siehst du!" Patty schaute Becca mit leuchtenden Augen an. „Sirupzeit! Das heißt, daß die Reitsaison losgeht!"

Das waren allerdings wunderbare Aussichten, aber Becca war nicht so glücklich darüber, wie Patty glaubte. Erstens mußte sie dann bei Rachel Reitstunden nehmen, und bei dem Gedanken war ihr unbehaglich zumute. Zweitens hatte ihr Rachel gesagt, Ed würde ihr bei der Sirupernte helfen, und Becca und Bill müßten dann mit dem Bus bis zum Hügel fahren und den restlichen Weg zu Fuß gehen. Das war eine schreckliche Vorstellung.

Und es *war* auch schrecklich. An dem Tag, nachdem die Zapfhähne angebracht und die Eimer aufgehängt waren, fuhren Bill und Becca mit dem Bus nach Hause und stiegen zusammen aus. Alle Schüler lachten und schrien und zeigten mit Fingern auf sie. Bill marschierte mit Riesenschritten los, ohne sich auch nur einmal umzuschauen, und im Handumdrehen war Becca ein ganzes Stück hinter ihm. Sie mußte laufen, um ihn einzuholen, aber es dauerte nicht lange, bis er sie wieder abhängte. Wieder rannte sie ein Stück und versuchte, ihre Schritte den seinen anzupassen, aber bei den Furchen und Rissen in der Straße war das nicht einfach. Bill schien von ihren Qualen nichts zu bemerken.

„Kannst du nicht ein bißchen langsamer gehen?" keuchte sie endlich.

Bill blieb stehen. Als sie ihn eingeholt hatte, hob er seine Füße einen nach dem anderen ganz langsam hoch und setzte sie betont sorgfältig wieder auf den Boden.

„Zeichnest du heute?" fragte Becca. Wenn sie ihn dazu bringen konnte, über seine Bilder zu sprechen, würde er villeicht mit dem blödsinnigen Getue aufhören.

„Wahrscheinlich nicht", knurrte er.

Er war heute noch schlimmer als sonst. Becca schaute auf das braun-weiße Tal hinunter, als sie oben auf der

Hügelkuppe angekommen waren. Schwarze Wolken sammelten sich über den Bergen, und ein feuchter Wind strich über ihr Gesicht. „Sieht nach Schnee aus", sagte sie.

Bill schüttelte eine Locke aus den Augen und blickte zu den Bergen hinüber. „Eher nach Regen", grunzte er.

Sie machten sich an den Abstieg und achteten beim Gehen sorgfältig auf die Furchen und Schlaglöcher. Becca stellte fest, daß sie jetzt mit Bill Schritt halten konnte. Entweder ging er langsamer, oder es war hügelabwärts nicht so anstrengend. Auf jeden Fall war er ihr auf dem restlichen Weg höchstens zwei oder drei Schritte voraus. Als sie zum Haus kamen, marschierte Bill zum Ahornwäldchen davon, und Becca ging hinein. Tommy war außer sich vor Freude, als er sie sah; wahrscheinlich war er den ganzen Tag über eingesperrt gewesen. Sie ließ ihn einen Augenblick hinaus, dann holte sie ihn zurück und gab ihm einen Keks. Er saß da und bettelte, während sie ihm den Keks vor die Nase hielt, mit schiefem Kopf, ein Ohr hochgestellt. Rachel meinte, daß sich mit der Zeit beide Ohren aufrichten würden, aber Becca hoffte, daß sie sich irrte. Es sah so drollig aus.

Tommy verschlang seinen Keks. Becca leckte nachdenklich den Zimtstaub von ihrer Hefeschnecke ab, während sie eine Katze von dem Poststapel auf dem Tisch herunterhob. Da lag ein Brief in Mollys Handschrift, an Becca addressiert und ungeöffnet. Rachel rührte ihre Sachen nie an. Nicht so wie Papa. Rebecca verscheuchte schnell diese Gedanken und riß den Umschlag auf. Heraus fielen drei Fotos – Hochzeitsbilder. Molly hatte also Ben geheiratet! Sie schrieb, daß sie sehr glücklich seien und nach Seattle ziehen würden. Sie gab auch eine Adresse an, falls Becca ihr schreiben wollte. Becca setzte sich hin, streichelte die Katze und betrachtete die Fotos von Molly.

Die Fotos sahen aus, als seien sie für einen Brautmodenkatalog aufgenommen. Molly war so hübsch, daß sei beinahe unwirklich aussah. Becca starrte Ben und Molly an. Hatte sie die beiden wirklich einmal gekannt? Sie sahen so fremd aus.

Die Tür flog auf, und Tommy sprang auf die Füße und bellte.

„Sei still, Hund!“ sagte Bill.

Tommy hörte auf zu bellen und wedelte freudig mit dem Schwanz. Er mochte Bill; alle Pferde und Hunde schienen ihn zu mögen. „Becca, es regnet, und Rachel sagt, du sollst kommen und ihr bei den letzten Eimern helfen.“

Bill zitterte, als er sich hinunterbeugte, um Tommy zu streicheln. Seine Jacke war völlig durchnäßt, die klatschnassen Haare klebten ihm auf der Stirn.

Becca stand auf und setzte die Katze auf den Boden. „Bin gleich wieder da“, sagte sie. Sie schob die Tüte mit den Zimtschnecken zu Bill hinüber und lief die Treppe hinauf. Mrs. Ellrow hatte doch letzte Woche einen Beutel mit abgelegten Kleidern gebracht. Es waren auch ein paar Jungensachen dabei gewesen, die ihr zu groß und zu auffällig gestreift waren. Patty hatte gesagt, die Sachen seien von ihrem Vetter John. Becca zog einen ihrer eigenen Pullis an, wühlte einen gestreiften Pulli mit braunem Kragen aus der Tüte heraus und lief wieder die Treppe hinunter.

Bill stand zitternd neben dem Ofen und verspeiste eine Zimtschnecke. „Hier“, sagte Becca und versuchte Rachels Tonfall nachzuahmen. „Zieh das an, sonst erfrierst du noch draußen. Ich sehe mal in der Garderobe nach, vielleicht finde ich noch ein Regencape für dich.“ Sie huschte aus der Küche, bevor er etwas sagen konnte, und wühlte im Garderobenschrank herum. Gut! Zwei Regencapes und sogar noch eine Daunenweste.

Als sie in die Küche zurückkam, streifte er sich gerade den Pulli über den Kopf. Sie gab sich Mühe, kein triumphierendes Gesicht zu machen, als sie ihm das Regencape und die Daunenweste reichte. Dann warf sie noch ein bißchen Holz in den Ofen, regulierte die Ofenklappe und zog ihre Stiefel an.

„Was ist los?“ fragte sie, als sie den Reißverschluß ihrer Jacke zuzog.

Bill starrte sie an. „Nichts“, murmelte er. „Du solltest dich lieber beeilen.“

„Ich soll mich beeilen? Und du?“

„Ich gehe nicht mit hoch“, sagte Bill. Er bückte sich und machte sich an seinen Schnürsenkeln zu schaffen, damit er ihr nicht ins Gesicht schauen mußte. „Ich helfe Ed unten in der Siruphütte, und dann miste ich die Boxen aus. Das da oben ist deine Sache. Viel Spaß!“

Sie schnitt ihm eine Grimasse und lief zur Tür hinaus. So ein Ekel! Warum mußte er sich immer so unmöglich benehmen? Becca stapfte durch den Schneematsch den Hügel hinauf. Sie begriff es einfach nicht. Jemand, der so wunderschön zeichnen konnte, mußte doch auch nett sein, so wie seine Bilder eben. Rachel behauptete zwar, das sei nicht so, aber es sollte so sein, fand Becca.

Als sie zum Ahornwäldchen kam, traf sie Rachel, die durchnäßt und erschöpft war, und Matt und Jeff wirkten völlig apathisch; sie hoben kaum die Köpfe, als Becca sie streichelte. Sie griff in ihre Taschen und fand zwei Karotten für die beiden. Sie waren noch von gestern übrig und schon etwas verschrumpelt, aber den Pferden schien das nichts auszumachen.

„Wo ist Bill? Hast du ihn in einer Pfütze verloren?" fragte Rachel.

„Er sagte, er müßte Ed in der Siruphütte helfen und dann die Boxen ausmisten!"

„So? Na ja, vielleicht hat Ed das heute morgen mit ihm ausgemacht. Dann müssen eben wir beide die letzten Eimer leeren. Paß auf: Du hakst den Eimer los, so, siehst du? Dann schüttest du den Sirup in diesen Henkeleimer, und wenn der voll ist, schleppst du ihn zum Schlitten und kippst den Saft in den großen Bottich!"

So einfach, wie es sich anhörte, war es allerdings nicht. Erstens war der Schnee sehr tief, und der Regen hatte die Eiskruste aufgeweicht, so daß Becca bei jedem Schritt bis über die Knie einsank. Und zweitens war es ziemlich schwierig, die Eimer loszuhaken, ohne dabei alles zu verschütten. Und dann der Weg zum Schlitten – sie mußte in ihren eigenen Fußspuren zurückgehen, den vollen Eimer in der Hand, aber ihre Fußabdrücke waren nicht immer da, wo sie sie gebraucht hätte. Was für eine Schufterei, bloß damit man am Sonntagmorgen ein bißchen Ahornsirup auf seine Pfannkuchen tun konnte!

Becca watete hin und her – schleppen, kippen, Eimer loshaken, und das eine ganze Stunde lang. Rachel schaffte drei Bäume in der Zeit, die Becca für einen einzigen brauchte, aber mit Rachel konnte man sowieso nie mithalten. Als sie sich nach einer Weile beim Schlitten trafen, nahm ihr Rachel den Eimer aus den schmerzenden Händen und kippte ihn für sie aus. „Hast du Mollys Brief gesehen?"

„Ja." Becca schüttelte ihre Arme. „Und weißt du was? Sie

hat Ben geheiratet, den jungen Mann, mit dem sie immer ausgegangen ist.“

Rachel schaute sie wieder so an wie das letzte Mal, als sie über Molly gesprochen hatten. Sie schien etwas sagen zu wollen, aber dann überlegte sie es sich anders. „Ist sie eine hübsche Braut?“ fragte sie nur.

„Toll sieht sie aus, ich zeige dir die Fotos!“ Aber dann fiel Becca ein, was das letzte Mal passiert war, als sie einen Brief von Molly bekommen hatte, und wie eine ganz normale Unterhaltung plötzlich so schrecklich ausgeartet war. Sie hob ihren Eimer auf und watete durch den Schnee zurück. Sie war sicher, daß Rachel sich auch daran erinnerte.

Es war neblig-trüb, und die Bäume sahen aus wie Riesen, die ihre nackten Arme über den Schnee reckten. Plötzlich sehnte sich Becca nach dem Geruch, der bei Nebel über Santa Barbara hing: Seeluft, feuchter Fenchel, Eukalyptus. Sicher, es war schön hier, unter diesen uralten Bäumen, trotz des Regens. Sie stellte den Eimer ab und schüttelte wieder ihre steifen Arme. Aber Vermont war so anders. Und selbst wenn es schön hier war – es war eben nicht so, wie sie es gekannt hatte. Und wie sie sich's wünschte.

„Rachel?“ fragte Becca endlich.

Rachel kippte einen Eimer in den Behälter aus. „Was gibt's?“

„In diesem Eimer ist nichts drin! Und im nächsten auch nicht.“

„Fein! Das heißt, daß wir fertig sind!“ Rachel wischte sich den Regen aus den Augen. „Du kannst verdammt gut zupacken, weißt du das? Steig ein, dann fahre ich dich zur Siruphütte runter. Komm, Matt, hüh!“ Die Pferde trotteten den Pfad hinunter, und Becca hielt sich am Sitzrand fest, damit sie nicht herunterfiel.

„Meinst du, daß Bill sich seine besten Bilder beim Sirupsammeln ausdenkt oder beim Boxenausmisten? Oder verkriecht er sich einfach in sich selbst?"

„Nun, Bill könnte nicht solche Bilder malen, wenn er nicht eine bestimmte Vorstellung von ihnen in seinem Kopf hätte. Trotzdem, etwas bedrückt ihn. Ed macht sich Sorgen. Und es wäre bestimmt nicht das erste Mal für ihn, daß er erleben muß, wie ein Junge in Schwierigkeiten gerät. Wahrscheinlich kennt er die Warnzeichen. Aber vielleicht spricht er sich mit ihm aus. Hast du nicht gesagt, daß Bill zur Siruphütte gehen wollte?"

„Das hat er gesagt." Becca nickte.

Aber als sie zur Siruphütte kamen, war Bill nirgends zu sehen. Mr. Amiden war allein.

„Bill?" rief er über das Prasseln des Feuers hinweg. „Er war vor einer Weile da, aber er ist wieder gegangen. Ich dachte, er ist bei euch!"

„Wahrscheinlich ist er zum Stall zurückgegangen und mistet die Boxen aus", warf Becca ein. „Das hat er jedenfalls gesagt."

„Tatsächlich?" Mr. Amiden runzelte die Stirn, und Rachel schaute ihn an. Aber dann lächelte sie und reichte Becca einen Becher mit einer warmen Flüssigkeit. „Trink das", sagte sie. „Das vertreibt die Kälte aus den Knochen." Die Kälte spürte Becca sowieso kaum noch, denn in der Siruphütte war es herrlich warm und dampfig. Aber sie hatte Durst. Sie nippte an dem Getränk, aber es war so heiß, daß sie gar nichts schmeckte. Sie probierte noch einmal, dann trank sie einen großen Schluck. Sie trank reinen Ahornsirup! Sie schaute zu Mr. Amiden hinüber, der sie

aus den Augenwinkeln beobachtete.
„Soll ich das alles austrinken?" fragte sie beklommen.
Er grinste. „Nur, wenn dein Magen aus Stahl ist."
„Gib her, laß mich auch mal probieren", sagte Rachel. Sie holte tief Luft und schluckte. „Brrr!" Sie prustete und schüttelte sich. „Ich vergesse immer wieder, wie es schmeckt."
„Ich hätte saure Gurken und Salzgebäck mitbringen sollen", sagte Mr. Amiden.
„Und Wasser", fügte Rachel hinzu. „Gut, Becca, vielen Dank. Ed und ich müssen hier fertigmachen. Bringst du die Pferde zum Stall zurück?"
Becca erstarrte. „Aber ich habe sie doch erst zweimal gefahren!"
Rachel runzelte die Stirn. „Eigentlich sollte Bill das machen, aber jetzt ist er ja schon im Stall. Wer soll sonst die Pferde dorthin bringen? Sie kennen den Weg. Du mußt ihnen nur genügend Spielraum zum Umdrehen geben, dann gehen sie praktisch von allein nach Hause. Und Bill hilft dir dann beim Ausspannen. In Ordnung?"
Nein, das war nicht in Ordnung. Rachel hatte keine Ahnung, was sie ihr da zumutete. Becca warf einen hilfesuchenden Blick zu Mr. Amiden hinüber.
„Rachel", fing er an.
„Ach, was! Stellt euch nicht so an, ihre beiden", fauchte Rachel. „Es ist wirklich keine Kunst, mit Matt und Jeff fertigzuwerden. Wir können hier keine verhätschelten Kinder brauchen!"
Das wirkte. Becca schlüpfte zur Tür hinaus und kletterte auf den nassen Schlitten. Die armen Pferde sahen wirklich müde aus; sie zitterten vor Erschöpfung. Es war höchste Zeit, daß sie in ihren Stall zurückkamen. Becca nahm die

5 10271-8

Leinen auf und legte sie in ihre Hände, so wie sie es bei Bill gesehen hatte. „Hüh!"

Die Pferde gingen eilig zum Stall zurück. Alles klappte gut. Aber trotzdem, manchmal mußte man sich doch über Rachel wundern. Erst war sie lustig und gut aufgelegt und trank mit ihr Sirup aus einem Becher. Und im nächsten Augenblick wurde sie ungeduldig und sagte, daß Becca verhätschelt sei. Andere Leute waren nicht so launisch. Warum mußte Rachel so sein? War es das, was Mr. Jarvis mit „schwierig" gemeint hatte? Es war fast dunkel, als sie mit dem Gespann zur Scheune hochfuhr, aber nirgendwo brannte Licht. Sie hielt die Pferde an und sprang vom Schlitten. „Bill!"

Tommy bellte drinnen im Haus, aber sonst war nichts zu hören – nur das leise Klirren der Trensengebisse.

„Bill! Bill!" Beccas Stimme hallte von der Hauswand zurück. Jeff stampfte ungeduldig. Wo war Bill denn nur? Sie rief noch einmal, aber es kam keine Antwort.

Und jetzt? Was sollte sie tun? Es war schon zu dunkel, um zur Siruphütte zurückzufahren, und außerdem bezweifelte sie, ob sie die Pferde auf einem so engen Raum wenden konnte. Vielleicht war es am besten, wenn sie sie allein ausspannte. Sie hatte Rachel schon ein paarmal dabei geholfen. Ob sie es schaffen würde?

Sie untersuchte das Geschirr, so gut es im Halbdunkel ging, und stellte fest, daß es zwar kompliziert aussah, aber nicht unmöglich. Zuerst diese Schnalle aufmachen, dann die andere, dann diese dort, so. Soweit sie es beurteilen konnte, waren sie jetzt ausgespannt. Sie trat zurück und hob die Leinen auf. „Hüh!" Die Pferde bewegten sich vom Schlitten fort. „Halt! Halt!" Da hing noch ein kleines Teil fest! „Hooo!"

Aber die Pferde kümmerten sich nicht um Beccas Rufe, sie wollten endlich ihren Hafer. Becca zog die Leinen an, aber sie waren noch zu locker. Bevor sie überhaupt einen Widerstand spürte, sauste der Schlitten los und prallte gegen Jeffs Fesseln. Jeff machte einen Satz nach vorn, und Matt sprang mit. Der Schlitten hüpfte, wackelte und rutschte seitwärts weg. Becca fühlte einen dumpfen Schlag, als er sie umwarf. Sie zog im Liegen die Leinen an, aber die Pferde schleiften sie hinter sich her. Dann blieben sie abrupt stehen, als der Schlitten gegen einen Telefonmasten neben der Scheune knallte.

„Ho!" rief Becca und rappelte sich so schnell wie möglich auf. Aber als der Schlitten endgültig feststeckte, wurden die Pferde nervös. Zuerst machte Jeff einen Satz nach vorn, dann Matt, und Jeff begann zu steigen und auszuschlagen.

„Bill!" schrie Becca. Wo war er nur? Die Pferde würden sich noch verletzen!

Aber dann fiel ihr ein, daß Pferde durch Schreien nur noch ängstlicher werden. Was würde Mr. Amiden an ihrer Stelle tun? Sie überlegte verzweifelt. „Ruuhig, ganz ruhig", sagte sie dann mit bebender Stimme. „Ganz ruuhig! Ruhig jetzt, Matt!" Die Pferde schlugen immer noch um sich, aber Becca sah, daß Matts Ohr vorschnellte. Vielleicht wäre es besser, wenn sie sich ein bißchen näher an ihre Köpfe heranwagte. Ganz langsam ging sie vorwärts und redete dabei ununterbrochen und so ruhig wie möglich auf die Pferde ein. „Es ist doch gar nichts passiert, ihr zwei großen, dummen Angsthasen! Der Schlitten steckt bloß am Telefonmasten fest, das ist alles. Euch geschieht nichts! Ihr könnt ihn nicht losreißen. Wenn ihr schön still haltet, dann mache ich das kleine Ding da los, so ..." Sie fühlte, wie sich Tränen unter den Regen mischten, der über ihr Gesicht strömte. Wen wollte sie eigentlich beruhigen, die Pferde oder sich selbst? Zitternd griff sie hinauf und packte Matts Halfter, so gut es ging. „Ruhig, ruuhig!" Matt keilte jetzt nicht mehr aus, sondern tänzelte auf der Stelle. Er rollte vor Nervosität die Augen. Auch Jeff beruhigte sich ein wenig. „Zurück, jetzt, zuuurück!" Wenn sie die Pferde dazu brachte, einen einzigen Schritt rückwärts zu machen, dann konnte sie diese Schnalle öffnen. „So ist es gut. Brave Jungen. Und jetzt, HO!"

Sie blieben zitternd stehen. Ob sie stillhalten würden? Hoffentlich würden sie nicht wieder zu toben anfangen, während sie zwischen ihnen und dem Schlitten kauerte. Das könnte gefährlich werden. Sie nahm ihren ganzen Mut zusammen und wischte sich die dummen Tränen aus den Augen. Die Schnalle war feucht und widerspenstig. Sie mußte mit aller Kraft drücken und schieben, bis sie endlich aufging, und ihre Hände waren so kalt und steif. Da, geschafft! Das Lederteil fiel zu Boden zwischen die beiden Pferde. Jeff stieg wieder, aber Matt stand still.

„Gut, ihr beiden!" Es sollte fröhlich und aufmunternd klingen, aber ihre Stimme zitterte kläglich. „Kommt jetzt mit! Und ganz ruhig!" Die Pferde machten einen Satz nach vorn, als sie keinen Widerstand spürten, fielen sie in einen raschen Schritt. Becca zog die Leinen an und lief hinter ihnen die rutschige Straße entlang, aber das bremste ihr Tempo nur ganz wenig. Zum Glück liefen sie schnurstracks auf die Scheune zu, und deren Tür war geschlossen, so daß sie stehenbleiben mußten. Becca öffnete die Tür einen Spalt breit und drehte das Licht an. Dann stieß sie die Tür ganz auf, und im gleichen Augenblick huschte jemand um die Stallecke. Es war Bill.

„Wo warst du bloß, zum Kuckuck!“ schrie sie ihn an. „Der Schlitten ist da drüben steckengeblieben, und die Pferde sind ganz wild geworden ...“ Sie schluchzte hemmungslos; so laut hatte sie vorher nicht geweint, als alles in ihrem Leben anders geworden war.

Bill trat näher ins Licht. „Ich ... ich habe nur ...“

„Bill! Was ist passiert!“

Bill legte die Hand über eine Gesichtshälfte. Sie war rot und schrecklich geschwollen, und über der Schwellung klaffte eine häßliche, blutende Wunde. Er machte ein paar Schritte auf das Gespann zu, aber sie sah, daß er schwankte.

„Du brauchst nur die Tür aufzuhalten“, rief sie. Alles andere konnte erst mal warten; die Pferde fingen an zu stampfen und ungeduldig zu werden. Bill hielt die Tür auf, und Becca führte das Gespann hinein. Sie kümmerte sich um Matt, und Bill führte Jeff in seine Box. Keiner sagte etwas. Becca schluchzte immer noch, und Bill ... also, wenn er kein Junge gewesen wäre, hätte er wohl auch geweint. Als sie Matt trockengerieben hatte und in Jeffs Box hinüberging, um Bill zu helfen, stellte sie fest, daß er noch nicht sehr weit gekommen war. Er lehnte an der Wand und zitterte.

Von draußen hörten sie Stimmen. Rachel! Sie schaute Bill an; er hatte es auch gehört. „B-b-bitte, Becca ...“, er zitterte so, daß er kaum sprechen konnte.

„O Gott! Was ist denn hier passiert?“ Rachels Stimme war kaum wiederzuerkennen.

„Becca!“ rief Mr. Amiden. „Becca? Bill?“

„Hier sind wir“, piepste Becca.

Sie hörten Schritte auf der Stallgasse.

„Oh, mein Gott!“ rief Rachel und schaute von einem

zum anderen. Becca schossen wieder die Tränen in die Augen, und durch den Tränenschleier sah sie Bill an. Sie durfte nicht zugeben, daß er nicht dagewesen war, als das Ganze passierte, denn sonst wußten sie sofort, daß etwas mit Bill nicht stimmte. Und vielleicht würde ihn Mr. Amiden in das gräßliche Heim zurückschicken? Sie schluckte mühsam.

Mr. Amiden legte seine Hand auf ihre Schulter und streichelte sie ungeschickt. „Kannst du uns sagen, was passiert ist, Becca?"

„Ja, also", fing sie an. „Ich ... ich habe die Pferde zurückgefahren, und dann haben wir mit dem Ausspannen angefangen. Aber es war furchtbar dunkel, und meine Finger waren so kalt, und ... ich habe eine kleine Schnalle auf meiner Seite übersehen. Die Pferde sind durchgegangen, und der Schlitten hat Bill umgeworfen und ist dann gegen den Telefonmasten geknallt. Er kann aber nicht so viel Schwung gehabt haben ... das Geschirr ist in Ordnung, nichts gerissen ..." Sie schluckte. „Es tut mir leid."

„Es tut dir leid!" rief Rachel. „Du lieber Gott! Sie hätten dich töten können!"

Mr. Amiden ließ Becca los und untersuchte mühsam Bills geschwollenes Gesicht. „Eine böse Prellung, mein Junge. Morgen wirst du grün und blau aussehen, verlaß dich drauf!" Er wandte sich wieder Becca zu.

„Wie hast du sie denn losbekommen?"

„Ich habe mit ihnen geredet, so wie Sie es immer machen. Ganz sanft und ruhig. Und ich bin ganz dicht an ihre Köpfe herangegangen, also, ich meine, so weit ich mich eben getraut habe!"

Rachel vergrub ihr Gesicht in den Händen.

„Und nach einer Weile haben sie sich ein kleines bißchen beruhigt. Dann habe ich sie zurückgeführt und die Schnalle losgemacht.“

Rachel schüttelte den Kopf. „Mein Gott, mein Gott“, flüsterte sie.

„Das war ziemlich gefährlich“, sagte Mr. Amiden. „Angenommen, sie hätten ...“

„Ja, daran habe ich auch gedacht!“ Becca zitterte. „Aber ich wußte einfach nicht, was ich sonst tun sollte. Bill ... Bill ist nicht gleich wieder hochgekommen, und ich konnte sie doch nicht einfach so stehen lassen.“

Bill warf ihr einen Blick zu, der ihr das Gefühl gab, daß sich das Ganze vielleicht gelohnt hatte. Aber Mr. Amiden beugte sich zu Rachel vor. „Na, na“, sagte er beschwichtigend, in dem gleichen Tonfall, in dem er mit seinen Pferden redete, wenn sie aufgeregt waren. „Sie ist ja nicht verletzt, und Bill wird auch bald wieder heil sein. Und die Pferde sind in Ordnung, es ist ja weiter nichts passiert. Also, kein Grund zum Verzweifeln, nehmen Sie es doch nicht so schwer.“

Becca riß die Augen auf. Rachel weinte! Rachel, die mit einem Pferdegespann so gut umgehen konnte wie ein Mann, Rachel, die volle Sirupeimer in den Schlitten kippte, als ob das gar nichts wäre – Rachel weinte. „He“, sagte Becca, „ich hab doch bloß einen Schreck gekriegt!“

„Na, das kann ich mir denken!“ sagte Rachel leise. Sie wischte mit einem Jackenärmel über ihre Augen und schlang den anderen Arm um Becca. „Ich hätte niemals zulassen dürfen, daß du sie allein heimfährst. Wie konnte ich nur!“

Becca war ein wenig verlegen, aber Mr. Amiden rettete die Lage. „Wie wär's, wenn Sie Bills Gesicht ein bißchen verarzten? Becca und ich reiben solange die Pferde hier trocken", sagte er zu Rachel. Das wirkte. Rachel führte Bill aus dem Stall, und Becca und Mr. Amiden hängten die Pferdegeschirre auf, legten Decken über Jeffs und Matts Rücken und fütterten alle Pferde im Stall.

Als sie endlich fertig waren, legte Mr. Amiden seine Hand auf den Lichtschalter und lächelte Becca an. „Du kannst gut mit Pferden umgehen", sagte er. „Bin schon gespannt, dir beim Reiten zuzuschauen."

Becca konnte es nicht fassen. Hatte er wirklich gesagt, daß sie gut mit Pferden umgehen konnte? Mr. Amiden, der als Gespannführer gleich nach Apollo kam?

„Und du hast ein helles Köpfchen auf den Schultern", fuhr er fort. „Dich nehme ich sofort, wenn ich mal Hilfe beim Holzfahren brauche!" Er knipste das Licht aus, vielleicht, weil er wußte, wie stolz und verlegen Becca war, aber er ließ seine Hand auf ihrer Schulter, als sie zum Haus zurückgingen.

Bill saß in der Küche neben dem Feuer, mit einem Eisbeutel auf der Wange. Er versuchte aufzustehen, als sie hereinkamen, aber er sah noch ziemlich wacklig aus.

„Soll ich dich zum Wagen tragen?" fragte Mr. Amiden.

„Nein", sagte Bill. Aber Becca sah ihm deutlich an, daß er es nicht allein schaffen würde. Mr. Amiden sah es offenbar auch. Er verlor keine weiteren Worte, sondern hob Bill mühelos in seine Arme. „Und jetzt gib Ruhe", sagte er, als Bill sich herauszuwinden versuchte. „Du bist fast so schwer wie ein Hafersack."

Rachel und Becca begleiteten sie zur Tür, und Rachel legte den Arm um Beccas Schulter, als sie die Tür aufmachte. „Nicht jeder hat solche Kinder wie wir", sagte sie. „Ich glaube, wir müssen euch beide behalten, weil wir euch brauchen!"

„Ja", sagte Mr. Amiden. „Sieht so aus, als ob wir sie ganz dringend hier brauchen!"

Bill und Becca schauten sich über Mr. Amidens kräftige Arme hinweg an. Ganz schnell, bevor die anderen etwas merkten, legte Becca einen Finger auf ihre Lippen und nickte. Bills verschwollenes Gesicht entspannte sich. „Bis morgen", sagte er.

„Klar", sagte Becca, „bis morgen."

Becca erwartete, daß Bill ihr erzählen würde, wo er gewesen war, nachdem sie ihm geholfen hatte, aber da täuschte sie sich. Im Gegenteil, er beachtete sie fast gar nicht am nächsten Tag, und daran änderte sich auch in den folgenden drei Wochen nichts.

Die Sirupzeit ging ihrem Ende entgegen. Sie säuberten die Eimer und fegten die Siruphütte aus, aber Bill redete immer noch sehr wenig mit ihr. Er sprach auch mit sonst niemandem, aber das war ja nichts Neues. Neu war, daß er nicht mehr zeichnete. Seine Blätter in der Schule blieben leer, und bei Rachel saß er nur noch neben einem der Öfen herum und las, was ihm gerade in die Finger kam.

„Was ist mit Bill los?" fragte Patty. Sie war auch gerade mit ihrer Sirupernte fertiggeworden, und jetzt war sie zum erstenmal wieder hier, um sich mit Goner zu beschäftigen. „Sonst ist er doch wenigstens dageblieben, wenn ich kam, auch wenn er den Mund nicht aufgekriegt hat."

Becca schaute Bill nach. Er hatte eben seine Mistgabel hingeknallt, jetzt ging er zum Haus hinüber. „Ich weiß nicht. Aber du hast recht, er sieht aus, als ob er sich mit irgend etwas herumquält. Stubenkoller, wahrscheinlich."

„Kann schon sein", Patty nickte. „Mich packt es auch immer, wenn die Sirupzeit vorbei ist und die Reitsaison noch nicht angefangen hat. Im April kann man einfach nichts machen. Aber jetzt dauert es höchstens noch zwei oder drei Wochen. Sag mal, hast du dir die Reitbahn schon angesehen?"

Becca schüttelte den Kopf, und sie gingen zusammen hinaus. Der Zaun ragte aus dem schmutzigen Schnee hervor, aber innen war noch längst nicht alles weggeschmolzen. Patty galoppierte übermütig herum und wieherte und schnaubte, und Becca schaute ihr zu, bis ein Stück weit über der Straße etwas ihre Aufmerksamkeit erregte.

Patty kam zu ihr herübergelaufen und starrte in die gleiche Richtung wie Becca. „He, das ist doch Bill, oder? Was meinst du, wo er hingeht?"

„Vielleicht hat er es im Haus einfach nicht mehr ausgehalten", sagte Becca möglichst unbeteiligt und zuckte die Achseln, obwohl es ihr alles andere als gleichgültig war. Der Lieferwagen stand nicht in der Einfahrt; Rachel war ins Dorf gefahren, und Bill hatte die Gelegenheit beim Schopf ergriffen und sich davongemacht. „Komm, du hast gesagt, daß du dich heute gründlich mit Goner beschäftigen willst!"

Sie gingen zum Stall zurück und putzten das hübsche braune Pony, bis sie kein Stäubchen mehr aus seinem glänzenden Fell herausbekamen. Es dauerte fast eine Stunde, und als sie fertig waren, kam auch schon Mrs. Ellrow, um ihre Enkelin abzuholen.

„Was ist mit Bill? Soll ich ihn mitnehmen?" fragte sie.

„Nein, der ist weggegangen", erwiderte Patty.

Mrs. Ellrow ging zum Wagen zurück, und Patty folgte

ihr nach einem ausgiebigen Abschied von Goner.

Noch bevor das Auto ganz aus ihrem Blickfeld verschwunden war, lief Becca schon über die mit Schneeinseln bedeckte Weide und hielt nach Bills Spuren Ausschau. Da waren sie, überall, wo Schnee lag. Aber auf den kahlen Stellen waren sie manchmal schwer zu finden. Sie suchte herum und ärgerte sich, daß sie Tommy nicht mitgenommen hatte. Wenn sie am Ende dieser großen kahlen Weidefläche keine Fußabdrücke fand, wollte sie umkehren und ihren Hund holen.

Sie ging bis auf eine kleine Anhöhe hinauf, und hier stieß sie wieder auf Bills Spuren. Sie mündeten in eine Art Trampelpfad ein. Vielleicht war das einer der Wege, auf denen früher die Baumstämme ins Tal geschleppt worden waren. Im Sommer waren das prächtige Reitwege, hatte Rachel gesagt. Becca zögerte. Sollte sie die Fußspuren weiter verfolgen? Aber dann wurde sie vielleicht von der Dunkelheit überrascht. Außerdem würde sie Bill direkt in die Arme laufen, falls er auf demselben Weg wieder zurückkam, und was sollte sie dann sagen? Vor ihr knackte etwas, und dann hörte sie Stiefeltritte. Sie schaute sich um und entdeckte eine einladende Tanne mit tief hängenden, vollen Zweigen, unter der kaum Schnee lag. Ein gutes Versteck! Sie huschte hinüber, kroch unter die Zweige und blieb ganz still sitzen.

Sie hörte, wie die Schritte durch den Schnee auf sie zu stampften. Es waren immer vier Tritte, und sie konnten nicht von einer einzigen Person stammen, weil sie zu schnell aufeinander folgten. Was war das? Ein Pferd? Ein Bär? Gab es hier Bären? Becca schmiegte sich schutzsuchend an die Tanne. Vielleicht war das Versteck doch nicht so gut.

„Weiter darfst du nicht mitkommen. Rachels Hof ist gleich da unten!“ Das war Bills Stimme, so nahe, daß sie beinahe aufsprang.

Sie wartete auf eine Antwort, aber es kam keine. Nur die Stiefeltritte verstummten eine Weile, dann hörte sie Bill zum Haus hinuntergehen. Kurz darauf hörte sie die anderen Schritte in die Richtung davongehen, aus der sie gekommen waren. Sie spähte unter den Tannenzweigen hervor, aber sie konnte niemanden sehen.

Becca wußte, sie hätte besser ins Haus gehen sollen, anstatt Bill nachzuspionieren. Jetzt wußte sie, daß Bill in eine schlimme Sache geraten war, etwas wirklich Schlimmes, und sie hatte keine Ahnung, was sie tun sollte. Sollte sie Mr. Amiden erzählen, daß Bill sich heimlich mit jemandem in den Wäldern traf? Nein, das konnte sie nicht – niemals. Aber vielleicht konnte sie Bill sagen, daß sie ihn gesehen hatte? Doch was würde er dann machen?

Sie kroch unter dem Baum hervor. Es war schon dämmrig, aber sie konnte trotzdem sehen, daß Bill schon fast wieder beim Haus war. Er mußte gerannt sein. Zwei Autoscheinwerfer kamen die Straße herauf. Das konnte Rachel sein.

Bill war in den Stall gegangen, nicht ins Haus, also wußte er nicht, daß Becca ihm gefolgt war. Rachel war gerade dabei, ihre Einkäufe auszuladen. Becca nahm ihr eine Tüte mit Lebensmitteln ab und tat so, als ob sie gerade aus dem Stall gekommen sei.

Aber ihr Problem war damit nicht gelöst. Und wie immer merkte Rachel sofort, daß Becca etwas auf dem Herzen hatte. Nach dem Abendessen sagte sie: „Was ist nur in dich gefahren, Becca? Du bist so zappelig wie ein Sack voller Flöhe.“

Becca stellte ihren Teller auf den Boden; sofort huschten alle vier Katzen unter dem Ofen hervor und machten hungrige Augen, während Xeno und Tommy die Spaghettisauce ausleckten. „Ach, nichts!“ sagte sie ausweichend.

„Na, komm schon, heraus damit! Hast du dich mit Patty gestritten?“

„Nein, nein. Wir streiten uns nie.“

Rachel stellte den Katzen ihr Futter hin und nahm ihnen Beccas Teller weg. „Mit Bill vielleicht?“

„Bestimmt nicht. Wer sich mit Bill anlegt, spinnt!“

Keiner sagte mehr etwas, bis Becca mit dem Abtrocknen fertig war und die Katzen hinausließ. Aber als Rachel den letzten Topf scheuerte, fragte sie: „Würde es dich ein bißchen ablenken, wenn ich dir etwas vorlese?“

Becca hängte umständlich ihr Geschirrtuch auf. „Ach, weißt du“, sagte sie, „ich muß noch so viele Matheaufgaben für morgen machen.“

„Dann solltest du schleunigst anfangen.“ Rachel kippte das Wasser aus dem Topf und sah nicht gerade fröhlich dabei aus.

Becca flüchtete sich in ihr Zimmer, und Tommy trappelte hinter ihr die Treppe hinauf. Sie machte allerdings keine Matheaufgaben. Sie setzte sich auf ihr Bett und dachte nach. Was würde mit Bill geschehen, wenn Rachel oder Mr. Amiden herausfanden, daß er sich mit fremden Leuten im Wald traf? Schwer zu sagen, aber es konnte sehr unangenehm für ihn werden. Wenn sie Bill daran hindern könnte, daß er sich weiter mit diesem Unbekannten traf, wäre das sicher am besten. Dann würde keiner in Schwierigkeiten kommen. Aber wie sollte sie das anstellen? Bill redete ja nicht einmal mit ihr.

Beccas Blick fiel auf Tommy, der sie hoffnungsvoll

anschaute. „Ja, ja, komm schon rauf. Aber nimm nicht so viel Platz weg!"

Er sprang herauf und ließ sich neben ihr Kopfkissen plumpsen, wo er früher immer geschlafen hatte, als er noch ein Baby gewesen war. Sie schob ihn ein bißchen zur Seite und zog ihren Kalender unter dem Kissen hervor. 5. April. Sie kreuzte den Tag durch und blätterte dann zurück. Meine Güte, so lange war sie schon hier. Und trotzdem mußte sie noch so viele Tage durchstreichen!

„Weißt du, Tommy", sagte sie, während sie den Kalender wieder unter das Kissen schob, „du würdest dich wundern, wenn du wüßtest, wieviel einfacher das Leben in Kalifornien ist."

Tommy blickte sie mit seinen braunen Augen an.

„Doch, wirklich. Probleme gibt es dort nicht. Jedenfalls hatte ich dort keine Probleme!" Sie streichelte Tommys dichtes Fell. Sie schlang die Arme um den kleinen Hund und drückte ihn fest an sich. Noch so viele Tage, bis sie endlich zurück durfte. So viele Tage. Tommy strampelte sich aus ihren Armen frei, um ihr die Tränen vom Gesicht zu lecken.

Der Schnee schmolz beinahe über Nacht. Eines Tages wärmte sich die Luft auf zwanzig Grad auf, und am nächsten Tag war nur noch Schlamm und braunes Gras auf dem Boden zu sehen. Rachel meinte, nachdem es jetzt warm genug sei, könnten Becca und Bill auch weiterhin mit dem Bus fahren und von der Bushaltestelle zu Fuß nach Hause gehen. Also fuhren sie mit dem Bus. Es war ein schönes Gefühl, endlich ohne Jacke, nur im T-Shirt, herumzulaufen. Becca hüpfte summend von Schlagloch zu Schlagloch, und sogar Bill sah beinahe fröhlich aus. Er hatte heute morgen in der Pause beim Baseball mitgespielt und eine Menge Punkte gesammelt. Jetzt wollten ihn alle Jungen in ihrer Mannschaft haben, sogar die Sechstklässler.

„Ist es immer so warm im Frühling?" fragte Becca.

„Weiß nicht, das ist mein erster Frühling hier", sagte Bill.

Becca wußte, daß sie jetzt aufpassen mußte. Das war ein gefährliches Thema. „Aber du warst doch hier in der Gegend, oder?"

„Stimmt, ja. Also, meistens wird es plötzlich so schön wie heute, und dann wird es wieder kalt, und dann passiert lange Zeit gar nichts. Aber vielleicht schneit es jetzt nicht mehr, wenn du das meinst!" Er brachte beinahe so etwas wie ein Lächeln zustande.

Vielleicht war das jetzt der richtige Moment? Becca holte tief Luft und sagte: „Wie wollt ihr euch jetzt eigentlich treffen, wenn dein Freund oder wer das ist, nicht mehr mit dem Motorschlitten herkommen kann?"

Bill blieb wie angewurzelt mitten auf der Straße stehen, als ob ihm mit einem Schlag die Luft weggeblieben sei. „Wer hat dir gesagt, daß ich mich mit jemandem treffe?"

„Niemand. Ich habe dich einmal nach der Schule gesehen, als Rachel später kam!" Becca wich vorsichtig ein paar Schritte zurück. Bill sah schrecklich wütend aus, und schließlich war es kein Märchen, daß er viele andere Schüler verprügelt hatte, sondern eine Tatsache. „Ich habe niemandem etwas gesagt, keine Angst", sagte sie hastig. „Ich würde dich nicht verpfeifen."

Seine Augen verengten sich zu schmalen Schlitzen, als

er sie anstarrte. „Hast du etwas über den Tag erzählt, an dem die Pferde den Schlitten umgeworfen haben?"

„Natürlich nicht! Ich habe sogar am nächsten Morgen in aller Frühe die Boxen ausgemistet, weil Rachel ja sonst gemerkt hätte, daß du es nicht gemacht hast."

Bill sah sie an, und der gefährliche Ausdruck verschwand aus seinen Augen.

Er hätte wenigstens danke sagen können! Sie ging langsam hinter ihm her, als er sich wortlos umdrehte und die Straße hinunterging. Schade, daß kein Schnee mehr lag. Sie hätte ihm zu gern einen Schneeball mitten zwischen die Schulterblätter geknallt. Allerdings konnte sie nicht sehr gut zielen.

Rachel war in der Küche, als sie hereinkamen. Sie trug Reitstiefel und Reithosen. „Wie wär's mit einer Reitstunde, Becca?"

„Ja, gut!" Becca nickte. Vielleicht war das überhaupt die Rettung, dachte sie plötzlich. Bill sah ziemlich aufgewühlt aus, und Rachel würde es todsicher merken, wenn sie nicht mit etwas anderem beschäftigt war.

Und so saß Becca einige Zeit später in Dimwits Sattel. Die Stute ging an der Longe um die Bahn, und Rachel gab Becca Anweisungen: Hände über dem Kopf zusammenlegen, Arme zur Seite strecken, zum Himmel hinaufgreifen und all die Sachen, die sie bei Amity schon in ihren ersten Reitstunden gemacht hatte.

Endlich ließ Rachel Dimwit im Schritt gehen. „Becca", sagte sie, während sie Dimwit an der Longe in die Mitte der Bahn holte, „warum hast du mir nicht gesagt, daß du das alles schon kannst?"

Ja, warum eigentlich nicht? Becca erinnerte sich kaum noch, wann und wie das alles angefangen hatte. Sie wünschte sich nur, es hätte gar nicht erst angefangen.

Rachel legte eine Hand auf Beccas Knie. „Macht ja nichts. Willst du ein bißchen mit Dimwit allein arbeiten? Sie kann eine Menge. Und du könntest viel aus ihr herausholen, wenn du es richtig anstellst. Versuch's doch mal!"

Becca durfte einfach machen, was sie wollte? Wahnsinn! Dann glaubte Rachel also, daß sie schon richtig reiten konnte? Sie ging einmal im Schritt um die Bahn herum, noch ziemlich gehemmt, aber dann vergaß sie alles andere und konzentrierte sich nur noch auf das Pferd. Trab, Kehrtwendung, Halten. Zurück. Schritt, Trab, Halten. Schritt, Leichttraben und ... Dimwit wollte nicht galoppieren. Becca versuchte es noch einmal, aber vergeblich. Sie warf Rachel, die auf dem Zaun saß, einen verlegenen Blick zu.

„Du sitzt zu weit vorn", sagte Rachel. „Sitz aufrecht und versuch es noch einmal!"

Becca nahm die Schultern zurück und saß aufrecht im Sattel: Dimwit galoppierte. Aber es war ein holpriger Galopp, und Becca hatte Mühe, sich dem Rhythmus anzupassen. Nach zwei Runden zog sie die Zügel an, parierte Dimwit zum Stehen durch und schaute wieder zu Rachel hinüber.

„Gar nicht schlecht", sagte Rachel.

„Aber hast du nicht gesehen, wie sie mich herumgeworfen hat?"

„Sie hat einen rauhen Galopp", sagte Rachel. „Wenn du ihn aussitzen willst, mußt du die Beine einsetzen!"

Die Beine einsetzen? Das hatte Amity immer zu dem erwachsenen Reitschüler gesagt, der vor Becca dran gewesen war, aber nie zu ihr. „Ich hab's noch nie gemacht!"

Rachel lächelte. „Das lernst du in diesem Frühling. Es

braucht seine Zeit, und einem Anfänger bringe ich das normalerweise nicht bei. Deine Beine müssen nämlich lang genug sein, bevor du sie einsetzen kannst. Aber deine sind lang genug."

Becca ließ sich von Dimwits Rücken gleiten. „Zeigst du es mir?" Sie konnte es kaum erwarten, Rachel reiten zu sehen.

Rachel verlängerte die Steigbügel und stieg in den Sattel. Im gleichen Moment hörte Becca Mr. Amidens Lastwagen in die Einfahrt tuckern. Sie drehte sich um und winkte ihm zu. Dann schaute sie wieder zu Rachel hinüber und ... Die Stute Dimwit war völlig verwandelt! Sie ging nicht schwerfällig dahin, sondern schwebte mit federnden Schritten um die Bahn, so wie Fanfare oft in Santa Barbar. Dann begann sie zu traben. Aber es war kein knochenzermürbendes Traben wie vorher bei Becca, sondern ein geschmeidiger, rhythmischer, leichtfüßiger Trab. Becca sah den Unterschied; aber warum, oh, warum konnte sie das nicht? Und würde sie es jemals lernen?

„So, und jetzt nehme ich die Schenkel weg", sagte Rachel. Sofort verfiel Dimwit wieder in ihren harten Gang. „Siehst du?" sagte Rachel.

„Ja, ich sehe es, aber ich habe nicht gesehen, wie du es gemacht hast!"

Rachel hielt die Stute an. „Ich bringe sie mit meinen Beinen dazu, daß sie mit der Hinterhand untertritt, anstatt mit den Vorderbeinen zu schleifen", sagte sie. „Wenn sie vorn zieht, ist das unbequem für sie, und sie rüttelt dir die Knochen lahm."

„Darf ich es auch mal versuchen?" fragte Becca. Das war viel aufregender, als sie gedacht hatte.

Rachel sprang ab und half Becca in den Sattel. „Du solltest die Fersen herunternehmen und die Zehen sozusagen strecken", sagte sie. „Dann spürst du deine Muskeln. So, und jetzt nimmst du die Fersen herunter und legst die Unterschenkel an, aus der Hüfte heraus, ganz leicht ..."

„He! Ist das dein Ernst? Soll ich so reiten?"

„Die Könner machen das seit Jahrhunderten so", sagte Rachel milde. „Jetzt läßt du sie Schritt gehen, aber laß die Unterschenkel dran!"

Es klappte, jedenfalls so einigermaßen. Dimwit ging nicht mehr so lustlos dahin. Sie versuchte einen Trab, und nach ein paar Minuten ging es schon recht gut, aber dann gaben Beccas Beine nach, und das Gerüttel ging von vorn los.

Aber Rachel war anscheinend ganz zufrieden. „Alle Achtung, das war ganz gut für den ersten Versuch! Du kannst etwas werden, Becca!"

Becca lenkte Dimwit in die Mitte der Bahn. Sie war sehr stolz.

Rachel klopfte Dimwits Hals. „Ich dachte eigentlich, daß Dimwit zum Lernen für dich ganz gut geeignet wäre", sagte sie, als Becca abstieg. „Aber nur, weil ich geglaubt habe, daß du Anfänger bist. Ich finde, wir brauchen für dich eher etwas in Goners Größe."

„Du meinst, ein Pony?" Beccas Stimme klang atemlos.

„Erst gestern hat mir zufällig jemand ein Pony angeboten", sagte Rachel. „Ein gutes Pony offenbar, aber natürlich müßten wir erst hinfahren und es uns ansehen, vorher kann man da nie sicher sein. Vielleicht sollte ich gleich mal anrufen."

Ein Pony! Aber auf einmal wurde es Becca ganz schwindlig. Rachel wollte ihr ein Pony schenken! Sie glaubte also, Becca würde für immer hierbleiben. Ja, natürlich glaubte sie das. Nur Mr. Jarvis wußte, daß Becca wieder nach Kalifornien zurück wollte. Sie dachte an ihren Kalender und an die durchgekreuzten Tage. Ein Pony konnte sie nicht nach Kalifornien mitnehmen. So wie Tommy.

„Was ist los?" fragte Rachel. „Du machst ein Gesicht, als ob ich dir eine Klapperschlange schenken wollte!"

Becca versuchte zu lächeln. „Nein, nein ... ich ... danke dir ... ich weiß nur nicht, was ich sagen soll ..."

Rachel lächelte. „Dann sagst du eben nichts. Bring lieber Dimwit zurück. Ich longiere jetzt Dancer." Rachel sah richtig fröhlich aus, als sie zum Stall davonmarschierte, um Dancer zu holen.

Becca zog unglücklich an Dimwits Führstrick. Es war ein unangenehmes Gefühl, etwas vor Rachel zu verheimlichen. Daß sie die Sache mit Bill verschwiegen hatte, war schlimm genug, aber das hier ... irgendwie kam es ihr noch schlimmer vor. Schließlich tat es Rachel und Mr. Amiden ja nicht weh, wenn sie nichts von der Sache mit Bill wußten. Aber Rachel verließ sich anscheinend fest darauf, daß sie Becca für immer bei sich haben würde. Bill half Becca, Dimwit abzusatteln, und sie rieben sie gemeinsam trokken. Er sah auch nicht fröhlich aus. Ob ihn sein Gewissen plagte, weil er heimlich davonlief und sich mit einem Fremden im Wald traf? So wie Becca sich jetzt damit herumquälte, daß sie Rachel angelogen hatte? Na ja, nicht richtig angelogen. Sie hatte bloß nichts gesagt. Aber im Grunde genommen war es dasselbe.

„Mr. Amiden ist unten und schaut zu, wie Rachel Dancer longiert", sagte Becca. „Willst du auch mitkommen?"

Bill zuckte die Achseln, aber er folgte ihr zum Reitplatz hinunter. Becca kletterte zum Zuschauen auf den Zaun, und Bill kam auch herauf. Er setzte sich zwar nicht direkt neben sie, aber näher, als sie gedacht hätte.

Dancer war so gut gelaunt und übermütig, daß er alle vier oder fünf Schritte einen fröhlichen Bocksprung machte. Rachel lachte darüber, aber Becca sah, daß sie ihn sicher an der Longe hielt und ihm nicht erlaubte, den Kreis enger zu gehen oder an der Leine zu ziehen. Er schnaubte, als er Becca und Bill auf dem Zaun sitzen sah, aber er lief brav weiter.

„Der hat gar keine Angst", sagte Mr. Amiden. „Gefällt mir an einem Pferd."

„Weil ihm noch nie etwas Böses zugestoßen ist, deshalb", erwiderte Rachel.

Und das würde hoffentlich auch so bleiben, dachte Becca. Der schöne, furchtlose, übermütige Dancer mit seinen schwebenden Schritten, der fliegenden Mähne und dem glänzenden, wehenden Schweif! Nein, einem so wunderschönen Geschöpf durfte einfach nichts Böses zustoßen. Jetzt wurde er allmählich ruhiger. Sein Rücken war lockerer, seine Schritte länger, der Kopf gesenkt. In schönem harmonischem Trab lief er seine Runden.

Bill saß weit vorgebeugt, sein Gesicht hatte einen verträumten Ausdruck. So sah er immer aus, bevor er sich hinsetzte und zu zeichnen anfing.

„Mein Gott! Er fliegt richtig!" sagte er leise und atemlos. Becca dachte an die Phaeton-Pferde mit den Feuerflügeln.

Mr. Amiden warf Bill einen seltsamen Blick zu. „Stimmt. Er sieht prächtig aus. Aber das ist auch alles, außer daß er jung und stark ist. Für eine ordentliche Arbeit wird er nicht zu gebrauchen sein."

Der verträumte Ausdruck verschwand von Bills

Gesicht. Becca wartete darauf, daß er etwas sagte, aber er starrte nur auf den Boden, und sein Mund verzog sich zu einem schmalen Strich. Also sagte sie es selbst, sie mußte es einfach tun: „Dancer ist ein Dressur-Pferd, er braucht gar nichts anderes zu tun, Mr. Amiden! Er ist nicht dafür gebaut, Baumstämme zu ziehen! Dafür gibt's ja die Kaltblüter!"

Mr. Amiden lächelte leicht. „Na ja, da hast du schon recht", gab er zu. Er schlenderte pfeifend zum Stall zurück.

Bill schaute wieder zu Dancer hinüber. „Danke", knurrte er.

„Wofür?" Becca sah ihn an.

„Daß du das gesagt hast. Er sieht es einfach nicht!"

Becca wußte, was Bill meinte. Er hatte recht. Mr. Amiden sah es wirklich nicht. Er kam nicht auf die Idee, etwas anzuschauen, wie zum Beispiel Bilder, den Himmel, Pferde, Berge, nur weil es schön war. Und das war seltsam, wo er doch so gut mit Pferden umgehen konnte und überhaupt so ein netter Mensch war.

Und dann wurde ihr auf einmal noch etwas klar. Wenn Bill etwas „sah", so wie man es sehen mußte, wenn man Bilder zeichnen wollte, war Mr. Amiden immer ziemlich ratlos. Diese Eigenschaft von Bill brachte ihn irgendwie in Verlegenheit. Sie schaute zu Bill hinüber, der jetzt wieder mit verträumten Augen Dancer ansah. Lief Bill deshalb immer fort? Hatte Rachel das richtig gesehen? Machte Bill irgend etwas ganz Schlimmes, um Geld zu verdienen? Nur damit er jemanden hatte, mit dem er reden konnte, über das, was er sah? Aber er konnte doch mit Rachel reden. Rachel verstand etwas von Malerei; sie hatte so viele Kunstbände in ihrem Arbeitszimmer.

Rachel hielt Dancer an und holte ihn in die Mitte. Bill sprang vom Zaun herunter und lief zu ihnen hinüber. „Darf ich ihn herumführen?“ fragte er.

„Sicher“, sagte Rachel. Sie schlenderte zum Zaun herüber und setzte sich neben Becca. „Er macht sich prächtig. Ich werde ihn bald einreiten können!“ Sie schaute zu Bill hinüber, der leise mit Dancer redete, während er ihn in der Bahn herumführte.

„Rachel, fragst du Bill, ob er nicht ein Bild von Dancer malen will? Er hat die ganze Zeit überhaupt nicht gemalt. Und ich dachte, wenn du ihn bittest ...“

Rachel legte ganz schnell ihren Arm um Beccas Schulter. „In Ordnung. Ich frage ihn!“

Becca schaute wieder auf die Reitbahn. Bill redete jetzt nicht mehr. Er sah aus, als ob er mit seinen Gedanken weit fort sei. Seine Schultern sanken nach vorn, und schließlich schlurfte er in seiner üblichen, lustlosen Haltung herum. Rachel schüttelte den Kopf. „Hoffentlich habe ich einen Stock zur Hand, wenn mir der Kerl über den Weg läuft, der Bill so verletzt hat“, sagte sie leise.

„Verletzt? Meinst du die Wunde von neulich?“ Erschrocken und schuldbewußt dachte Becca wieder an jenen Tag, an dem sie Matt und Jeff nicht richtig ausgespannt hatte. Sie hatte Rachel damals belogen, und jetzt mußte sie weiterlügen. „Das war doch der Schlitten!“

„Ich meine nicht nur diese Verletzungen“, erwiderte Rachel. „Er quält sich, es zerreißt ihn fast. Ed weiß das auch. Aber er kommt nicht dahinter, was mit dem Jungen los ist.“

Rachel wußte es also – oder ahnte es zumindest. Sie konnte sich so gut in andere Menschen einfühlen! Becca stützte ihr Kinn in die Hand und sah zu, wie Rachel leichtfüßig vom Zaun heruntersprang und Bill und Dancer anhielt. Sie betastete Dancer's Brust, dann stellte sie Bill eine Frage, die Becca aber nicht verstehen konnte.

Bill schüttelte schnell den Kopf. „Ich bringe ihn jetzt rein", sagte er. Dann führte er Dancer den kleinen Hang zum Stall hinauf. Rachel kam zum Zaun zurück. „Ich habe ihn gefragt, ob er Dancer für mich zeichnen würde. Du hast ja gesehen, wie er reagiert hat!" Sie schaute über die Schulter zu Bill und Dancer hinüber, dann seufzte sie. „Also, ich rufe jetzt die Frau mit dem Pony an. Wenn sie es noch hat, fahren wir am Samstag hin. Vielleicht können wir Bill und Patty mitnehmen."

„Super!" sagte Becca. Hoffentlich hatte es auch begeistert genug geklungen. Aber Rachel nickte, drehte sich um und ging zum Haus.

Becca blickte über den Reitplatz hinweg auf die rötlichen Zweige der Bäume, auf das braungrüne Gras und die fernen grauen Berge. Vermont hatte viele Farben, die beständig wechselten. Woran lag es nur, daß diese Farben oft eintönig und grau, dann wieder strahlend waren? Oder war sie selbst es, die Vermonts Farben so sah?

Obwohl Becca ein komisches Gefühl bei der ganzen Pony-Sache hatte, kam ihr die Woche von Montag bis Samstag furchtbar lang vor. Sie vertrieb sich die Zeit damit, den Stall von oben bis unten sauberzumachen und mit Dimwit zu trainieren. Sie konnte bei Patty abschauen, wie sie die Hilfen geben mußte. Und Dimwit reagierte darauf, das war deutlich zu spüren. Es machte großen Spaß.

Patty lobte beide. „Hei, du machst das schon fast wie ein Profi!“ sagte sie am Freitagnachmittag. „Das war wirklich gut! Warte nur, bis du erst auf einem richtigen Pferd sitzt, nicht mehr auf einem Schulpferd!“

„Dimwit ist in Ordnung“, sagte Becca und streichelte die alte Stute.

„Klar doch, aber sie ist steif, und sie ist zu groß für dich. Das wirst du noch merken, wenn du erst dein Pony hast.“

Sie führten Dimwit und Goner in den Stall zurück. Rachel half Bill beim Füttern und Tränken, weil Mr. Amiden ihn heute früher zu Hause haben wollte. „Und, wie war's?“ fragte sie und sah Becca an.

„Sie ist super!“ rief Patty. „Ihr solltet sie mal sehen! Sie kommt sehr gut mit Dimwit zurecht!“

Bill warf Becca einen Blick über die Schulter zu und zog die Augenbrauen hoch. Becca errötete. „Es geht schon ein bißchen besser“, sagte sie schnell.

„Das lernt man eben nicht in fünf Tagen“, meinte Rachel. „Aber du hast es bald raus. Du hast wirklich Fortschritte gemacht, das sieht man deutlich. Und mit einem Pony wirst du es dann leichter haben. Wir fahren morgen früh um neun Uhr los. Könnt ihr beiden so früh hier sein?“

„Klar“, sagte Patty.

Aber Bill scharrte mit den Füßen. Becca war auf einmal beunruhigt. Bill würde doch mitkommen?

Mr. Amidens Lastwagen rollte quietschend in die Einfahrt, und Bill stürzte hinaus.

Rachel schlenderte hinüber und redete einen Augenblick mit Mr. Amiden. Als sie zurückkam, lachte sie. „Ratet mal, wer auch noch mitkommt“, sagte sie.

„Mr. Amiden?“ fragte Patty. „Ich dachte, er mag nur Arbeitspferde!“

„Wahrscheinlich will er sichergehen, daß Becca ein Pony bekommt, das auch gut genug für sie ist“, erwiderte Rachel lachend.

Becca starrte sie an, und Patty kicherte.

Rachel lächelte. „Sag bloß, du hast noch nichts gemerkt? Er ist doch dein treuester Fan, seit dem Tag, an dem du es geschafft hast, die Pferde auszuspannen, obwohl sie durchgehen wollten!“

Becca überlegte krampfhaft, was sie darauf sagen sollte, aber Patty kam ihr wie immer zuvor. „Vielleicht kapiert er allmählich, daß Mädchen auch ganz brauchbar sind.“

Becca ging nicht darauf ein. Sie mochte Mr. Amiden. Er war nicht wie Papa oder wie Mr. Jarvis, aber es war gut, ihn um sich zu haben.

Bill kam dann doch nicht mit. Als sie sich am nächsten Morgen versammelten, erklärte er, daß er hierbleiben würde. Einfach so. „Ich dachte, ich miste aus, und putze auch gründlich das Lederzeug. Das hat's nötig. Und dann male ich das Bild, das Sie haben wollten“, knurrte er, als Rachel protestieren wollte.

Mr. Amiden schaute erst Rachel an, dann Bill. „Das hättest du mir früher sagen können“, meinte er. „Zu Hause wartet auch eine Menge Arbeit.“

Bill zuckte die Achseln. „Kein Problem. Ich kann dann zu Fuß nach Hause gehen.“

„Willst du wirklich nicht mitkommen?“ fragte Patty. „Ich würde mir das an deiner Stelle nicht entgehen lassen!“

„Möchte wissen, was mir da entgehen soll“, spottete Bill, „eine lange Fahrt mit zwei Mädchen, die die ganze Zeit gackern!“

Wie ekelhaft er sein konnte, dachte Becca, aber Rachel und Mr. Amiden lachten.

Damit war das Thema anscheinend erledigt. Aber als sie losfahren wollten, fiel Becca ein, daß sie ihre Reitkappe vergessen hatte. Sie lief in den Stall, um sie zu holen. Bill mistete keine Boxen aus. Er zog gerade seine Stallschuhe aus. Plötzlich wurde ihr bewußt, daß er den ganzen Tag allein sein würde. Keiner konnte ihn hindern, das zu tun, was er wollte.

„Bill", fing sie an, während sie ihre Reitkappe am Riemen herumschlenkerte.

„Was ist denn jetzt schon wieder?"

„Du willst doch nicht abhauen?"

„Das geht dich überhaupt nichts an!" Er stand auf, und er kam ihr auf einmal viel größer vor als sonst. Trotzdem, sie mußte noch einen Versuch machen. „Bill, wenn sie dich erwischen, sperren sie dich wieder ein. Warum kommst du nicht einfach mit uns? Es wird bestimmt lustig. Bitte, komm doch mit!"

Einen winzigen Augenblick lang verschwand der harte Ausdruck aus Bills Gesicht; dann schaute er zur Seite. „Ach was, wen interessiert schon so ein fremdes Pony", sagte er.

Also gut, dann eben nicht. Jetzt reichte es ihr. Sollten sie ihn doch einsperren, es würde ihm recht geschehen. Becca kletterte in den Lieferwagen, und sie fuhren los.

„So, da sind wir", sagte Rachel endlich, nachdem sie etwa anderthalb Stunden gefahren waren. „Macht euch auf etwas gefaßt, so ein Gestüt seht ihr nicht alle Tage!"

Sie hatte nicht übertrieben. Die Pferdeställe reihten sich über Hunderte von Metern aneinander. Dahinter lagen endlose Koppeln und Paddocks mit weißgestrichenen

Zäunen. Es gab drei Dressurplätze, einen Springparcours mit leuchtend bunten Hindernissen, und jenseits der Koppeln erstreckte sich eine Galopprennbahn.

Die Frau, die sie auf dem Parkplatz in Empfang nahm und Rachel die Hand schüttelte, paßte in diese Umgebung. Becca mußte sofort an Molly denken: Die Frau sah in ihren gut sitzenden Reithosen und der eleganten Bluse genauso perfekt und makellos aus.

„Ich heiße Betty Arnold", sagte sie. „Das Pony ist in Stall zwei. Dort hinüber bitte." Sie führte sie an den Paddocks vorbei und durch einen langen Stall. Patty stieß Becca in die Rippen: Alle Boxen hatten gute Halbtüren, und die Böden waren sauber gefegt. Automatische blitzblanke Tränken und die neuesten Heunetze waren hier selbstverständlich.

„Da ist er", sagte Betty Arnold und öffnete eine Boxentür. „Er hat 1,42 Stockmaß, die ideale Größe für ein Jagdpony. Und er ist ein richtiger Kavalier!" Sie lachte.

Becca starrte in die gut gepflegte Box und zwei ernste, dunkle Ponyaugen schauten sie an. Ihr Herz klopfte. Er war wunderschön! Ein Apfelschimmel mit silbergrauer Mähne und silbergrauem Schweif und einem schmalen, edlen Kopf. Aber anstatt den Kopf vorzustrecken und an ihren Taschen zu schnüffeln, wandte er sich ab. Als Mrs. Arnold ihn aus der Box führte, trat er höflich auf die Stallgasse, die Ohren aufmerksam vorgestellt. Aber er schaute durch sie alle hindurch, als ob er mit seinen Gedanken weit fort wäre.

Rachel streichelte seine Mähne, dann tastete sie mit den Händen sachkundig seine Beine ab.

Mr. Amiden trat ein Stück näher und blickte ihn aufmerksam an. „Erstklassig", sagte er anerkennend.

„O ja", erwiderte Mrs. Arnold. „Deshalb ist es ja auch so schade, daß ..."

„Was ist schade?" fragte Patty schnell.

„Na, er gehörte Jessica Pole, das habe ich ja schon am Telefon gesagt. Sie war eine der besten Reiterinnen hier; hatte ihn schon als Zweijährigen bekommen und seither trainiert. Aber dann hörte sie mit dem Reiten auf ..."

„Keine Lust mehr?" fragte Rachel, während sie das Gebiß des Ponys untersuchte.

„Nein", seufzte Mrs. Arnold. „Sie wurde krank, bekam Leukämie. Lange Zeit hat sie trotzdem noch weiterzureiten versucht, schließlich ging es einfach nicht mehr. Ihre Eltern haben das Pony zu sich nach Hause genommen, damit sie es wenigstens jeden Tag sehen konnte!" Mrs. Arnolds Stimme wurde leise. „Am Ende mußte ihr Vater sie zu ihm hinaustragen, als sie nicht mehr gehen konnte. Sie starb, als sie erst vierzehn Jahre alt war."

Rachel legte einen Arm um Becca und drückte sie fest an sich. Becca schaute das Pony an und stellte sich vor, wie die kranke Jessica sich Tag für Tag zu ihm hinausgeschleppt hatte, um ihn zu besuchen, bis sie ... Eine winzige Sekunde lang sah sie Papa vor sich, so wie sie ihn in Erinnerung hatte, als er das letzte Mal nach Hause gekommen war ... Schnell schob sie den Gedanken fort.

„Wie heißt er?" fragte sie. Ihre Stimme zitterte nur ganz leicht.

„Gandalf", sagte Betty Arnold.

„Gandalf!" Becca und Patty sahen sich schnell an, und die gedrückte Stimmung war auf einmal verflogen. „Perfekt!"

„Er *ist* perfekt", sagte Mrs. Arnold, die offenbar nicht wußte, wer der richtige Gandalf war. „Und Jessicas Eltern haben mich gebeten, einen guten Platz für ihn zu suchen. Sie konnten ihn nicht bei sich behalten, das war zu schmerzlich für sie, sagten sie. Außerdem sollte er geritten werden und nicht nur rumstehen. Dafür ist er zu gut!"

„Ich nehme an, es haben sich schon eine Menge Käufer gemeldet", sagte Rachel.

Mrs. Arnold schüttelte den Kopf. „Viele Kinder aus unserem Reitstall wollten ihn natürlich sofort haben, aber Gandalf ist nicht mehr der alte, seit Jessica ihn verlassen hat."

„Heißt das, daß er sich nicht reiten läßt?" fragte Rachel.

„O, nein. Er ist ein Kavalier. Aber er war immer so lebhaft und übermütig, und das ist alles verschwunden. Zu schade. Das Pony trauert ..."

„Man muß ihm Zeit lassen", sagte Rachel und streichelte den gewölbten Hals. „Vielleicht lebt er wieder auf, wenn er auf dem Land lebt und ein anderes Pony zur Gesellschaft bekommt."

„Ja, das habe ich auch gedacht", sagte Mrs. Arnold. „Keine Turniere in der nächsten Zeit, nur liebevolle persönliche Betreuung, möglichst von einem jungen Mädchen, ein wenig Training und lange Geländeritte, dann könnte er seinen Kummer vielleicht überwinden!"

„Das würde er alles bei uns haben", sagte Rachel. „Was meinst du, Becca?"

Becca nickte heftig. Sie brachte kein Wort heraus.

„Da ist allerdings noch etwas", sagte Mrs. Arnold zögernd. „Er springt nicht!"

„Früher auch nicht?" Rachels Stimme klang überrascht.

„Jetzt nicht mehr. Mit Jessica hat er jedes Hindernis genommen, aber seit sie nicht mehr da ist, weigert er sich sogar, über eine harmlose Stange am Boden zu gehen!"

„Ist er mal gestürzt?“ fragte Rachel.

„Nicht, daß ich wüßte. Sie ist gestürzt – als sie ihn das letzte Mal geritten hat. Es war nur ein ganz niedriges Hindernis, aber sie hätte es gar nicht versuchen dürfen. Sie konnte nicht mehr aufstehen. Daraufhin haben ihre Eltern das Pony mit nach Hause genommen. Aber ihm ist nichts passiert. Doch irgend etwas ist mit ihm vorgegangen danach ...“

Rachel schüttelte den Kopf. Bedauernd blickte sie den schönen kleinen Grauen an.

Sollte das etwa heißen, daß sie ihn nicht einmal ausprobieren würden? dachte Becca. Dieses graue Pony, das so anhänglich war, daß es noch jetzt um Jessica trauerte ... Becca schaute Patty an, und Patty schien das gleiche zu denken.

„Kann ich ihn nicht mal reiten, Rachel? Er ist so schön!“

„Becca, ein Problempferd ist nichts für dich. Du brauchst ein Pferd, von dem du lernen kannst, das Spaß am Reiten und am Training hat!“

„Aber jetzt sind wir doch schon mal hier, und er gefällt mir sehr!“ Seine Augen sind traurig, vielleicht könnten sie wieder fröhlich werden. Aber das sagte sie nicht.

„Warum soll sie ihn denn nicht ausprobieren?“ mischte sich Mr. Amiden ganz unerwartet ein.

Rachel nickte. „Na, gut. Dann satteln wir ihn jetzt.“

Gandalf ließ sich bereitwillig aufzäumen, aber er starrte immer noch unbeteiligt und blicklos in die Ferne. Becca streichelte die ganze Zeit seinen Hals; vielleicht würde er sie allmählich doch anschauen? Woran erinnerte sie diese Starre nur? Nein, sie kam nicht drauf, es hatte keinen Sinn, sich jetzt den Kopf zu zerbrechen ... Also führte sie ihn hinaus und stieg auf.

Gandalf ging brav auf dem Reitplatz herum, und er begann sofort zu traben, als Becca ihn dazu aufforderte. Sie saß aufrecht im Sattel und gab sich Mühe, ihm korrekte Hilfen zu geben. Bei Gandalf war das einfacher als bei Dimwit, weil sein Rücken nicht so breit war. Als sie am Tor vorbeikamen, hörte sie Mrs. Arnold sagen: „Eine gute Reiterin, das Mädchen!"

„Und er ist ein sehr gutes Pony", entgegnete Rachel. „Sie scheinen ganz gut miteinander zurechtzukommen. Bis jetzt ..."

Becca setzte sich tief in den Sattel, so wie Rachel es ihr gezeigt hatte; Gandalf reagierte sofort darauf. Seine Gänge waren ruhig und taktsicher. Becca ließ ihn nacheinander Schritt, Trab und endlich einen langsamen Kanter gehen. Gandalf reagierte vorbildlich und zeigte willig, was er konnte. Beccas Herz klopfte heftig. Dieses wunderschöne Pony! Und es ließ sich so willig von ihr reiten! Sie parierte ihn zum Stehen durch. „Er ist phantastisch!" sagte sie endlich zu Rachel.

Rachel nickte. „Allerdings. Reite ihn jetzt dort hinüber", sie zeigte auf den Springparcours mit den Hindernissen.

Becca ritt Gandalf zum Parcours. Wenn er jetzt doch springen würde? Würde Rachel ihn dann nehmen? Andererseits, was sollte sie tun, falls er wirklich sprang? Konnte sie das schon? Würde er verweigern oder sie abwerfen? Sie hatte ja kaum Erfahrung mit dem Springen. Aber ihre Befürchtungen waren überflüssig. Sobald sie den Parcours erreichten, blieb Gandalf stehen. Becca trieb ihn sanft an, aber er rührte sich nicht. Sie trieb etwas energischer, da legte er die Ohren an und machte ein paar Schritte rückwärts. Seine Augen rollten.

„Ja, so ist es immer", rief Mrs. Arnold. „Und dabei ging es doch erst so gut mit den beiden!"

Rachel nickte. „Also, bring ihn jetzt zurück, Becca."

Becca fühlte, wie ihr die Tränen in die Augen stiegen. „Soll das heißen, daß wir ihn hier lassen – nur, weil er nicht springt!"

Rachel legte ihre Hand auf Beccas Knie. „Du kommst gut mit ihm zurecht, und er ist wirklich ein hübsches Pony. Aber für den Preis bekommen wir leicht ein anderes Pony, das genauso lieb und hübsch ist ..."

„Oh, ich bin ganz sicher, daß die Coles mit dem Preis heruntergehen würden ...", warf Mrs. Arnold schnell ein.

Aber Rachel schüttelte den Kopf. „Du bist noch nicht so weit, daß du ein Problempferd umerziehen kannst", sagte sie. „Und manche Pferde lassen sich auch nicht umerziehen, selbst wenn man sich noch soviel Mühe gibt. Ich will nicht, daß du dir unnötigen Kummer machst!"

Becca stieg ab und zog die Steigbügel hoch. Sie vermied es, den anderen ins Gesicht zu sehen.

Patty hielt mitfühlend Gandalfs Zügel. „Ich weiß, das ist hart", sagte sie. „Aber Rachel hat recht. Ich kenne ein Mädchen, das hat so ein Problempferd. Sie geht mit ihm auf alle Turniere, und er tut nie, was sie sagt. Sie hofft natürlich, daß er eines Tages doch noch ein gutes Reitpony wird. Es ist zum Heulen, glaub mir."

Eine Hand legte sich auf Beccas Schulter. Sie schaute auf. Es war Mr. Amiden. „Du magst ihn, wie?" fragte er.

Sie nickte. Gandalf war ein schönes Pony, und seine Gänge waren einfach himmlisch. Aber es war nicht nur das. Sie mochte ihn. Das ganze Pony. Er war etwas Besonderes, das spürte sie. Und wie er um seine beste Freundin trauerte ...

6 10271-8

Mr. Amiden klopfte schnell Beccas Schulter und stapfte hinter den anderen her.

Becca ließ sich unendlich viel Zeit mit Gandalf. Sie bürstete ihn, kratzte seine Hufe, zog ihm sein Stallhalfter an und kämmte sorgfältig seinen hübschen Stirnschopf. Ganz still stand der kleine Graue da und ließ alles geschehen. Schließlich mußte sie ihn in seine Box zurückbringen. Sie machte jedoch die Tür nicht ganz zu; sie lehnte sich dagegen und beobachtete ihn. Von draußen drangen aufgeregte Stimmen an ihr Ohr, aber sie achtete nicht darauf. Rachel würde Patty zu ihr schicken, wenn sie abfahren wollte. Becca wollte einfach noch bei Gandalf bleiben.

Aber dann kam Rachel selbst. Sie legte einen Arm um Beccas Schulter. „Du magst ihn wirklich, stimmt's?"

Becca zog ihre Schulter weg.

„Also gut", seufzte Rachel. „Das Herz siegt, die Vernunft muß weichen. Wir nehmen ihn zur Probe!"

Wirklich? Becca schaute auf. Rachel meinte es ernst. Und hinter ihrem Rücken machte Mr. Amiden das Siegeszeichen. Also hatte er sie überredet! Er war doch ein richtiger Freund!

„Danke", sagte sie leise. „Vielen Dank. Er ist ein ganz besonderes Pony!"

„Wir werden sehen", meinte Rachel. Es klang nicht sehr zuversichtlich.

Aber Becca hörte kaum noch hin. Sie schlang beide Arme um den Hals des Ponys und vergrub ihr Gesicht in seiner grauen Mähne.

Auf dem Heimweg machten sie noch ein paar Einkäufe, und so war es schon beinahe Zeit zum Abendessen, als sie zurückkamen. Becca war im Wagen eingeschlafen und noch ganz benommen, aber trotzdem schlich sie sich als erstes in den Stall, um nachzusehen, ob Bill die Boxen ausgemistet hatte. Er hatte sie ausgemistet. Alles war ordentlich und sauber, und auch die Stallgasse war gefegt.

Sie schlenderte zu der Halbtürbox am Ende des Stalls hinüber; Mr. Amiden hatte gesagt, er würde die Trennwand herausnehmen und eine Box für Gandalf daraus machen. Sie lehnte sich gegen die Trennwand und träumte davon, wie schön es sein würde, ihr eigenes Pony hier in der Box zu haben. Auf der einen Seite lag etwas am Boden. Sie ging hin und hob es auf.

Es war eine Jeansjacke, schmuddelig und sehr groß. Beim Aufheben fielen ein paar Sachen aus den Taschen. Becca bückte sich und hob sie auf: Zigaretten, ein Feuerzeug, ein Schlüsselbund mit ein paar Schlüsseln dran. Es war nichts Aufregendes, aber plötzlich bekam sie Angst. Wer auch immer die Jacke hier liegengelassen hatte, er würde zurückkommen, um die Schlüssel zu holen. Und Becca war hier ganz allein. Sie hatte ja gesehen, wie dieser fremde Mann Bills Gesicht zugerichtet hatte. Was würde er erst mit ihr machen, wenn er herausfand, daß sie über seine heimlichen Verabredungen mit Bill Bescheid wußte? Sie ließ die Jacke fallen und schaute sich im Stall um. Plötzlich sah er nicht mehr vertraut und gemütlich aus, nein, er war voller Schatten und dunkler Winkel, in denen sich gut jemand verstecken konnte. Sie ging auf Zehenspitzen zur Tür hinüber und schlüpfte hinaus. Dann rannte sie ins Haus, so schnell sie konnte.

Am nächsten Morgen lief sie ganz früh in den Stall, unter dem Vorwand, daß sie sich die Stelle anschauen wollte, an der Gandalfs künftige Box sein sollte. Tommy sprang fröhlich neben ihr her, und er lief ohne zu zögern in den Stall, als Becca die Tür aufstieß. Aber es war niemand da, und die Jacke war weg. Eigentlich hätte Becca jetzt erleichtert sein müssen, aber sie war nicht erleichtert. Im Gegenteil, es war ein unheimliches Gefühl: Da war jemand mitten in der Nacht über den Hügel gekommen, in den Stall eingedrungen, hatte seine Jacke geholt und war wieder verschwunden. Und das alles, während Rachel und sie und die Tiere friedlich geschlafen hatten.

Becca hatte sich vorgenommen, am Montag mit Bill über die Jacke zu reden, entweder in der Schule oder auf dem Heimweg. Aber Bill war nicht in der Schule. Am Sonntag hatte Mr. Amiden angerufen und gesagt, daß Bill nicht zur Stallarbeit kommen konnte. Vielleicht war er ja krank? überlegte Becca. Das wäre doch möglich. Trotzdem mußte sie fast den ganzen Tag an Bill denken, und es war ziemlich trostlos, ohne ihn von der Bushaltestelle den Hügel hinaufzumarschieren.

Rachel war im Stall und stemmte Bretter aus der Trennwand zwischen den beiden kleinen Boxen heraus. „Hallo!“ rief sie. „Hilf mir doch mal, ja?“

Becca schob Tommy und Xeno aus dem Weg und zog an dem Brett, auf das Rachel zeigte. Es löste sich mit einem dumpfen, langgezogenen Geräusch. Es war ein sehr angenehmes Geräusch, fand Becca.

„Ed und Bill werden gleich hier sein und uns helfen“, sagte Rachel, während sie das Stemmeisen hinter ein anderes Brett trieb.

„Bill war heute nicht in der Schule. Ich dachte, er ist vielleicht krank!"

„Nein. Er hatte einen Termin bei einem Anwalt in Brattleboro", sagte Rachel. „Zieh doch mal hier, ja?"

Becca zog. „Warum braucht er einen Anwalt?"

Rachel nahm das nächste Brett in Angriff. „Weil er vermutlich in Schwierigkeiten ist. Ed hat nicht viel gesagt am Telefon, aber er hat sich deprimiert angehört."

Sie hörten, wie Mr. Amiden mit seinem Wagen in die Einfahrt fuhr, und gleich darauf kamen Bill und er zur Tür herein. Sie hatten sich wohl gestritten. Mr. Amiden lächelte nicht, so wie sonst immer, und Bills Augen waren rotgerändert und mürrisch. Keiner sagte mehr als das Allernötigste, während sie die Trennwand herausrissen und die Vorderwand für die neue Box einzogen. Das war irgendwie traurig. Becca hatte gehofft, daß alle sich freuen würden, Gandalfs neue Wohnung vorzubereiten.

„So, ich glaube, das war's", sagte Mr. Amiden, als er mit Bill zusammen die Halbtür eingehängt hatte. „Sieht gar nicht übel aus."

Becca lehnte sich probeweise über die Boxentür. „Es sieht wunderbar aus!" sagte sie und versuchte, ihrer Stimme einen fröhlichen Klang zu geben. Über die Halbtür würde sie ihr Pony immer sehen können.

Bill ging aus dem Stall und vertrieb sich die Zeit damit, Tommy kleine Stöckchen hinzuwerfen. Rachel und Mr. Amiden gingen auch hinaus und beobachteten ihn. Sie redeten miteinander, aber Becca konnte nicht verstehen, was sie sagten. Was war nur los? Sie holte eine Schubkarre mit Einstreu und kippte sie in der neuen Box aus. Ein richtig üppiges weiches Strohpolster sollte Gandalf bekommen, damit er es gut hatte und sich bei ihnen wohlfühlte.

Mr. Amiden lehnte an der Boxtür, als Becca mit einer zweiten Schubkarrenladung zurückkam. Er half ihr, das Stroh aufzuschichten und sorgfältig mit der Forke zu verteilen.

„Weißt du, was mit dem Pony los ist?“ fragte Mr. Amiden.

Becca nickte. „Er ist traurig!“

Mr. Amiden nickte ihr zu. „Ich glaube, er wartet darauf, daß diese Jessica zurückkommt und ihn wieder reitet!“

„Aber sie kommt nicht zurück. Sie ist tot!“

„Glaubst du, daß ein Pferd das verstehen kann? Sogar bei Menschen dauert es schrecklich lange, bis sie sich damit abfinden, daß jemand, der ihnen viel bedeutet, nicht zurückkommt. Und Menschen können denken, sich die Dinge erklären. Pferde aber fühlen das auch. Und sie erinnern sich!“

Becca sah Mr. Amiden an. Es war schön, daß er das sagte.

„Also darfst du ihn nicht drängen“, fuhr er fort. „Zeig ihm, daß du ihn magst, aber zwinge ihn zu nichts. Du mußt ihm Zeit lassen. Und springen ist überhaupt nicht wichtig, vergiß das nicht!“ Becca lächelte ihn an und nahm die Forke wieder auf.

Mr. Amiden machte ihr Platz, schob die Hände in die Taschen und stapfte langsam durch den Stall. Aber seine Schultern sahen auf einmal so eingesunken aus. So hatte Papa die Schultern hängen lassen, wenn er einen wichtigen Prozeß verloren hatte. Becca ließ die Forke fallen und lief ihm nach. „Mr. Amiden?“

Er blieb stehen, drehte sich aber nicht um.

Dann mußte er wirklich traurig sein. Sie berührte seinen Arm. „Mr. Amiden ...“

Er drehte sich halb herum, und da schlang sie ihre Arme um ihn. Nur ganz kurz und ohne ihm ins Gesicht zu schauen. Männer weinen nicht, sonst hätte er geweint, aber das konnte sie ihm natürlich nicht sagen. Sie wollte ihn nicht in Verlegenheit bringen. „Sie dürfen sich keine Sorgen machen", sagte sie. „Es wird alles wieder gut werden!"

Er war wohl wirklich sehr traurig, denn er sagte gar nichts. Er drückte sie nur einen Augenblick lang ganz fest an sich, dann ging er schnell aus dem Stall.

Rachel sah auch nicht sehr glücklich aus, als Mr. Amiden und Bill wieder weg waren. Sie fauchte Tommy an, der sie um Fleisch anbettelte, und sie schimpfte mit Xeno, weil er vor der Kühlschranktür lag. Becca überlegte schon, ob sie die beiden lieber mit in ihr Zimmer nehmen sollte, bis Rachels schlechte Laune vergangen war.

Aber als sie mit den Hunden gehen wollte, sagte Rachel: „Mrs. Arnold hat gerade angerufen. Sie bringt Gandalf morgen her. Wir brauchen ihn nicht selbst abzuholen!"

„Toll!" Becca machte einen Hüpfer. „Ich bin gespannt, was Bill zu Gandalf sagen wird."

Rachel holte das Gemüsebrett und fing an, Karotten zu schnippeln. „Ich glaube, Bill wird bald von hier weggehen."

Becca starrte auf das Messer, als ob es der interessanteste Gegenstand in der Küche wäre. „Wieso denn?" stieß sie schließlich hervor.

„Anscheinend hat die Polizei ein paar gestohlene Sachen in einer verlassenen Sägemühle hier in der Gegend entdeckt", sagte Rachel. „Eine ganze Menge Zeug, soviel ich weiß. Und sie glauben, daß Bill etwas damit zu tun hat.

Offenbar führt eine Spur von den Amidens dorthin!" Sie drehte sich um und warf Becca einen ernsten Blick zu. „Und von hier aus auch!"

Becca starrte an Rachel vorbei. Von hier aus! Sie dachte an den Tag, an dem Bill nicht dagewesen war, um ihr beim Ausspannen zu helfen. Und an den Tag, als sie ihm nachgegangen war. Und an die Jacke im Stall. Natürlich führte eine Spur von hier aus dorthin! „Was für Sachen haben sie denn gefunden?" stotterte sie.

„Dicke Beute. Stereoanlagen. Ein paar Videogeräte. Einen Motorschlitten, der im letzten Februar bei der Polizei als gestohlen gemeldet wurde."

Einen Motorschlitten! Letzten Februar! Aber Bill hatte ihn nicht gefahren, sondern der andere – der mit der Jacke.

Becca schaute auf und begegnete Rachels Blick. Sie sah jetzt nicht mehr ernst aus, nur sehr, sehr traurig. „Kind, bitte sag mir, was du weißt. Bitte, du mußt es mir sagen!"

Becca starrte auf Tommy hinunter, der sich kratzte, als ob alles in bester Ordnung wäre.

„Es gibt solche Freunde und solche Freunde", sagte Rachel endlich. „Und wenn dir jemand wichtig ist, hältst du zu ihm, koste es, was es wolle. Ganz gleich, was er macht. Und deshalb nehme ich an, du weißt, daß Bill sich bei dieser Mühle herumgetrieben hat, und natürlich hast du den Mund gehalten. Ich weiß, du hältst zu ihm, und ich würde dich bestimmt nicht drängen, etwas zu verraten, wenn es nicht wirklich wichtig wäre. Aber es ist wichtig. Wenn Bill das Zeug gestohlen hat, kommt er in ein Jugendgefängnis. Da kommt er mit schlimmen Typen zusammen, und alles wird nur noch schwerer für ihn werden. Also, wenn du etwas weißt, irgend etwas, das die Polizei auf die richtige Spur bringen könnte, dann solltest du es sagen. Um Bill zu helfen, versteh doch!"

Ja, das sah Becca ein. Aber sollte sie es ausgerechnet Rachel erzählen? Rachel durfte sie nicht trauen. Sie sah nie das Gute in anderen Menschen. Sie war immer mißtrauisch. Auch bei dem Pony, bei Gandalf, obwohl der natürlich kein Mensch war, aber trotzdem. Sie hatte ihn einfach nicht gewollt, weil er nicht springen konnte, dabei war er doch ein wundervolles Pony. Und Bill. Sie sah nur, was die Polizei ihr sagte, aber sie begriff nicht, daß Bill niemals stehlen würde. Und Papa. Alles Schöne, was sie zusammen gemacht und erlebt hatten, war in Rachels Augen nichts als ein Märchen, eine Lüge. Papa war der beste Vater gewesen, den man sich nur wünschen konnte, auch wenn er vielleicht ein bißchen eifersüchtig über seine Prinzessin gewacht hatte. Aber das würde Rachel niemals verstehen. Nein, Rachel konnte sie Bills Geheimnis nicht verraten. Es war unmöglich. Sie schüttelte den Kopf. „Ich kann es dir nicht sagen."

„Oh, Becca!" Rachel sah nicht wütend aus, sondern verletzt.

Na, wenn schon, es geschah ihr recht. Schließlich hatte Papa jahrelang wegen Rachel gelitten. Auch wenn sie vielleicht nicht an allem schuld war.

Andererseits mußte jemand der Polizei klarmachen, daß Bill die Sachen nicht gestohlen hatte. Becca wußte zwar nicht sicher, daß der Mann mit der Jacke der Dieb war, aber vielleicht wußte sie genug, um zu verhindern, daß Bill ins Gefängnis kam.

„Aber ich könnte es Mr. Amiden erzählen", sagte sie zögernd und scharrte unbehaglich mit den Füßen. „Ja, ich glaube, das ginge. Aber ich muß zuerst mit Bill sprechen!"

Rachel legte das Messer weg, sehr, sehr vorsichtig.

„Gut“, sagte sie. „Ich rufe Ed an, und wir fahren gleich nach dem Essen hin.“

Sie ging in die Halle zum Telefon, und ihre Schultern sahen so eingesunken aus wie vorher Mr. Amidens Schultern, als er aus dem Stall gegangen war. Aber Becca umarmte sie nicht.

Die Küche der Amidens sah aus, als ob Mr. Amiden nie dazu gekommen wäre, bestimmte Dinge, die er schon vor längerer Zeit in Angriff genommen hatte, auch zu Ende zu führen. Unter dem Abwaschbecken hing ein Vorhang, obwohl der Unterschrank bereits fix und fertig gezimmert war und nur noch die Tür fehlte. Die beiden Deckenlampen in der Mitte hatten hübsche Lampenschirme, aber am anderen Ende des Raums hing eine nackte Glühbirne an einem Kabel herunter. Drei Wände waren weißgestrichen, aber die Rückwand war ausgespart, so daß man auf das kahle Mauerwerk blickte. Alles war jedoch sehr sauber; der Holzboden war blankgescheuert, und die Fenster sahen aus, als ob sie mindestens einmal in der Woche geputzt würden.

Mr. Amiden saß am Küchentisch. Er hielt einen schweren Krug in der Hand und stützte sich mit den Ellbogen auf das rotkarierte Tischtuch.

Mrs. Amiden, seine Frau, spülte das Geschirr.

Aber wo war Bill? Becca spähte durch den türlosen Türrahmen ins nächste Zimmer, aber auch dort war nichts von ihm zu sehen. Sie wollte Mr. Amiden fragen, wo er war, doch dann begegnete sie seinem Blick und sah etwas in seinen Augen, das sonst nicht da war. Nein, sie wollte lieber gar keine Fragen stellen.

„Rachel sagte, daß du mit mir sprechen willst!" Auch seine Stimme klang irgendwie fremd, obwohl er so sanft und leise wie immer redete. Mrs. Amiden stellte einen Teller in den Geschirrständer und wandte sich halb um. In ihrem breiten, roten Gesicht lag ein flehentlicher Ausdruck, als sie Becca anschaute, aber sie sagte kein Wort. Wahrscheinlich wußte sie, daß es besser war, den Mund zu halten, wenn Mr. Amiden so ein Gesicht machte.

Becca holte tief Luft. Sie hätte nicht gedacht, daß es so schwer war, eine Verräterin zu sein. „Ich muß erst mit Bill sprechen, vorher kann ich Ihnen nichts sagen. Wo ist er?"

„Er sitzt in seinem Zimmer oben und schweigt. Aber du solltest lieber gleich mit der Sprache herausrücken. Wir wollen die Wahrheit wissen, und keine Geschichten, die ihr euch zusammen ausdenkt."

„Wir denken uns überhaupt keine Geschichten aus!" rief Becca empört und ballte die Fäuste. „Aber wenn ich Bill schon verrate, dann will ich es ihm wenigstens vorher sagen. Bitte, lassen Sie mich mit ihm reden, ich komme auch gleich wieder zurück. Ehrenwort!"

Schließlich sagte Mrs. Amiden: „Ed, du hast doch gesagt, daß Becca ein gutes Mädchen ist. Warum soll sie nicht mit Bill reden?"

Mr. Amiden winkte ungeduldig ab, und Mrs. Amiden wandte sich wieder ihrem Geschirr zu. Aber dann schaute er Becca an und nickte. „Also gut, sprich mit ihm. Aber nur fünf Minuten, hörst du?"

Becca nickte. Sie ging durch den türlosen Türrahmen hinaus, überquerte den Linoleumboden im Wohnzimmer und lief dann die blanken Holzstufen hinauf. Oben war eine Tür abgeschlossen, die anderen Zimmer waren leer. Sie klopfte an die geschlossene Tür. „Bill? Ich bin's, Becca. Kann ich reinkommen?“

Die Tür ging auf, und Bill streckte den Kopf heraus. Seine Augen waren rot und die Nase geschwollen. „Wenn es unbedingt sein muß!“ brummte er.

Becca folgte ihm in sein Zimmer und riß die Augen auf. Die Wände waren über und über mit Kreidezeichnungen bedeckt. Die Zeichnungen waren nicht fertig; Becca mußte an die Küche unten denken, weil die Zeichnungen auch so aussahen, als ob Bill die Absicht hätte, eines Tages daran weiterzuarbeiten. Aber sie waren trotzdem gut – wirklich gut. Zwischen den Fenstern drängte sich eine ganze Schar von Zugpferden; einige legten sich in die Leinen und schleppten nicht vorhandene Baumstämme, andere keilten aus oder tänzelten, wieder andere grasten friedlich. Die Wand neben der Tür war mit Gesichtern ohne Körper und Körpern ohne Gesichter bedeckt. Ein paar von diesen Leuten ohne Gesichter sahen wie Mr. Amiden aus. Mr. Amiden im Sitzen, im Gehen, beim Pferdestriegeln. Seltsam, daß man ihn auch ohne Gesicht sofort erkannte. Aber am allerschönsten war die Wand neben dem Bett. Sie war von oben bis unten mit Skizzen von Dancer bedeckt: ein übermütig auskeilender Dancer, der trabende Dancer, Dancer, wie er seinen Kopf gegen eine gesichtslose Gestalt rieb, die Rachel glich. Alles, was Becca an Dancer so liebte, war in diesen Bildern – seine Lebendigkeit, seine Gutmütigkeit, sein ungebrochenes Vertrauen.

„Also, was gibt's?“ fragte Bill.

Becca riß ihre Augen von den Bildern los und versuchte, etwas Nettes zu sagen, damit er wußte, daß sie auf seiner Seite war. „Die sind schön", sagte sie und zeigte auf die Wand mit den Dancer-Skizzen. „Toll, daß du auf deine Wände malen darfst, das macht bestimmt Spaß."

Bill zuckte die Achseln. „Ed sagt, er hat nichts dagegen, solange ich mit Kreide male. Kommt billiger als Papier, und man kann alles wieder wegwischen, wenn er die Wände streicht."

„Deine Bilder wegwischen! Aber sie sind doch so schön!"

„Das interessiert Ed nicht", sagte Bill.

„Mr. Amiden glaubt, daß ich etwas über dich weiß, und er will, daß ich ihm verrate, was du gemacht hast. Ich dachte, vielleicht ist es gut, wenn ich ihm sage, daß du dich mit diesem Mann getroffen hast. Vielleicht glaubt dann die Polizei nicht mehr, daß *du* die ganzen Sachen gestohlen hast, und dann können sie dich nicht nach Westminster zurückschicken. Aber ich wollte dich vorher fragen, ob du einverstanden bist!"

Bill starrte sie wieder so an wie an dem Tag, an dem sie ihm die trockenen Kleider gebracht hatte.

„Also?" fuhr sie fort. „Du hast nicht viel Zeit zum Überlegen. Mr. Amiden glaubt, daß wir uns eine Geschichte ausdenken wollen, und deshalb soll ich in fünf Minuten zurück sein."

Bill rollte sich auf seinem Bett zusammen und drückte sein Kinn auf die Knie. „Ist mir egal, was du ihnen erzählst!" Seine Stimme klang brüchig.

„Nein, das kann dir nicht egal sein! Du willst doch hierbleiben, oder?"

Bill schleuderte eine Locke aus den Augen, als er zu ihr aufschaute. „So, glaubst du? Meinst du, ich will ewig bei einem sturen Hinterwäldler leben?"

„Bill! Wie kannst du so etwas Gemeines sagen! Was glaubst du eigentlich, wer du bist? Ein Märchenprinz, oder was?“

Bill sah ein bißchen zerknirscht aus. „Aber es ist doch wahr!“ sagte er. „Ed kann gut mit Pferden umgehen, aber mehr auch nicht. Er hat ja nicht mal einen richtigen Schulabschluß. Ich weiß es, ich habe ihn gefragt. Mein Vater war an der Kunstakademie.“

Becca machte ein paar Schritte auf sein Bett zu. „Dein Vater mit seiner Kunstakademie kann mir gestohlen bleiben! Mr. Amiden kümmert sich wenigstens um dich, nicht so wie dein Vater, oder? Sonst wärst du nämlich nicht hier, und sie hätten dich auch nicht in das gräßliche Heim gesteckt oder zu diesen anderen Leuten gebracht, wo du immer ausgerissen bist.“

„Das ist nicht seine Schuld!“ rief Bill. Er warf einen Blick auf die Tür, dann fügte er etwas leiser hinzu: „Mein Vater hat einfach Pech gehabt, das ist alles. Und es ist auch nicht so wichtig, wo sie mich hinbringen, weil er bald wieder alles im Griff hat. Er will nur noch genug Geld zusammenbringen, dann kommt er und holt mich.“

„So?“ sagte Becca. „Und wie oft hat er dir das schon versprochen?“ Im nächsten Augenblick tat ihr das schon schrecklich leid. Bill sah genauso aus, wie sie sich gefühlt hatte, als sie vor Rachel zugeben mußte, wer die Bücherfee in Wirklichkeit gewesen war. Er schluckte ein paarmal heftig.

„Becca?“ tönte Mr. Amidens Stimme vom Treppenhaus herauf. „Die Zeit ist um!“

„Einen Augenblick noch!“ rief sie zurück.

Bill schluckte immer noch, aber sie mußte ihn einfach fragen. „Soll ich es ihm sagen?“

Er schüttelte den Kopf.

„Du hast doch ... du hast doch diesem Mann nicht geholfen, das Zeug zu stehlen, oder?"

„Geht dich nichts an!"

„Nein, hör doch mal", flüsterte sie. „Es geht mich doch was an. Rachel sagt, vielleicht hast du dich früher mal auf schlimme Sachen eingelassen, weil du dir Geld für Zeichenstunden verdienen wolltest. Ist das so?"

Er schüttelte den Kopf, aber er schaute sie nicht an.

„Becca!" erklang es von unten.

Sie mußte gehen. Mr. Amiden hörte sich sehr ernst an. Sie sah Bill an, aber er sah sie nicht an, sondern krümmte sich noch mehr zusammen. Mein Gott, wie hatte sie nur so etwas sagen können! Angenommen, ihr Vater wäre Alkoholiker gewesen, und man hätte sie von einem Pflegeplatz zum nächsten gegeben ... Hätte sie dann nicht einfach daran glauben müssen, daß er kommen und sie holen würde? Ganz bestimmt! Rachel hatte unrecht. Die Wahrheit war nicht so wichtig; wie sollte man das Leben ertragen, wenn man sich nicht in seine Märchenwelt flüchten konnte?

„Bill", flüsterte sie. „Es tut mir leid, daß ich so über deinen Vater geredet habe. Er ist bestimmt sehr nett."

Bill rührte sich nicht und schaute auch nicht auf, also ging sie auf Zehenspitzen aus dem Zimmer und dann ganz langsam die Treppe hinunter. Mr. Amiden wartete auf sie. Als sie unten war, drehte er sich um und ging schnurstracks zur Küche. Seine Schultern sahen jetzt nicht mehr eingesunken aus.

Mrs. Amiden war mit dem Abwasch fertig. Sie und Rachel saßen am Tisch und tranken Kaffee. Mr. Amiden setzte sich zu ihnen. Für Becca war kein Platz mehr frei, es sei denn, sie würde durchs ganze Zimmer gehen und sich den vierten Stuhl holen, der an der ungestrichenen Wand lehnte. Becca wollte aber lieber stehen.

„Also", sagte Mr. Amiden.

Becca schüttelte den Kopf. „Er will nicht, daß ich es Ihnen erzähle."

„Natürlich will er das nicht, wenn er etwas zu verbergen hat, oder?"

„Aber er hat nichts zu verbergen. Jedenfalls nicht das, was sie glauben. Er hat die Sachen nicht gestohlen. Er sagt, er war es nicht. Und er hat auch anderen Leuten nicht geholfen, die Sachen zu stehlen."

„Welchen anderen Leuten?" fragte Rachel schnell.

Becca zögerte. „Also, wenn er einen Fernseher gestohlen hätte, wie hätte er ihn dann allein zur Sägemühle schaffen sollen? Da hätte ihm doch jemand helfen müssen."

„Becca", sagte Rachel, „gibt es irgendeinen Hinweis dafür, daß Bill sich heimlich mit jemandem getroffen hat?"

„Also, ich bin ihm einmal nachgeschlichen, weil ich wissen wollte, wo er hingeht. Und ich habe niemanden gesehen." Das stimmte. Gesehen hatte sie nur Bill.

„Dann muß er aber ziemlich oft fortgewesen sein, wenn du dir die Mühe gemacht hast, ihm nachzugehen, ja?"

Es war ihr nun mal herausgerutscht, sie konnte es jetzt nicht mehr zurücknehmen.

Mr. Amiden schaute sie mit seinem seltsamen Blick an, der die Leute dazu brachte, ihm zu gehorchen.

„Warum hast du uns nicht gesagt, daß er heimlich weggegangen ist, Becca?"

Sie drängte sich wie schutzsuchend in Rachels Nähe.

„Weil Bill mir nie etwas davon gesagt hat. Das heißt doch, daß er es für sich behalten wollte.“

Rachel warf Mr. Amiden einen Blick zu. „Ich habe Ihnen ja gesagt, daß sie eisern zu ihm halten wird, oder?“ sagte sie. Sie drehte sich wieder zu Becca um. „Sieh mal, Kind, im allgemeinen ist es eine gute Sache, wenn man die Geheimnisse seiner Freunde nicht ausplaudert. Aber in diesem Fall handelt es sich bei dem Geheimnis möglicherweise um einen Diebstahl, und ganz bestimmt sind außer Bill noch andere Leute in die Sache verwickelt. Ich würde dir gern noch ein paar Dinge dazu sagen, in Ordnung?“

Becca nickte stumm.

„Bill ist jetzt fast vierzehn. Seit seinem siebten Lebensjahr war er in elf verschiedenen Pflegefamilien, diese hier nicht mitgerechnet, und eine Zeitlang in Westminster. Er ist überall fortgelaufen. Ein paarmal haben ihn die Leute vom Jugendamt gleich am nächsten Tag wieder aufgegriffen, und zwar achtzig Kilometer weit weg. Und jedesmal gab es an dem Ort, an dem er gerade war, eine Reihe von Diebstählen, bevor er verschwand. Da liegt doch der Verdacht nahe, daß er mit einer Bande zusammenarbeitet, die ihn zum Ausreißen und Stehlen anstiftet, oder?“

Es sah schlimm für Bill aus, wenn das stimmte. „Aber Bill würde sich nie mit so einer Bande einlassen!“ sagte sie laut.

„Hängt ganz davon ab, was er dafür bekommt“, entgegnete Rachel.

„Bill macht sich nichts aus Geld!“

„Ich spreche nicht von Geld. Ich meine etwas anderes – Anerkennung, Freunde. Du sagst doch, daß er in der Schule keine Freunde hat. Auch Einzelgänger können sehr einsam sein, Becca.“

Sie schüttelte den Kopf. Damit konnte man Bill nicht herumkriegen. Sie kannten ihn einfach nicht, wenn sie das glaubten. „Es ist nicht wahr!“ Sie fühlte, wie ihr die Tränen in die Augen stiegen.

Die Erwachsenen schauten sie mitleidig an, aber es war ganz offensichtlich, daß sie sie nicht überzeugen konnte, was sie auch sagte. „Ihr könnt doch nicht einfach zuschauen, wie die Polizei ihn abholt!“ sagte sie mit erstickter Stimme. „Einfach so. Wollt ihr denn gar nichts tun, um die Wahrheit herauszufinden?“

„Nun mal langsam“, sagte Mr. Amiden. „Ich halte ihm die Polizei vom Leib, solange es geht. Schließlich gibt es da eine Menge Möglichkeiten. Wenn Bill uns nicht sagt, wer ihm hilft – und den Teufel wird er tun, soviel ist sicher –, dann müssen wir diesen Kerlen mit anderen Mitteln auf die Spur kommen. Wir haben bloß gehofft, daß du uns helfen könntest. Das ist alles.“

„Also“, schloß Rachel. „Bist du sicher, daß du alles gesagt hast, was du weißt?“

Becca war hin- und hergerissen. Die eine Becca hätte ihnen gern von dem Motorschlitten und dem Mann mit der Jacke erzählte, aber die andere Becca nicht: die Becca, die todsicher wußte, daß Bill niemals Sachen für andere Leute stehlen würde.

Rachel schob ihren Stuhl zurück, und das bedeutete, daß sie gleich aufbrechen würden.

„Wissen Sie, wer ihm vielleicht helfen könnte, Mr. Amiden?“ sagte Becca schnell. „Bills Vater. Er vermißt ihn, das weiß ich von Bill. Wenn Sie ihm erlauben, daß er Bill besucht – vielleicht würde Bill ihm sagen, was los ist, und dann könnten Sie ihm helfen, aus der Sache herauszukommen.“

Mr. Amiden schüttelte den Kopf. „Du hast schon recht, Becca. Ich weiß auch, daß Bill seinen Vater vermißt. Alle Jungen, die bei mir waren, haben davon geträumt, eines Tages zu ihrer richtigen Familie zurückzugehen, auch wenn sie dort noch so schlecht behandelt wurden. Aber Bills Vater hat sich aus dem Staub gemacht, als Bill in Westminster war. Vielleicht hat er inzwischen seinen Namen geändert. Wir wissen jedenfalls nichts von ihm. Es kann gut sein, daß er sich schon zu Tode getrunken hat."

Becca starrte ihn mit aufgerissenen Augen an. „Weiß Bill das?" fragte sie.

Der harte Ausdruck war jetzt aus Mr. Amidens Gesicht verschwunden. „Willst du es ihm sagen? Willst du ihm sagen, daß sein alter Herr einfach verschwunden ist und daß es ihn den Teufel schert, was aus seinem Sohn wird?" Er schüttelte den Kopf. „Ich habe es mir oft überlegt. Wahrscheinlich wäre es richtig, ihm das zu sagen. Aber ich bringe es nicht übers Herz."

„Jetzt ist auch nicht der richtige Zeitpunkt dafür", wandte Rachel ein. „Wir müssen erst mal diese andere Sache aufklären." Sie sah Mrs. Amiden an. „Es ist schon spät", sagte sie. „Wir sollten jetzt besser gehen. Rufen Sie mich an, wenn Sie morgen früh mit Sergeant Dave gesprochen haben, Ed? Ich will gern alles tun, was ich kann."

Als sie am Haus vorbeifuhren, sah Becca Licht in Bills Zimmer oben. Sie fragte sich, ob er wohl immer noch zusammengekrümmt auf seinem Bett saß und sich nach seinem Vater sehnte.

Rachel bog in die Einfahrt ein. Becca rutschte vom Sitz herunter und ging langsam ins Haus. Sie lauschte dem Vogelgezwitscher und dem lauen Wind, der oben auf dem Hügel durch die Ahornbäume strich.

„Rachel? Glaubst du, daß Bill wie Dancer wäre, wenn ihm nie etwas Böses geschehen wäre? Vertrauensvoll, offen, freundlich?"

„Möglich, ja!" antwortete Rachel nachdenklich.

Becca mußte plötzlich daran denken, wie Bill vom Zaun gesprungen und auf den Reitplatz gelaufen war, um Dancer herumzuführen. Und wie er ausgesehen hatte, als er mit Dancer redete – bevor er sich wieder in den gewohnten mürrischen Bill verwandelt hatte. Sie schaute zu Rachel auf. „Das ist ... traurig."

„Ja", sagte Rachel, „sehr traurig."

Sie nahm Becca in die Arme, bevor sie die Tür aufmachte, und Becca war so traurig und unglücklich wegen Bill, und überhaupt, daß sie Rachel am liebsten auch umarmt hätte.

Mrs. Arnold hielt ihr Versprechen. Als Becca am nächsten Tag von der Schule nach Hause kam, war Gandalf schon da. Er stand in seiner Box und sah sehr schön und sehr unglücklich aus. Tief ließ er den Kopf hängen und blickte nicht auf, als Becca ihn begrüßte.

„Du mußt ihm Zeit lassen", sagte Rachel, als Becca aufgeregt in seiner Box stand und ihm zuschaute, wie er lustlos seinen Hafer fraß. „Es dauert immer eine Weile, bis ein Pferd sich an einen neuen Stall gewöhnt."

Also ließ Becca ihm Zeit. Sie wartete einen ganzen Tag, bevor sie ihn putzte. Eine ganze Woche lang brachte sie ihn jeden Tag auf die Wiese mit den Apfelbäumen und hielt ihn am langen Führstrick, während er unter den weißen Blütenzweigen graste. Patty meinte, das sei übertrieben, aber Rachel und Mr. Amiden sagten, daß sie es genau richtig machte. Ja, am Ende dieser langen, langen Woche riet ihr Mr. Amiden sogar, daß sie mit dem Reiten noch warten sollte. Er legte eine Hand auf ihre Schulter. „Du mußt Geduld haben – jeder weitere Tag zahlt sich auf Dauer aus."

„Und wenn du willst", sagte Rachel, „kannst du in der Zwischenzeit mit Dimwit trainieren."

Dadurch wurde Becca die Wartezeit natürlich ein bißchen versüßt. Springen machte wirklich Spaß, wenn man erst einmal die Angst davor überwunden hatte. Und Dimwit sprang gern. Trotzdem fiel es ihr schwer, zu warten.

Bill war sehr schwierig. Das war eigentlich auch kein Wunder, denn die Erwachsenen waren ihm jetzt ständig auf den Fersen und machten ihm das Leben schwer. Mrs. Standish paßte auf, daß er jeden Tag nach der Schule in den Bus einstieg. Rachel kam und holte sie ab, und Bill blieb keinen Augenblick unbewacht, wenn er die Boxen ausmistete; entweder war Rachel in der Nähe oder Mr. Amiden. Ganz klar, daß ihm das auf die Nerven ging. Er redete jetzt überhaupt nicht mehr und machte so ein bitterböses Gesicht, daß Becca nicht einmal den Versuch machte, nett zu ihm zu sein.

„Hast du keine Angst, daß er einfach wegläuft?" fragte sie Rachel eines Tages.

„Er kann nicht weglaufen", entgegnete Rachel. „Was glaubst du wohl, warum wir ihn so gut bewachen? Weil wir das erwarten. Es ist mir selbst nicht recht, aber es gibt eben keine andere Möglichkeit, ihn zu entlasten. Ed hat Sergeant Dave gesagt, daß Bill sich mit jemandem trifft. Also bewacht die Polizei die Sägemühle, und wir warten ab, ob es in nächster Zeit weitere Diebstähle gibt."

Dann lebte der Mann mit der Jeansjacke also nicht in der Sägemühle! Er stellte dort nur die gestohlenen Sachen unter. Gab es noch einen anderen Weg zur Sägemühle? Becca traute sich nicht, Bill danach zu fragen.

Endlich waren Gandalfs zwei Wochen vorbei, in denen er sich eingewöhnen sollte, und Rachel meinte, Becca könnte jetzt versuchen, Gandalf zu reiten. Becca sattelte ihn, zitternd vor Aufregung, und führte ihn zum Reitplatz hinunter. Er benahm sich geradezu musterhaft; Rachel war hocherfreut. Becca wußte gar nicht so recht, was sie mit einem so gut geschulten Pferd anfangen sollte, aber Gandalf wußte immer sofort, was sie wollte. Patty sagte, daß er einfach prächtig aussah. Aber er schien sich nicht prächtig zu fühlen, sondern machte weiter einen müden, traurigen Eindruck. Becca mußte ihn immer wieder antreiben.

„Na, gut. Er ist also nicht so lebhaft wie Goner", meinte Rachel nach einer Stunde. „Das macht nichts. Du mußt ihm Zeit lassen – Zeit, Zeit, Zeit. Er ist jetzt nicht mehr in Form, und er hat ein schlimmes Erlebnis gehabt. Er ist seelisch verletzt. Und dann dauert es eben länger." Sie seufzte, und Becca konnte sich nicht so recht erklären, warum. „Jedenfalls braucht er mal ein bißchen Bewegung, und zwar draußen im Gelände. Das wird ihn aufmuntern. Morgen reiten wir mit ihm aus."

„Super!" rief Patty. „Dürfen Goner und ich mitkommen?"

„Ihr müßt mitkommen", sagte Becca. „Gandalf und ich, wir kennen doch die Wege hier gar nicht!"

Also ritten sie am nächsten Tag zusammen aus. Ein

Geländeritt mit dem eigenen Pony, das war irgendwie das Schönste. Und Becca spürte deutlich, daß Bill sie glühend beneidete. Zu dumm, daß er nicht mitkommen konnte. Er konnte ja reiten; er ritt jeden Tag Mr. Amidens Pferde zur Wasserstelle hinunter. Und Mr. Amidens Pferde gingen bestimmt nicht nur gemütlich dahin, da war Becca ganz sicher.

„So, und wohin jetzt?" fragte Patty, als sie mit Xeno und Tommy vor ihnen die Straße hinunterritten. „Aber ich weiß schon! Rachel sagte, wir sollten den breiten Weg zu dem Berg dort nehmen."

Becca wäre lieber zur Sägemühle geritten, aber das hatte ihnen Rachel ausdrücklich verboten. Also in eine andere Richtung. Es war einfach wunderbar. Die Wälder wurden allmählich grün, und auf dem Pfad wuchs das Gras so üppig, daß Goner und Gandalf immer wieder stehenbleiben wollten. Patty erzählte munter von den Turnieren, an denen sie im Sommer teilnehmen würden; aber Becca, die nur halb hinhörte, fragte sich, ob sie schon gut genug dafür war.

„Schau mal, da vorn kommt eine lange, ebene Strecke", sagte Patty. „Wie wär's mit einem kurzen Galopp?"

Becca zögerte. Rachel hatte ihr gesagt, nicht gleich zu galoppieren. Aber Patty ritt schon an, da trieb auch Becca ihr Pony an. Gandalf machte ein paar tänzelnde Schritte und wurde lebendig. Die ebene Strecke führte zwischen zwei Fichtengehölzen hindurch. Der Boden war mit Fichtennadeln bedeckt, und die Pferdehufe waren kaum zu hören. Goner wurde schneller, und Gandalf galoppierte leise schnaubend hinterher. Toll! Das war ein wunderbares Gefühl, schöner, als dauernd nur longiert zu werden! Vor ihnen machte der Pfad eine Biegung nach links, und

Patty und Goner verschwanden hinter der Kurve. Gandalf beschleunigte sein Tempo, denn er wollte Goner nicht verlieren. Becca sah gerade noch, wie Goner über einen umgestürzten Baumstamm setzte. Im nächsten Augenblick flog sie über Gandalfs Kopf. Sie sah den Stamm unter sich vorbeisausen, dann landete sie mit einem dumpfen Aufprall auf dem Waldboden.

Patty war schon ziemlich weit voraus, aber sie schaute über die Schulter zu Becca zurück. Sofort wendete sie Goner und kam mit ihm zurück. „Du liebe Güte! Hast du dir etwas getan?“ Sie stieg ab.

Becca zitterte am ganzen Körper. Sie betastete vorsichtig ihre Arme und Beine; anscheinend war alles heil, also stand sie auf. „Nein, ich glaube nicht. Wo ist Gandalf?“

Patty lachte. „Er war schon auf dem Weg zum Stall, als ich mich nach dir umgedreht habe. Das machen sie immer, wenn man stürzt und die Zügel nicht festhält. Wie sagt Rachel immer so schön? Das passiert einem nur *einmal*! Entschuldige, Becca, ich wollte dich nicht auslachen. Mir ist das letzten Sommer auch passiert, und jetzt lasse ich die Zügel nicht mehr los, komme, was wolle! Aber warum weinst du denn? Ach, komm! Ich gehe mit dir zurück. Goner mag es nämlich nicht, wenn man zu zweit auf ihm reitet.“

Der Rückweg war länger, als Becca gedacht hatte, und daß ihr alle Knochen wehtaten, machte die Sache nicht besser. Nachdem sie etwa zwanzig Minuten lang mit dem ruhig ausschreitenden Goner gegangen waren, fing Tommy zu bellen an, und gleich darauf kam Rachel auf Gandalf um die Wegbiegung geritten. Sie war weiß wie ein Laken. „Ist dir nichts passiert?“ fragte sie und sprang ab. „Ist er durchgegangen? Oder hat er gebockt?“

„Becca fehlt nichts", sagte Patty. „Das war bloß dieser blöde Baumstamm, Gandalf hat eine Vollbremsung gemacht, anstatt zu springen." Daß es Beccas Fehler gewesen war, sagte sie nicht.

Rachel tastete Beccas Arme ab, was eigentlich überflüssig war. Aber Becca war froh, als sie ihr wieder auf Gandalfs Rücken hinaufhalf. Sie wußte, jetzt mußte sie unbedingt weiterreiten.

„Dann hat er also verweigert", sagte Rachel, die neben ihr ging. „Wie dick war der Stamm?"

Becca hielt ihre Hände etwa dreißig Zentimeter auseinander.

„Und Goner war vorn?"

Becca nickte.

Rachel schüttelte den Kopf. „Fast jedes Pferd springt über ein Hindernis von dieser Größe, wenn ein anderes Pferd die Führung hat. Vielleicht ist er früher doch mal schwer gestürzt, wer weiß? Aber ihm ist jetzt nichts passiert, mach dir keine Sorgen!"

Beccas Hände wurden eiskalt. Hatte Rachel etwa die Absicht, Gandalf zurückzubringen – jetzt, wo sie ihn gerade richtig kennenlernte?

„Keine Angst", sagte Rachel, die ihre Gedanken erriet. „Er bleibt bei uns. Ist doch klar. Und wir arbeiten mit ihm auf dem Reitplatz. Du legst ein paar Stangen auf den Boden, dann stellst du eine Schüssel Hafer auf die eine Seite und bringst Gandalf auf die andere. Wenn du Geduld hast, wird er über die Stangen gehen. Wir machen das ganz sanft!"

Becca nickte. Manchmal war es doch gut, bei Rachel zu sein, die so viel über Pferde wußte.

Als sie zum Haus kamen, stand Mr. Amidens Lastwagen

in der Einfahrt, und Mr. Amiden kam ihnen aus dem Stall entgegen. „Ist Bill bei euch?"

„Oh, mein Gott!" rief Rachel.

Becca und Patty erstarrten und schauten einander entsetzt an. Dann schluckte Becca und sagte: „Das ist alles meine Schuld, Mr. Amiden! Ich bin gestürzt, und ich habe die Zügel nicht festgehalten, und da ist Gandy zurückgelaufen, und Rachel dachte ..."

„Tränen bringen ihn nicht zurück, Becca", sagte Mr. Amiden. „Nun, er kann noch nicht weit gekommen sein. Ich fahre gleich los und versuche, Sergeant Dave aufzutreiben. Ich habe ihn auf dem Weg hierher überholt." Er ging zu seinem Lastwagen, und gleich darauf ratterte er die Straße hinunter.

„Vielleicht kommt er doch zurück", sagte Becca impulsiv. „Ich meine, vielleicht will er nur diesen Mann warnen, daß die Polizei hinter ihm her ist."

Rachel starrte sie über Gandalfs Rücken hinweg an. „Was für ein Mann?"

Tiefes Schweigen folgte. Patty schaute fragend von Becca zu Rachel. „Ich glaube, ich sattle jetzt Goner ab", murmelte sie. Dann ging sie mit ihrem Pony leise zum Stall.

Rachel zog Gandalfs Bügel hoch. „Becca! Was für ein Mann?"

„Ich ... ich habe ihn nie gesehen", flüsterte Becca. „Jedenfalls nicht aus der Nähe. Aber ich habe einmal gesehen, wie jemand Bill mit dem Motorschlitten abgeholt hat. Und als ich ihm nachgegangen bin, habe ich ihn mit jemandem sprechen hören. Aber ich hatte mich versteckt und konnte nicht sehen, wer es war!" Sie zog auf ihrer Seite den Steigbügel hoch und stellte fest, daß ihre Hände zitterten. „Dieser Mann hat seine Jacke bei uns im Stall liegen gelassen. An dem Tag, als wir zu Gandalf gefahren sind", fügte sie zerknirscht hinzu. „Aber am nächsten Morgen war die Jacke weg!"

„Er war hier? In unserem Stall? Und du hast mir nichts davon gesagt? Mein Gott, Becca! Begreifst du nicht, wie wichtig das ist!"

Sie nahm Becca schnell die Zügel aus der Hand. „Geh ins Haus", sagte sie ernst. „Ich versorge dein Pony!"

Becca ging zum Haus, sie nahm Tommy mit und gab sich die größte Mühe, nicht in Tränen auszubrechen. Die Küchentür. Die Küche. Die Treppe. Ihr Zimmer. Sie ließ sich auf ihr Bett fallen und zuckte zusammen. Die Stelle, wo sie in den Fichtennadeln gelandet war, schmerzte.

Bill war weggelaufen, und es war ihre Schuld. Sie hätte Rachel und Mr. Amiden von dem Mann mit der Jacke erzählen müssen. Sie hätte alles anders machen müssen.

Gandalf wollte nicht springen. Nicht einmal über diesen dünnen kleinen Baumstamm war er gesprungen! Und Rachel sagte, fast jedes Pferd würde über so ein Hindernis springen. Vielleicht würde sie ihn jetzt doch zurückbringen. Sie hatte ihn nur auf Probe – bis zum 10. Juni. Also würde er wohl bald fort sein.

10. Juni! Was war heute für ein Tag? Sie tastete unter ihrem Kissen nach dem Kalender, aber er war nicht dort. Sie suchte herum und fand ihn schließlich unter dem Bett. Er war ganz verstaubt. In letzter Zeit war so viel geschehen, daß sie vergessen hatte, die Tage durchzustreichen. Das konnte sie jetzt nachholen. Sie saß da und machte ein Kreuz nach dem anderen; es war fast einen Monat her, daß sie den letzten Tag durchgestrichen hatte! Das hier war der Tag, an dem Rachel sie gefragt hatte, ob sie ein Pony haben

wollte. Und das der wichtige Tag, an dem sie zu Gandalf gefahren waren. Und hier der Tag, an dem Tommy fünf Minuten lang „Sitz“ gemacht hatte. Dann der Tag, an dem Gandalf gekommen war ... 25. Mai: Das war heute. Sie schrieb neben den 25. Mai „G. zum ersten Mal geritten. B. ist weggelaufen.“ Dann strich sie den Tag durch, so fest sie nur konnte.

Das Leben war schrecklich. Aber sie konnte etwas dagegen unternehmen. Wozu hatte sie sonst die ganzen Kreuze gemacht? Doch nur, um die Tage zu zählen, bis sie Mr. Jarvis schreiben konnte, daß sie nach Hause zurück wollte. Sie mußte ihm jetzt gleich schreiben!

Lieber Mr. Jarvis,
es ist jetzt fast Juni, und Sie haben mir gesagt, daß Sie mich nach Kalifornien zurückholen, wenn es mir in Vermont nicht gefällt. Es gefällt mir überhaupt nicht. Alles geht schief, und Rachel ist die ganze Zeit böse auf mich.
Ich möchte gern meinen kleinen Hund mitbringen. Er heißt Tommy und ist noch jung, aber er ist gut erzogen und macht keine Schwierigkeiten.
Sie können mir schreiben. Rachel läßt mich meine Post selbst aufmachen. Bitte, bitte holen Sie mich zurück.
Ihre
Rebecca Davidson

Ein seltsames Gefühl, wenn man es so schwarz auf weiß vor sich sah. Schließlich war Rachel ja nicht immer böse, gar nicht. Aber trotzdem, hier war alles so schwierig. Und wozu sollte sie bleiben, wenn Bill fort war; wenn Gandalf in diesen Reitstall zurückgebracht wurde, und Rachel so oft böse auf sie war ...

Becca schaute zum Fenster hinaus. Rachel war unten auf dem Reitplatz und brachte den Zaun in Ordnung. Sie konnte den Hammer bis hier oben hören. Becca ging auf Zehenspitzen die Treppe hinunter und suchte auf Rachels Schreibtisch nach dem Adreßbuch. Da war es! Sie schrieb Mr. Jarvis' Adresse sorgfältig auf ihren Umschlag, steckte den Umschlag in die Tasche und schlenderte in die Küche hinüber, als ob nichts geschehen sei.

Es war Patty. „Rachel hat sich jetzt beruhigt", sagte sie. „Ich glaube, du kannst wieder rausgehen."

Becca schüttelte den Kopf. „Ich warte lieber noch ein bißchen."

„He, was hast du nur angestellt?" fragte Patty. „So aufgeregt habe ich Rachel noch nie gesehen!"

„Ach, ich wußte ein paar Sachen über Bill, die ich ihr nicht gesagt habe, als sie mich danach fragte!"

„Wirklich? Na, kein Wunder, daß sie so böse war! Oh! Das ist meine Großmutter! Ich muß jetzt gehen. Kopf hoch, Becca. Rachel ist bestimmt bald wieder friedlich."

Becca hatte plötzlich eine Idee. „Würdest du den Brief für mich einwerfen?" Sie reichte Patty den Brief.

„Klar!" Patty warf einen Blick auf die Adresse. „Hast du etwa einen heimlichen Verehrer in Kalifornien?"

„Quatsch. Das ist ein Freund."

„Natürlich." Patty lachte. „Ich werfe den Brief gleich nachher ein. Du kannst dich auf mich verlassen!"

Bill kam nicht zurück. Weder in jener Nacht noch in den folgenden Nächten. In der Schule ging die Neuigkeit wie ein Lauffeuer herum, und alle Kinder fragten Becca, ob sie wüßte, wo er war. Aber keiner von ihnen machte sich ernsthaft Gedanken um Bill, das sah Becca ganz deutlich. Sie fanden es nur schrecklich aufregend, daß einer aus ihrer Schule tatsächlich weggelaufen war, anstatt bloß damit zu drohen. Nach einer Woche ließen sie Becca mit ihren Fragen in Ruhe.

Becca fühlte sich oft unbehaglich. Immer wenn Rachel mit ihr redete, sprach sie von Plänen für die Sommerferien oder für das nächste Jahr. Sie schien nichts zu bemerken. Und Becca fühlte sich jedesmal hundeelend. Bald würde Mr. Jarvis sie zurückholen, und sie würde in ein Flugzeug steigen und Vermont für immer verlassen. Es war ja keine richtige Lüge, daß sie Rachel nichts davon sagte, aber sie kam sich trotzdem schäbig dabei vor.

Und dann Gandalf. Sie hatten nach Rachels Anweisung jeden Tag mit ihm geübt, auf dem Reitplatz über Stangen zu gehen. Mit viel Geduld und etwas Hafer hatte Rachel ihn davon überzeugt, daß das nicht gefährlich war. Und Becca hatte ihr dabei geholfen.

Rachel hatte die Stangen immer höher gesetzt, neunzig Zentimeter zum Schluß, und er war immer darübergesprungen. Schließlich dachten sie, er habe seine Angst überwunden, und Becca ritt ihn auf eine Stange zu, aber kurz vor dem Hindernis brach er seitwärts aus, und sie fiel natürlich wieder aus dem Sattel. Es war, als ob Gandalf mit einem Menschen auf seinem Rücken das Hindernis einfach nicht nehmen konnte – da war er blockiert. „Die alte Erinnerung kommt zurück", sagte Rachel und klopfte nachdenklich den Hals des grauen Ponys.

Am Memorial Day, dem Nationalfeiertag, sagte Rachel zu Becca: „Du holst jetzt einmal dein Pony aus dem Stall und reitest mit ihm aus, ja? Ich kann es einfach nicht mehr mit ansehen, wie du hier trübsinnig herumhängst. Du solltest ihn unbedingt wieder reiten!"

„Aber Patty ist übers Wochenende verreist. Darf ich denn allein ..." stotterte Becca.

„Natürlich reitest du ihn allein. Nimm Tommy mit, er ist inzwischen ein guter Reitbegleiter!"

Becca lief zum Stall hinüber. Ihr Blick wanderte an den Boxen entlang. Die Pferde dösten alle. Aber woher war das leise Wiehern gekommen? Am anderen Ende des Stalls ragte Gandalfs grauer kleiner Kopf über die Boxentür. Er schaute Becca erwartungsvoll entgegen.

„Warst du das?" fragte sie und streichelte seine feine Mähne. Er warf den Kopf auf, das hieß, daß er eine Karotte wollte. Wie immer hatte sie eine mitgebracht. Sie gab ihm die Karotte und wartete darauf, daß er mit verträumtem Blick über ihren Kopf hinwegstarren würde, wenn er fertig war. Aber statt dessen senkte er seinen feinen Kopf und stieß mit der Nase gegen ihre Tasche.

„Oh, Gandy!" Sie schlang die Arme um seinen Hals. „Endlich! Endlich kommt dieses Zeichen von dir!" Jetzt faßte er endlich doch Vertrauen zu ihr, und sie ließ ihn im Stich. Was würde mit ihm geschehen, wenn er zu Mrs. Arnold zurückgebracht wurde? Wieder ein neuer Platz. Ob Rachel ihn auch behalten würde, wenn Becca nicht mehr da war? Sie führte das Pony zum Anbindebalken hinaus, und sie war jetzt noch unglücklicher als vorher.

Als sie ihn gesattelt hatte, ritt sie mit ihm den Pfad entlang, der zur Sägemühle führte. Den Weg kannte sie so ungefähr, Patty hatte ihr die Richtung gezeigt. Es war ein schöner ebener, breiter Weg, auf dem man wunderbar reiten konnte. Und alles war jetzt grün! Das helle Grün des Vorfrühlings war inzwischen in ein dunkleres, kühleres, lichtgesprenkeltes Grün übergegangen, hier und da leuchteten die ersten Butterblumen aus dem Gras hervor. Sommer. Die Schule war bald aus. Wenn sie in Vermont bleiben würde, könnte sie den ganzen Tag reiten, immer mit Gandalf zusammensein. Aber es war zwecklos, darüber nachzudenken. Sie mußte ja zurück. Tränen stiegen ihr in die Augen, als sie den munter wippenden Pferdekopf vor ihr sah.

Als sie etwa zehn Minuten lang geritten waren, machte der breite Weg eine Biegung nach links, rechts zweigte ein schmaler Pfad ab. Tommy schnüffelte am Boden des schmalen Pfades und wollte offenbar dort hinunterlaufen, aber Becca rief ihn zurück.

Tommy wedelte mit dem Schwanz und lief neben Gandalf her. Der Weg führte jetzt den Hang hinunter, zwischen ein paar riesigen Bäumen hindurch, und dann auf eine Lichtung, auf der junge Ahornbäumchen, Weiden und Brombeersträucher wuchsen. Das war wohl die Stelle, wo alles abgeholzt worden war. Es sah ziemlich wüst aus, und Becca tat es leid um die schönen großen Bäume, die für die Sägemühle gefällt worden waren. Vielleicht schwebten die Baumgeister noch um dieses Gestrüpp herum und trauerten der Vergangenheit nach.

Becca dachte immer noch an die Bäume, als sie zur Sägemühle kam. Die Mühle war völlig verfallen, nur an einer Stelle war noch ein Teil erhalten. Dort waren früher die Stämme hineingeschoben worden und als Bretter wieder herausgekommen. Becca stieg ab und führte Gandalf zu der Stelle, an der früher die Sägen gewesen waren. Vom Dach war nur noch ein kleines Stück übrig, es hing gefährlich schief nach einer Seite. Darunter war es kühl und sehr still. Ein ausgezeichnetes Versteck. Sie konnte verstehen, warum Bill, nein, nicht Bill, sondern dieser andere, die gestohlenen Sachen hier versteckt hatte.

Becca zog Gandalf herum, ging mit ihm den Pfad zurück und stieg wieder auf. Auf der anderen Seite der Sägemühle entdeckte sie noch einen kleinen Weg. War das eine Abkürzung? Es reizte sie plötzlich, diesem Pfad zu folgen und herauszufinden, wohin er führte. Sie lenkte Gandalf hinauf, und er ging willig los. Während Becca so dahinritt, veränderte sich der Wald allmählich. Das Gestrüpp ging in ein Ahornwäldchen über, das dicht mit Farn überwuchert war, und der Weg mündete in eine Straße mit zwei Fahrspuren ein. Plötzlich blieb Gandalf stehen und warf den Kopf auf. Tommy spitzte ebenfalls die Ohren. Und dann hörte Becca es auch. Eine Stimme, und zwar eine erregte Stimme. Sie schien von vorn zu kommen, aber es mußte noch ziemlich weit weg sein. Dann hörte sie eine andere Stimme, diesmal eine leisere, verängstigte.

Becca trieb Gandalf an, und er ging widerstrebend weiter. Aus irgendeinem Grund war er aufgeregt, so gut kannte sie ihn schon, daß sie das genau fühlte. Ein paar hundert Meter weiter unten sah Becca einen Schneezaun. Dahinter duckte sich ein Haus, oder zumindest die größere Hälfte davon. Der rückwärtige Teil war eingestürzt, aber der Teil um den Schornstein herum sah noch gut

7 10271-8

erhalten aus. Das Haus grenzte direkt an das Ahornwäldchen; die andere Seite des Grundstücks war mit Gestrüpp und jungen Baumstämmen überwuchert. Vermutlich war das einmal der Vorgarten gewesen. Rachel sagte immer, sobald die Menschen ausziehen, ziehen die Wälder wieder ein. Aber die Leute hier waren nicht ausgezogen. Sie hörte ja ihre Stimmen.

Und dann sah sie einen von ihnen – einen großen Mann, der etwas in der Hand trug. Sein Gang war ein bißchen seltsam, schwankend, und er schimpfte ärgerlich vor sich hin. Gandalf machte einen Schritt zurück; Tommy fing leise an zu knurren.

Das war jedenfalls nicht der richtige Weg nach Hause. Sie würde sich unter gar keinen Umständen noch näher an diese Leute heranwagen. Sie wendete das Pony, und Gandalf ging zu der Stelle zurück, wo der schmale Pfad abzweigte. Tommy sprang sofort hinauf, und Gandalf strebte ebenfalls in diese Richtung. Sollte sie es wagen? Eigentlich sah der Pfad eher wie ein ausgetrocknetes Bachbett aus.

Gandalf meinte, daß sie es riskieren sollte. Er kletterte zügig den Hang hinauf, seine Hufe schleuderten Kieselsteine, kleine Ästchen und Stöcke in alle Richtungen. Becca legte sich über seinen Hals und klammerte sich an seine Mähne, damit die vorbeischnellenden Zweige ihr nicht ins Gesicht schlugen. Gandalf trat noch einmal an, dann sprang er auf einen breiten Weg hinaus. Becca setzte sich wieder auf und schaute sich verdutzt um. Sie waren wieder auf dem breiten Grasweg, genau an der Stelle, wo Tommy die kleine Abzweigung beschnüffelt hatte! Also waren sie im Kreis geritten! Das war gut, dann brauchte sie jetzt nicht den Hügel wieder hinunterzureiten. Sie warf noch einen Blick über die Schulter zurück. Du liebe Güte! Das ging ja schön bergab!

„Du bist ein braver Junge, weißt du das?“ sagte sie zu Gandalf. „Nicht viele Ponys würden so einen steilen Weg hinaufsteigen. Und ich bin nicht mal abgesessen. Bitte entschuldige!“ Sie klopfte seinen Hals, der kein bißchen verschwitzt war. Im Schritt ritten sie zu Rachels Hof zurück. Tommy war bereits weit voraus. Sorgfältig putzte Becca das kleine graue Pony. Ob es möglich war, daß er sich für Jessicas Fernbleiben nach dem Sturz selbst die Schuld gab? Wollte er wirklich deshalb einfach nicht mehr springen? Sanft streichelte sie Gandalfs Mähne.

Rachel war nicht in ihrem Arbeitszimmer. Das war seltsam. Sie war nicht beim Paddock oder im Stall gewesen, und der Lieferwagen stand in der Einfahrt. Becca schaute aus dem Fenster. Da war Rachel. Sie saß auf dem großen Felsbrocken auf der anderen Straßenseite. Becca ging zur Tür hinaus und quer über die Butterblumenwiese zu Rachel hinüber.

Rachel schaute kaum auf, als Becca kam, und das war ungewohnt. Vielleicht kam sie mit einem ihrer Zeitschriftenartikel nicht weiter; das passierte manchmal, und dann lief sie eine Weile draußen herum und dachte nach. In solchen Fällen mußte man sie in Ruhe lassen.

„Hallo“, sagte Becca vorsichtig und setzte sich in einigem Abstand von Rachel ein Stück weiter unten auf den Felsblock.

Endlich schaute Rachel sie an, aber ihre grünen Augen waren ausdruckslos. „Bob Jarvis hat vor einer halben Stunde angerufen“, sagte sie mit einer merkwürdig tonlosen Stimme. „Er sagt, du hast ihm geschrieben!“

Beccas Ohren fingen an zu dröhnen. Sie mußte etwas

sagen, das wußte sie, aber sie fand keine Worte. Sie starrte zu den Bergen hinüber.

Schließlich brach Rachel das Schweigen. „Warum hast du mir denn nichts gesagt, Kind? Wir hätten es doch auch anders machen können, wenn ich gewußt hätte, daß du hier unglücklich bist."

Becca starrte weiter auf die Berge. Vor ihr flogen zwei Krähen über das Tal und krächzten einander zu. Unten auf dem Feld saß ein Star auf einem Brombeerstrauch und flötete vor sich hin, während er im leichten Windhauch hin- und hergeschaukelt wurde. „Ich ... es ist ja gar nicht ..."

Rachel wartete geduldig, aber Becca konnte nicht weiterreden, weil sie nicht wußte, was sie überhaupt sagen wollte. Sie hatte geglaubt, daß Rachel einen Zornesausbruch bekommen würde, wenn sie von dem Brief erfuhr. Sie sah ganz schnell zu ihr hinüber, dann schaute sie schnell wieder weg. Rachel sah gar nicht wütend aus. Sie sah aus ... wie Gandalf am ersten Tag in seiner neuen Box. Oder wie Bill, als sie ihn gefragt hatte, wie oft sein Vater ihm schon versprochen hätte, daß er kommen und ihn holen würde. Oder wie Beccas eigenes Gesicht im Spiegel, als Papa gestorben war. Man konnte nicht viel tun, wenn jemand so aussah, das wußte Becca nur zu gut. Sie stand auf und wollte gehen, aber Rachel hielt sie mit einer Hand fest. „Bleib hier. Bob hat diese Woche geschäftlich in Boston zu tun. Er sagt, er will herkommen und mit uns beiden sprechen. Übermorgen!"

Übermorgen! Aber das war doch erst der 2. Juni! Und sie hatten Gandalf noch bis zum 10. Juni! Er konnte sie doch nicht schon vorher abholen! Und wie sollte sie herausfinden, wie es mit Bill weiterging, wenn Mr. Jarvis sie schon übermorgen abholte? Und die Schule war erst am 15. Juni zu Ende! Das ging alles nicht. Sie schaute wieder auf das friedliche Tal hinunter. Der Star war weggeflogen.

Rachel sagte nichts mehr, also ging Becca. Sie wanderte langsam zum Stall hinüber und lehnte sich an Gandalfs Boxentür. Er begrüßte sie, als sie hereinkam und die Arme um seinen silbergrauen Hals legte, und sie schluchzte auf. Es war unmöglich, ihn zu verlassen. Er prustete leise über ihr Haar, und das machte sie nur noch unglücklicher. Tommy lag unter dem noch nicht geputzten Sattelzeug auf der Stallgasse. Er sprang auf, als Becca vorbeiging, und folgte ihr ins Sonnenlicht hinaus. Sie streichelte ihn. Würde Mr. Jarvis ihr erlauben, ihn mitzunehmen? Es würde ihm bestimmt gut gefallen in Santa Barbara. Aber wenn er nun nicht mitkommen durfte?

Sie ging eine Weile auf dem Hof herum und warf Tommy ein paar Stöckchen zu, dann ging sie in ihr Zimmer hinauf. Übermorgen. Sie schaute in den Kalender und blätterte die Seiten mit den durchgestrichenen Tagen durch. Mein Gott, als sie hierher gekommen war, hatte sie geglaubt, es würde niemals Juni werden. Und jetzt war der Juni viel schneller gekommen, als ihr lieb war.

Trotzdem dauerte es eine Ewigkeit bis übermorgen. Rachel gab sich Mühe, fröhlich zu sein, aber es war eine aufgesetzte Fröhlichkeit, das spürte Becca genau. Gespräche wurden beinahe unmöglich, denn die Dinge, über die sie sonst miteinander geredet hatten, waren jetzt verbotene Themen: wie sie

Gandalf zum Springen überreden konnte oder wie gut sich Dancer schon an den Sattel gewöhnt hatte. Und keiner der beiden wollte über Mr. Jarvis sprechen, obwohl Becca kaum an etwas anderes denken konnte. Rachel ging es wahrscheinlich ebenso, vermutete Becca.

So war es geradezu eine Erlösung, als Patty am Donnerstag nach der Schule herüberkam und Becca ihr die Sache mit Jessica und Gandalf und Gandalfs Trauer erklären konnte. Patty fand, daß es stimmte. „Natürlich ist es so. Er bringt den Sprung, den Sturz und Jessicas Verschwinden in Zusammenhang miteinander. Aber das war mir von Anfang an klar!" Patty, die immer lachte, war ganz ernst geworden. „Wir müssen ihm beweisen, daß du nicht mehr verschwindest, nur weil er über ein Hindernis geht!"

„Weißt du", sagte Becca, „es stört ihn komischerweise nicht, wenn ich einfach herunterfalle. Ich kann mich nicht oben halten, wenn er ausbricht, und er schaut sich dann um und wartet ganz ruhig, bis ich wieder aufstehe!"

Patty nickte. „Goner macht das auch so, wenn ich falle. Er guckt mich immer ganz unschuldig und verdutzt an!" Dann schaute sie plötzlich auf. „Du! Aber wir stehen ja auch gleich wieder auf, oder? Jessica nicht. Erinnerst du dich? Sie mußten sie aus dem Parcours tragen. Vielleicht hat er wirklich geglaubt, daß er sie verletzt hat. Wie sagt Rachel immer? Pferde gehorchen ihrer eigenen Logik, nicht unserer! Außerdem ist das doch verständlich. Gandalf ist ein sehr sensibles Pony!"

Sie strich sich die Haare aus dem Gesicht. „Aber weißt du", sagte sie, „Menschen sind nicht viel anders in manchen Dingen. Als meine Eltern gestorben sind, wußte ich ja, daß sie tot waren. Ich war bei der Beerdigung, und ich war auf dem Friedhof."

Becca nickte. Das verstand sie gut.

„Aber als ich dann nach Hause kam, hatte ich nur einen Gedanken im Kopf – meine Mom rufen und ihr alles erzählen. Ist das nicht verrückt? Und lange Zeit habe ich immer noch geglaubt, daß ich eines Tages zu meinen Eltern zurückgehen würde. Es war einfach noch keine Realität für mich, daß sie tot waren ..."

Becca wartete, ob sie noch etwas sagen würde. Manchmal vergaß man völlig, daß Patty ihre Eltern verloren hatte. Sie wirkte immer so fröhlich.

„Siehst du", sagte Patty und gab Gandalf einen liebevollen Klaps. „Wenn ich das allmählich gelernt habe, warum nicht auch Gandalf? Komm, wir probieren mal, ob wir ihm sein Vertrauen wiedergeben können!"

Draußen auf dem Parcours führten sie Gandalf über ein paar Cavaletti. Er folgte ihnen willig und schien sich zu wundern, was das Ganze zu bedeuten hatte. Sie arbeiteten konzentriert eine Stunde lang mit ihm und am Ende sprang Gandalf so brav neben Patty und mit Becca über die Stangen, als ob er nie etwas anderes getan hätte. Höhere Sprünge brauchte er nicht zu machen, das hatte Zeit.

Als Becca ihn zum Stall zurückbrachte, ging Patty schnell zu Rachel und Mr. Amiden, der eben gekommen war. „Ja, wirklich! Es hat geklappt! Er hat es geschafft! Morgen müßt ihr mit auf den Platz kommen und zuschauen. Und es war alles Beccas Überzeugungskunst. Immer wieder hat sie's versucht. Ich habe nur mitgeholfen, weil ihn jemand am Zügel führen mußte."

Ob es in Kalifornien auch so liebe Mädchen wie Patty gab? dachte Becca.

Patty half Becca, Gandalf trockenzureiben, dann ging

sie mit ihr zum Auto, um Mrs. Ellrow zu begrüßen, die gekommen war, um ihre Enkelin abzuholen.

„Becca, mein Liebes“, Mrs. Ellrow streckte ihre Arme durch das offene Wagenfenster und nahm Beccas Hand. „Rachel sagt, daß du uns verlassen willst. Stimmt das?“

„Wie!“ stieß Patty fassungslos hervor. „Wo gehst du hin?“

„Zurück ... nach Santa Barbara“, Becca starrte auf die Straße.

„Aber Becca! Und was ist mit Gandalf? Und mit Tommy und mit ...?“

„Mit Rachel?“ sagte Mrs. Ellrow sanft.

Kein Wunder, dachte Becca, daß sie so überrascht waren. Sie wußten ja nichts von Santa Barbara, und es war schwierig, ihnen zu erklären, wie es mit Rachel und ihr war. „Ja“, sagte sie nach kurzem Zögern. „Rachels Anwalt kommt morgen her. Er will mit uns darüber reden.“

„Du mußt verrückt sein, wenn du weggehst“, sagte Patty verständnislos. Sie hatte feuerrote Wangen bekommen.

„Patty, bitte!“ sagte Mrs. Ellrow ruhig. Sie lächelte Becca an. „Ich bin froh, daß du noch mal darüber sprechen willst, bevor du dich endgültig entscheidest. Es kann nie schaden, wenn man sich so etwas reiflich überlegt.“ Sie ließ Beccas Hand los. „Jedenfalls wünsche ich dir, daß du die beste Lösung für euch findest!“

Patty kletterte langsam in den Chevy, und Mrs. Ellrow wendete den Wagen und fuhr davon. Durch die Staubwolke, die der Wagen aufwirbelte, sah Becca, wie Patty sie aus dem Rückfenster her anstarrte.

Becca ließ die Füße schleifen, als sie in den Stall ging. Dort war jetzt sicher niemand mehr. So konnte sie in Gandalfs Box gehen und dort nachdenken.

„Hallo, Becca!“ Es war Mr. Amiden.

Hatte er auf sie gewartet? Wie war er hierher gekommen?

„Hallo“, sagte sie und versuchte, ein fröhliches Gesicht zu machen. „Haben Sie etwas von Bill gehört?“

„Nichts, gar nichts“, sagte er. „Und das wundert mich. Weißt du. Wenn er sonst ausgerissen ist, haben sie ihn bald darauf wieder auf der Straße oder in einem Laden gefunden. Aber diesmal ist er spurlos verschwunden. Und deshalb denke ich mir, daß er sich vielleicht irgendwo hier in der Nähe versteckt.“

„Hier in der Nähe? Aber die Polizei hat doch alles abgesucht!“

„Ein Junge findet leicht ein Versteck, wo die Polizei nicht hinkommt“, entgegnete Mr. Amiden. „Deshalb bin ich hier. Ich wollte fragen, ob ihr beiden Mädchen ein bißchen nach ihm Ausschau halten könntet, wenn ihr im Wald reitet. Ich bin schon selbst ein wenig herumgeritten, obwohl Hank und Sue eigentlich keine Reitpferde sind. Aber das ist immer noch besser, als zu Hause zu sitzen und darüber nachzugrübeln, wann sie ihn endlich finden werden. Ich mache mir große Sorgen!“

Becca nickte, aber sie hörte nicht richtig zu. Hatte Rachel ihm gesagt, daß sie weggehen würde? Warum sollte sie es Mrs. Ellrow erzählen und Mr. Amiden nicht? Aber vielleicht hatte sie ihm doch nichts gesagt. Schließlich behauptete Rachel, daß Mr. Amiden Beccas treuester Fan sei. Vielleicht hatte sie es einfach nicht übers Herz gebracht, ihn mit dieser Nachricht noch unglücklicher zu machen. Sie blickte in seine wasserhellen, graublauen Augen, und er lächelte sie an. Er wußte es nicht. Er würde nicht so lächeln, wenn er es wüßte. Aber sie konnte es ihm nicht sagen. „Ich mache mir auch Sorgen um Bill. Ich reite morgen los und suche ihn, ja?"

„Warte doch, Mädchen!" rief er. „He, wo willst du hin?"

„Ich muß Rachel noch ein bißchen im Haus helfen", sagte Becca, während sie den Rückzug antrat. „Ich soll mich beeilen, hat sie gesagt."

„Also gut. Ich muß auch gehen", erwiderte er. Bis zu seinem Lastwagen ging er neben ihr her, und die ganze Zeit lag seine große Hand wie tröstend auf ihrer Schulter. Sonst hätte ihr das gefallen, aber jetzt – jetzt machte sie sich ganz schnell von ihm los, als sie den Lastwagen erreichten.

„Wiedersehen", stieß sie hervor. Und dann rannte sie ins Haus, so schnell sie konnte, damit er nicht sah, daß sie weinte.

Rachel wußte nicht genau, wann Mr. Jarvis kommen würde. Er hatte morgens eine Besprechung in Boston, danach wollte er ein Auto mieten und nach Vermont fahren. Es lohnte sich nicht, zu Hause zu bleiben und auf ihn zu warten, meinte Rachel. Also ging Becca zur Schule. Das war völlige Zeitverschwendung. Sie hatte die ganze Zeit nur einen einzigen Gedanken im Kopf. War es richtig, daß Mr. Jarvis sie zurückbringen würde? Wollte sie es wirklich?

Sie grübelte darüber nach, als sie aus dem Bus ausstieg und den Hügel hinaufging. Als sie oben war, dachte sie wieder an Bill. Sie blieb stehen und schaute zu den Bergen hinüber. Hier waren sie stehengeblieben, als sie zum erstenmal miteinander nach Hause gegangen waren. An dem Tag, an dem Becca die Pferde nicht richtig ausgespannt hatte. An dem Tag, an dem Bill mit einem geschwollenen Gesicht zurückgekommen war. Ein Schauer lief ihr über den Rücken, dann sprang sie mit einem großen Satz von der Straße herunter, denn hinter sich hörte sie ein Auto hochfahren.

Das Auto fuhr nicht an ihr vorbei. Es hielt an, und der Fahrer kurbelte sein Fenster herunter. „Entschuldige bitte“, sagte eine Männerstimme. „Weißt du, ob das die Straße zu Rachel Herricks Haus ist?“

Becca drehte sich um und starrte den Fahrer an. „Mr. Jarvis!“

Er starrte sie verdutzt an. Dann strahlte er. „Rebecca! Ich hab dich nicht erkannt! Wie du dich verändert hast! Steig ein!“ Er sah sie aufmerksam an. „Weißt du, ich habe das Mädchen gesucht, das ich im Januar ins Flugzeug gesetzt habe. Wenn deine Haare nicht wären – ich glaube, ich hätte dich nicht wiedererkannt. Du siehst prächtig aus.“

Hatte sie sich wirklich so verändert? Bei Rachel gab es nicht viele Spiegel, und sie schaute sowieso nur hinein, um nachzuprüfen, ob sie ihren Scheitel richtig gezogen hatte. Aber jetzt mußte sie unbedingt einen Blick in den Spiegel werfen, sobald sie zu Hause war.

„Moment, nicht weiterfahren!“ rief sie, als Mr. Jarvis an dem alten Haus vorbeifuhr. „Da ist es.“

Er bremste, fuhr zurück und holperte dann die Einfahrt hinauf. „Hier lebst du also, ja?“ sagte er und schaute sich um. „Nicht schlecht, würde ich sagen.“

Hinter ihnen klappte eine Tür, und Rachel kam auf den Hof. Mr. Jarvis breitete die Arme aus, und es machte Becca ganz verlegen, daß jemand Rachel so umarmte. Aber schließlich waren die beiden ja alte Freunde.

„Noch eine Verwandlung!" sagte Mr. Jarvis und trat einen Schritt zurück, um Rachel besser anschauen zu können. „Ich glaube, dich hätte ich auch nicht wiedererkannt. Du siehst einfach großartig aus!"

Wirklich? Hatte Rachel sich verändert? Nun, vielleicht, dachte Becca. Doch, ja, sie sah gepflegter aus – wie das ganze Haus. Und ihr Gesicht war auch irgendwie anders geworden. Rachel und Mr. Jarvis redeten eine Weile über den üblichen, langweiligen Erwachsenenkram: die Reise, Mr. Jarvis' Geschäfte, die Landwirtschaft in Vermont. Becca wollte sich gerade ins Haus zurückziehen, als Mr. Jarvis auf einmal sagte: „Ich habe gehört, du hast ein Pony, Rebecca. Darf ich es sehen?"

„Ja, klar", sagte sie. „Und Tommy. Wo ist Tommy?"

„Mit Xeno im Haus", sagte Rachel lachend. „Ich wollte Bob vor seinen Begeisterungsausbrüchen bewahren."

„Ach, laß ihn nur heraus, falls du den Hund meinst", sagte Mr. Jarvis.

„Gut, aber dann darfst du dich nicht wundern. Sie sind ganz schön wild!" Rachel lächelte. „Ich muß sowieso wieder hinein. Ich habe Kuchen und ein paar Brote im Ofen." Sie ging ins Haus, und gleich darauf kamen Tommy und Xeno herausgesprungen. Xeno wedelte höflich mit dem Schwanz, aber Tommy stürzte sich mit wildem Begrüßungsgebell auf Becca.

„So, Jungs, jetzt sagt mal guten Tag zu Mr. Jarvis!" sagte Becca dann.

Beide Hunde hoben die rechte Vorderpfote hoch, und Mr. Jarvis schüttelte ihnen der Reihe nach die Hand. „Freut mich, euch kennenzulernen", sagte er ganz ernsthaft.

„Das habe ich ihnen beigebracht“, sagte Becca. „Sind sie nicht toll, die beiden?“

„Und ob. Und groß sind sie. Der kleinere ist schon fast so groß wie der ältere!“ Mr. Jarvis tätschelte die beiden großen schwarzen Köpfe, dann hob er einen Stock auf und schleuderte ihn in die Luft. Tommy rannte bellend hinterher, und Xeno jagte Tommy über den ganzen Hof.

„Na, bitte, aus mit den guten Manieren“, sagte Mr. Jarvis grinsend. „Das hab ich noch bei jedem Hund geschafft. So, und wo ist jetzt dein Pony?“

Becca führte ihn in den Stall. „Ich wußte gar nicht, daß Sie Pferde mögen.“

„Na ja, ein Pferdenarr bin ich nicht gerade, aber dein Pony möchte ich schon gern anschauen. Und Rachels Pferde sind bestimmt auch sehenswert.“

„Bestimmt! Unsere Pferde sind die schönsten der ganzen Gegend, außer vielleicht Mr. Amidens Gespann. Aber sie sind keine Reitpferde. Rachel ist auch den halben Tag mit Putzen und Füttern beschäftigt, sie bekommen auch Spezialfutter!“ Becca zog die Stalltür auf und fragte sich, warum Mr. Jarvis sie so aufmerksam anschaute.

Sie gingen die Stallgasse hinunter und schauten über die Boxentüren. Dancers Box war die zweite in der Reihe. Dancer streckte natürlich den Kopf so weit wie möglich heraus, in der Hoffnung, daß ein Leckerbissen für ihn abfallen würde. Mr. Jarvis streichelte seinen kastanienbraunen Stirnschopf. „Was für ein prächtiges Tier! Ich wußte nicht, daß Pferde so schön sein können!“

„Er gehört Rachel“, sagte Becca stolz. „Sie reitet ihn gerade ein, und Sie würden staunen, wie klug er ist. Er ist hochintelligent. Rachel meint, daß Patty und ich ihn auch irgendwann draußen auf dem Reitplatz reiten können. Er ist ganz lieb und gutmütig, weil er noch nie etwas Böses erlebt hat. Rachel sagt ..."

Und sie sprudelte begeistert und in allen Einzelheiten heraus, wie man junge Pferde richtig erzog – auf „die sanfte Art".

„Ja, ich verstehe", sagte er, als Becca endlich verstummte. „Ich finde es sehr gut, daß du das alles lernst. Rachel ist schließlich eine Kapazität auf dem Gebiet. Hast du gewußt, daß sie als junges Mädchen bei einem Olympia-Trainer Reitstunden gehabt hat? Und sie war lange Mitglied der Nationalmannschaft. Ja, sie war eine hervorragende Reiterin!"

„Rachel? Das hat sie mir nie erzählt!"

„Vielleicht hast du sie nie gefragt", sagte er und schaute Becca wieder seltsam an. „Und wo ist nun dein Pony?"

„Da hinten!" Beccas Augen begannen zu leuchten, als sie zu Gandalfs Box gingen. Der schöne kleine Apfelschimmel schob den Kopf vor und rieb die Nüstern vertrauensvoll an Beccas Schulter.

„Ihr kommt wohl gut miteinander zurecht", meinte Mr. Jarvis. „Alle Achtung, das ist ja wirklich ein rassiger kleiner Kerl! Ich habe mir etwas Zottigeres vorgestellt, weißt du, so ein typisches Kinderreitpony! Der sieht ja richtig edel aus!"

Becca nickte. „Das ist er auch! Er ist ein richtiges Turnierpferd! Das heißt, wenn er sich wieder entschließt, mit Springen anzufangen. Er war sehr erfolgreich, wissen Sie, hat bei vielen Meisterschaften mitgemacht. Er hat etwas Schlimmes erlebt und hat lange getrauert. Jetzt lernt er wieder ganz langsam über ein paar Bodenricks zu gehen. Und Stangen!"

„Das mußt du mir näher erklären", sagte Mr. Jarvis und

tätschelte Gandalf. „Was ist daran so aufregend, wenn ein Pony über eine Stange geht?“

Becca machte Gandalfs Boxentür zu, und sie gingen zum Haus zurück. Unterwegs erzählte sie ihm von den Sorgen, die sie um Gandalf gehabt hatten, und wie sie trotzdem wunderbar mit ihm ausreiten konnte. „Es hat mit Vertrauen zu tun, wissen Sie!“ sagte sie ernsthaft. Es war richtig gut, wieder einmal mit Mr. Jarvis zu reden. Sie hatte ganz vergessen, wie er zuhören konnte, und daß er sie immer wie eine Erwachsene behandelte.

„Nun“, sagte er, als sie in die Küche kamen. „Anscheinend hast du hier eine ganze Menge über Pferde gelernt.“

„Das stimmt, sie hat große Fortschritte gemacht“, sagte Rachel. Sie beugte sich vor, um das Brot aus dem Ofen zu holen, und plötzlich herrschte verlegenes Schweigen. Mr. Jarvis hob eine Katze vom Stuhl herunter und setzte sich.

Rachel nahm das Brot heraus. Becca sagte nichts.

„Also“, sagte Bob Jarvis nach einer Weile. „Ihr könnt doch bestimmt einen starken Mann bei der Stallarbeit gebrauchen?“

„Da mußt du Becca fragen“, entgegnete Rachel. „Sie hat gesagt, daß sie alles allein macht, wenn sie mir nicht beim Hausputz helfen muß.“

„Also, Stallhelfer, was meinst du?“ Er lächelte sie an. Becca starrte auf seinen Anzug, seine Krawatte und die Schuhe, die glänzend poliert waren. In Vermont vergaß man völlig, daß es Leute gab, die solche Sachen trugen. „Sie wollen mir beim Ausmisten helfen? In den Kleidern?“

Rachel und Mr. Jarvis lachten, und das entspannte die Atmosphäre ein bißchen. „Nein“, sagte Bob Jarvis, „ich ziehe mich natürlich um. Willst du mir helfen, meine Sachen reinzutragen?“

Sie half ihm, und es lohnte sich wirklich. Er mistete nämlich nicht nur alle Boxen aus, er spaltete Holz und brachte Rachel ein paar Körbe voll ins Haus, während Becca ihm erklärte, wie man auf einem Holzofen kochte. Er ließ sich von ihr zeigen, wie man die Pferde anspannte, und er schaute ihr zu, wie sie das Gespann zum Misthaufen fuhr, während sie ihm von dem schrecklichen Tag erzählte, an dem sie die Pferde falsch angeschirrt hatte. Er befestigte ein loses Scharnier, das Rachel schon längst reparieren wollte, und Becca erzählte ihm dabei von Bill und Mr. Amiden. Er trug Wassereimer hin und her, während Becca ihm vorschwärmte, was Patty für ein nettes Mädchen war. Die Zeit verging wie im Flug, und als sie mit der Arbeit fertig waren und hereinkamen, wartete schon das Abendessen auf sie: ein kräftiger Eintopf, frisches Brot und Schokoladenkuchen. Ein wahres Festessen. Und wie gemütlich es in dem alten Haus war. Aber das Schönste kam erst noch. Als Becca endlich in ihr Zimmer hinaufgehen wollte, fragte Mr. Jarvis, ob sie nicht Lust hätte, am nächsten Tag die Schule zu schwänzen.

„Im Ernst?" Sie schaute Rachel fragend an. Rachel nickte, und Mr. Jarvis sagte: „Na klar. Immerhin bin ich fast fünftausend Kilometer geflogen, nur um mit dir zu reden. Ich habe zwar auch mit ein paar Leuten in Bosten gesprochen, aber das zählt nicht – sie waren ziemlich langweilig. Und außerdem muß ich am Freitag morgen schon wieder fort, sonst verpasse ich mein Flugzeug, und das wäre schlimm, weil ich doch meine beiden Jungen bei ihrem Fußballspiel anfeuern muß." Er lächelte, so wie eben nur Bob Jarvis lächeln konnte. „Aber wenn du natürlich unbedingt an einem schönen Sommertag in der Schule schmoren willst ..."

„O, nein, nein, bestimmt nicht!"
„Also gut. Gleich nach dem Frühstück machen wir einen Spaziergang zusammen."

Mr. Jarvis hatte allerdings keine Ahnung, wie früh man in Vermont frühstückte. Als er endlich fertig war, hatte Becca schon das ganze Zaumzeug geputzt und Gandalf, Matt und Jeff geputzt. Jetzt war sie gerade mit Dimwit beschäftigt.
„Guten Abend", sie lachte, als er mit den Hunden in den Stall kam.
„Was heißt hier guten Abend? Es ist erst halb zwölf." Er klopfte Dimwits Kruppe, als Becca die Stute in ihre Box zurückbrachte. „Ich komme mir ganz alt und grau neben dir vor, du Landkind."
Sie kletterten auf den Hügel hinter dem Haus, bis zu der Stelle, an der drei riesige Felsblöcke mitten auf einem Feld standen und über das Tal hinausragten. Mr. Jarvis suchte sich den größten Felsen aus, und Becca kletterte hinter ihm her. Zusammen schauten sie über die frisch gemähten grünen Wiesen, über die struppigen Weiden, über die weißen Häuser und die Wälder bis zu den graublauen Bergen hinüber. Dann legte sich Mr. Jarvis ins Gras, ließ sich die Sonne ins Gesicht scheinen und schloß die Augen.
„Also", begann er, „jetzt sag mir doch mal, warum du von hier weggehen willst."
Das würde schwieriger werden, als sie gedacht hatte. Schließlich war er Rechtsanwalt, das hatte sie ganz vergessen, und Anwälte hatten nun einmal die Angewohnheit, einem jedes Wort im Mund herumzudrehen, auch wenn sie ganz bereitwillig zuhörten. Papa hatte gesagt, sie könnten nichts dafür; daran sei ihr Beruf schuld.

„Na ja, sagte sie, während sie in ihrem Kopf fieberhaft alles zusammensuchte, was sie sich vorher zurechtgelegt hatte. „Es ist hier einfach nichts, wie es sein sollte."

„Und warum nicht?"

„Aber Sie kennen doch Santa Barbara! Die goldenen Hügel und die grünen Bäume. Und die vielen Blumen – das ganze Jahr über! Und der Strand! Na, und hier ist das überhaupt nicht so. Wenn Sie wüßten, wie kalt es hier im Winter ist! Und im Frühling ist alles matschbraun, und im Sommer wird alles grün ..." Mein Gott, wie peinlich. Was redete sie da für einen Unsinn! Sie hatte doch etwas ganz anderes sagen wollen!

Mr. Jarvis wartete einen Augenblick, aber als Becca nicht weiterredete, richtete er sich auf und schaute ins Tal hinunter. „Du mußt aber doch zugeben, daß die Gegend hier sehr schön ist", sagte er.

„Das habe ich ja auch gar nicht gemeint", stotterte Becca. „Ich wollte nur sagen, zu Hause war immer alles so einfach und immer gleich, verstehen Sie nicht? Und hier ist alles so furchtbar kompliziert!"

„Wie meinst du das, kompliziert?"

„Na, zum Beispiel Bill. Er hat sich in Schwierigkeiten gebracht, und ich wußte es. Er ist heimlich ausgerissen, aber ich wußte nicht, ob ich es erzählen sollte, oder ob das ganz allein seine Sache war. Zu Hause wäre mir so etwa nie passiert."

„Warum nicht?"

„Weil ich ... weil Papa gewußt hätte, was ich tun muß!"

Mr. Jarvis setzte sich auf. „Und Rachel nicht?"

„Ich habe sie nie gefragt. Ich habe ihr nicht einmal alles erzählt, was ich wußte. Erst an dem Tag, an dem ich Ihnen geschrieben habe. Sie war furchtbar wütend."

„Weil du mir geschrieben hast?"

„Nein, weil ich ihr nicht gesagt habe, daß Bill sich mit einem fremden Mann getroffen hat, immer wenn er von zu Hause weggelaufen ist."

„Dein Vater wäre bestimmt auch wütend gewesen, wenn du ihn belogen hättest!" Mr. Jarvis zog die Augenbrauen hoch.

„Na ja, vielleicht, aber es wäre gar nicht erst soweit gekommen. Weil ich in Kalifornien niemanden so gut gekannt habe wie Bill. Und ich bin ohne Molly und Dad auch nirgends hingegangen. Also stellt sich die Frage überhaupt nicht."

„Man merkt schon, daß du eine Anwaltstochter bist", brummte Mr. Jarvis. „Aber warum hast du Rachel nicht gesagt, was da vor sich ging?"

„Weil Rachel das Gute in anderen Menschen nicht sieht."

Mr. Jarvis machte ein überraschtes Gesicht. „Wirklich? Das paßt aber gar nicht mit den Dingen zusammen, die du mir gestern erzählt hast. Wie Rachel mit diesem Pferd umgeht, Dancer. Wie könnte sie denn so mit ihm arbeiten, wenn sie seine guten Seiten nicht sehen würde?"

„Ja, aber sie hat ihn aufgezogen. Das ist etwas anderes. Außerdem, bei Pferden sieht sie die guten Seiten schon. Nur nicht bei Leuten, die Probleme haben. So wie Bill. Sie glaubt, daß er in einer Märchenwelt lebt. Das hat sie gesagt."

Mr. Jarvis nahm seine Brille ab und putzte sie mit seinem Taschentuch. „Hast du mir nicht gesagt, daß es dumm ist, an Märchen zu glauben?" sagte er. „Rachel meint wahrscheinlich, daß manche Leute sich Geschichten ausdenken, um ihr Leben erträglicher zu machen."

„Richtig! Und sie sagt, daß das falsch ist."

„Halt, warte mal. Vielleicht meint sie es ja gar nicht so. Vielleicht findet sie es ganz in Ordnung, wenn man sich Geschichten ausdenkt, solange man weiß, was man sich ausgedacht hat, und was wirklich geschieht. Würdest du ihr da nicht rechtgeben?"

Becca runzelte die Stirn. „Das verstehe ich nicht!"

„Also, paß auf. Denk an deinen Freund Bill. Gestern hast du mir gesagt, er träumt die ganze Zeit davon, daß sein Vater zurückkommt und ihn rettet. Richtig? Aber es ist ein großer Unterschied, ob man in seinem Zimmer sitzt und davon träumt, wie es wäre, wenn, oder ob man einfach ausreißt, um den Vater zu suchen."

Becca starrte ihn an. „Glauben Sie, daß er deshalb weggelaufen ist?"

„Durchaus möglich. Er läuft weg. Er wird wieder aufgegriffen. Offensichtlich sucht er etwas. Warum nicht seinen Vater, wenn ihm doch so viel an ihm liegt?"

Becca staunte. Also, Mr. Jarvis war wirklich schlau. Keiner war bisher auf die Idee gekommen.

„Oder nehmen wir ein anderes Beispiel", fuhr Mr. Jarvis fort. „Dein Pony. Zugegeben, man kann einem Pony nicht erklären, daß seine beste Freundin tot ist. Aber war es etwa gut für Gandalf, daß er in seiner Box gestanden und darauf gewartet hat, daß Jessica zurückkommt?"

„Auf gar keinen Fall!"

„Und hast du ihm nicht dauernd zu sagen versucht: Hallo, Gandalf, hör auf zu trauern und komm ins wirkliche Leben zurück, zu mir, Becca. Du mußt wieder Vertrauen fassen und weiterleben. War es nicht so?"

Becca starrte ihn an. „Woher wissen Sie das?"

„Du hast es mir gestern selbst gesagt. Vielleicht nicht so

ausführlich, aber du hast es gesagt. Also, fuhr er fort, und seine Stimme klang wie Papas Stimme, wenn er einen Gerichtsfall zusammenfaßte, „dann sag mir mal was. Du lebst hier in diesem schönen alten Haus, mit einem Pony und einem eigenen kleinen Hund und den ersten wirklichen Freunden, die du je in deinem Leben gehabt hast. Und trotzdem träumst du davon, nach Santa Barbara zurückzugehen, wo die Dinge einfacher sind oder die richtige Farbe haben oder was auch immer. Heißt das nicht, daß du im Grunde genommen denselben Fehler machst wie Bill? Daß du einem Traumbild nachjagst?"

„Nein! Nein!" stieß sie hervor.

„Rebecca", sagte er sanft. „Wohin willst du eigentlich zurückgehen?"

Sie stockte. Ja, wohin eigentlich? Immer wenn sie an Santa Barbara dachte, sah sie ihr Haus, ihr Zimmer, Papas Arbeitszimmer und auch Papa vor sich. Aber das Haus war verkauft worden! Papa war tot. Unwiderruflich. Das wußte sie doch. Was war nur los mit ihr? Sie schaute hilflos zu Mr. Jarvis auf.

„Begreifst du nicht, Becca", sagte er sehr eindringlich. „Verstehst du nicht, daß in Santa Barbara nichts mehr auf dich wartet – außer deinen Erinnerungen und deinen Träumen? Die kann dir niemand nehmen, aber du kannst nicht mehr wirklich dorthin zurückgehen!"

Becca starrte auf das Tal hinunter. In der Ferne blitzte ein Licht auf der Straße auf – ein Auto, das in der Sonne funkelte. Sie schaute zu, wie das winzige Auto die Straße entlangkroch, bis es schließlich nur noch ein verschwommener Fleck war. „Ich dachte ... ich muß wohl ... ich habe doch nicht ..." Plötzlich fühlte sie sich schwindlig und streckte eine Hand aus, um sich irgendwo festzuhalten.

Mr. Jarvis nahm ihre Hand und zog sie zu sich herüber, bis Becca in seinem Arm lag. So hatte sie schon lange, lange niemand mehr gehalten, und jetzt war sie eigentlich zu alt dafür. Aber als er sie an sich zog, war es, als ob sich plötzlich ein Knoten löste, der die ganze Zeit in ihr gesteckt hatte, und sie weinte und weinte, während er sie ruhig in seinem Arm wiegte und ihr zerzaustes Haar streichelte.

Als sie endlich aufhörte, wühlte er in seiner Tasche herum und zog ein Taschentuch heraus. Sie wischte ihr Gesicht ab und richtete sich ein bißchen auf, aber sie lehnte immer noch an seiner Schulter. „Es tut mir leid!“ schluchzte sie.

„Warum sollst du nicht darüber weinen, daß du einen geliebten Menschen verloren hast?“ sagte er. „Das ist auf jeden Fall viel besser, als dir vorzumachen, daß du wieder zu ihm zurückgehen kannst.“

Becca schaute über das Tal hinaus, ohne an etwas Bestimmtes zu denken. „Aber Papa hat mich wirklich geliebt“, sagte sie nach einer langen Pause. „Das war kein Märchen.“

„O, nein, das war Wirklichkeit!“

„Rachel hat aber gesagt, daß es ein Märchen sei.“

„Hat sie gesagt, daß er dich nicht lieb gehabt hat?“

„Nein, aber auf die falsche Weise oder so ähnlich.“

„Das ist verständlich, wenn du mal darüber nachdenkst. Dein Papa hat dich so sehr geliebt, daß er dich mit keinem anderen teilen wollte.“

Becca setzte sich kerzengerade auf und rückte von ihm ab.

„Das ist nicht wahr.“

„Becca, hast du gleichaltrige Freunde gehabt?“

Sie schüttelte den Kopf.

„Ein Tier? Einen Hund oder eine Katze?"
Sie schüttelte den Kopf.

„Hat es in deinem Leben noch andere Menschen außer deinem Vater gegeben?"

„Molly!"

„Aber hat er dir erlaubt, mit Molly zusammenzusein, wenn er da war?"

„Wer hätte schon mit Molly zusammen sein wollen, wenn Papa da war?"

„Das kann nur jemand sagen, der sorgfältig dazu erzogen worden ist, nicht zu sehen, was Molly für ein lieber, gutherziger und großzügiger Mensch ist!"

„Ja." Sie mußte Molly endlich einmal schreiben. Molly hatte ihr schon zwei Briefe geschrieben, und sie hatte nie darauf geantwortet. „Aber Papa war ..."

„Ein außergewöhnlicher, witziger und kluger Mensch. Natürlich! Aber sieh mal – er hat genau denselben Fehler gemacht wie vielleicht Bill. Als er begriffen hat, daß er seine Frau verloren hatte, und zwar zum Teil durch seine eigene Schuld, war er tief verletzt. Und er glaubte, er könnte seinen Schmerz auslöschen, indem er seine ganze Liebe auf dich konzentrierte. Er hat sich ein Märchen ausgedacht, Becca, eine Welt, in der er lieben durfte, soviel er wollte – ohne Fragen, ohne Zweifel und ohne Schmerz. Und du warst der glückliche Mensch, der all diese Liebe bekommen hat."

„War das falsch?"

„Damals hielt ich es für einen großen Fehler. Man konnte ja auch in dieser Sache nicht mehr mit ihm reden. Er war so verbohrt. Und wütend. Und deshalb war es nicht so leicht, dahinterzukommen, daß er in Wirklichkeit nur seinen Schmerz ersticken wollte. Ich habe mich mit ihm gestritten. Schließlich waren wir so böse miteinander, daß wir unsere gemeinsame Kanzlei aufgegeben haben, und danach haben wir nie wieder richtig miteinander gesprochen. Ich habe weiter für Rachel gekämpft, weil ich ihren Kummer einfach nicht mitansehen konnte. Aber es hat nicht viel genützt. Wir haben immer wieder verloren, und zum Schluß hat sie sich hier oben in ihrem Elternhaus vergraben, das ihr so etwas wie Schutz und Trost bot, und nur noch für ihre Tiere gelebt!"

Becca erinnerte sich plötzlich, was Mrs. Ellrow gesagt hatte, an dem Tag, als sie sie nach Hause gefahren hatte: „Wenn man unglücklich ist, vernachlässigt man vieles, was einem vorher wichtig war." Dann war sie damals doch auf der richtigen Spur gewesen. Rachel war nicht einfach schlampig. Es gab eine Verbindung zwischen Rachel und dem Haus. Ja, das Haus hatte genauso düster und grimmig gewirkt wie Rachel, als Becca hierher gekommen war. Und jetzt war es ganz anders geworden. Es strahlte etwas anderes aus. Und mit einem Mal verstand Becca, daß ein Haus durchaus Schutz und Trost geben konnte. Sie hatte es gefühlt, aber sie wußte es erst jetzt.

Bob Jarvis fuhr fort: „Ich denke oft, vielleicht hätte ich ein bißchen geduldiger sein müssen. Vielleicht hätte ich warten müssen, bis dein Vater seinen ersten großen Schmerz überwunden hatte. Und wenn ich Rachel dazu überredet hätte, ein oder zwei Monate lang gar nichts zu unternehmen – dann wäre das vielleicht alles nie passiert. Also, Becca, wenn du einen Schuldigen suchst: Ich habe mir auch einiges vorzuwerfen."

„Sind Sie deshalb hergekommen? Weil Sie sich Vorwürfe machen?"

„Zum Teil, vielleicht. Aber hauptsächlich, weil du mich

gebeten hast, dich zurückzuholen. Ich habe dir ja versprochen, daß ich dir helfen würde, wenn du wirklich unglücklich bist!"

Wieder blitzte ein Auto unten auf der Straße auf. Hoch oben kreiste ein Habicht in der Luft. Tommy und Xeno lagen zufrieden im Schatten unter den Felsen. Mr. Jarvis legte seine Hand auf Beccas Knie. „Bist du unglücklich, Becca? Vergiß mal einen Augenblick deine Träume und sag mir, ob du mit deinem Leben hier wirklich unzufrieden bist."

Mit ihrem Leben hier: Tommy. Gandalf, der jetzt endlich Vertrauen faßte. Patty, Mr. Amiden. Und dann Bill, wo immer er auch gerade war. Nein, es wäre ihr schon lieber, wenn sie sich nicht von ihnen trennen müßte.

„Nein", sagte sie schließlich. „Ich bin nicht unglücklich mit meinem Leben hier. Außer ... Rachel. Ihr liegt gar nichts an mir!"

„O nein." Sie hörte an seiner Stimme, daß er ehrlich entsetzt war. „Du bedeutest Rachel viel mehr, als du dir überhaupt vorstellen kannst", sagte er. „Merkst du das nicht? Nicht jeder liebt auf die gleiche Weise. Du bist an eine sehr besitzergreifende Liebe gewöhnt. Du meinst, wer dich liebt, darf dich nicht aus den Augen lassen, darf nicht zulassen, daß du deine eigenen Wege gehst. So ist Rachels Liebe nicht!"

Becca dachte darüber nach. „Aber sie sagt einem nie etwas Nettes ... oder jedenfalls nicht oft. Und sie hat mich auch noch nie umarmt. Fast nie!"

„Vielleicht läßt du sie nicht?" sagte Mr. Jarvis sanft.

Becca schaute über das Tal hinaus. Der Habicht schwebte noch immer dort oben, zog seine Kreise oder schoß plötzlich hoch. Zwei Goldfinken flogen in holprigem Flug vorüber und zwitscherten einander zu. Weiter unten am Hang drängten sich die Kühe des Nachbarn durch eine Waldschneise und trotteten schwerfällig zum Teich.

Becca stand auf und streckte sich. „Ich glaube, wir sollten jetzt zurückgehen."

„Ja, sicher." Er sprang vom Felsen und schleuderte einen Stock in die Luft. Tommy rannte fröhlich bellend hinterher und schnappte ihn knapp über dem Boden.

Der Rest des Tages verging schnell. Mr. Jarvis und Rachel redeten miteinander, und manchmal hörte Becca zu. Sie machten die Stallarbeit zusammen, und sie aßen gemeinsam zu Abend, aber Becca hatte das Gefühl, daß sie gar nicht richtig da war. Ein Teil von ihr war oben auf dem Felsen geblieben und grübelte darüber nach, was Bob Jarvis gesagt hatte. Sie versuchte sich vorzustellen, wie es sein würde, für immer hier zu leben. Sie war ziemlich durcheinander, wie Patty sagen würde. Sie wußte nicht so genau, ob sie nun erleichtert oder traurig war. Die Sommerferien würden mit Reitturnieren, Geländeritten und Schwimmen ausgefüllt sein, das hatte Rachel versprochen. Und sie konnte Mr. Amiden helfen, Bill zu suchen. Sie würde sich also sicher nicht langweilen. Aber andererseits war es irgendwie so traurig. Dabei hatte sie doch im Grunde genommen die ganze Zeit gewußt, daß Papa nicht mehr in Santa Barbara war und daß es sinnlos war, dorthin zurückzugehen, nachdem sie doch eigentlich gern hier lebte.

Sie war sehr froh, als es endlich Zeit zum Schlafengehen war und sie sich in ihr Zimmer verkriechen konnte, ohne unhöflich zu sein. Aber sie konnte nicht einschlafen. Sobald sie die Augen schloß, sah sie Rachel vor sich.

Rachel, wie sie Dancer longierte. Rachel, wie sie oben im Ahornwäldchen hinter dem Gespann herging. Rachel beim Holzhacken. Rachel beim Krapfenbacken. Rachel über ihrer Schreibmaschine. Die weinende Rachel, an dem Tag, als Becca die Pferde nicht richtig angespannt hatte. Rachels erstarrtes Gesicht, als Bob Jarvis letzten Montag angerufen hatte. Wie sollte sie nur einschlafen, wenn dieses letzte Rachel-Gesicht immer und immer wieder vor ihren Augen auftauchte?

Endlich setzte sie sich auf und knipste das Licht an. Sie brauchte jetzt ein gutes Buch. Sie stand auf und musterte ihr Bücherregal. Viel war nicht drauf, nur drei oder vier Bücher aus der Schulbibliothek, und die hatte sie alle schon gelesen. Keines davon war so gut, daß sie es noch einmal lesen wollte. Und wenn man nicht einschlafen konnte, half sowieso nur ein alter Freund. Irgendwo da hinten lag *The Chestry Oak*. Sie hob es auf und wollte schon damit ins Bett zurückschlüpfen, aber dann drehte sie sich noch einmal um und starrte den Bücherhaufen auf dem Fußboden an. Es war nicht sehr nett, seine alten Freunde einfach so herumliegen zu lassen. Und sie konnte ja sowieso nicht einschlafen. Ja, Prinz Michael konnte noch etwas warten. Er würde es verstehen.

Sie hob die Bücher eins nach dem anderen auf, staubte sie sorgfältig ab und stellte sie in ihr Regal. So war es besser! Sie kletterte ins Bett zurück und klopfte auf die Matratze. Das hieß, daß Tommy heraufkommen und ihr Gesellschaft leisten sollte. Sie rückten längere Zeit hin und her, bis jeder seinen Platz hatte, dann klappte Becca das Buch auf und blätterte die Bilder durch, die drin waren. Es waren wunderschöne Bilder. Bill würde dieses Buch bestimmt auch mögen. Prinz Michael vor der großen Chestry-Eiche, die der erste Chestry-Prinz einst gepflanzt hatte. Prinz Michael auf dem Schoß seines Vaters, der ihm von der Geheimarmee erzählte, die die Nazis aus Ungarn vertreiben sollte. Prinz Michael in vollem Galopp auf Midnight, dem schönen, tapferen Chestry-Hengst. Er ritt über eine weite Ebene, und ringsum schlugen Bomben ein. Dann ein ganz schmaler, abgemagerter Michael, diesmal in Amerika. Er blickte über ein Tal hinaus, das hier in der Nähe sein mußte und wo er jetzt bei Mom und Pop Brown auf einer Farm leben sollte. Er war nicht mehr Prinz Michael, sondern nur noch ein verlorener kleiner Junge.

Plötzlich verstand Becca. Sie wußte jetzt, wie das Tal aussah, in dem Michael von nun an leben würde. Früher hatte sie es sich nie so richtig vorstellen können, denn die Täler in Kalifornien sahen ganz anders aus als die auf dem Bild. Sie drehte die Seite um. „Er sah ein tiefes, grünes Tal vor sich liegen, er sah die langgezogenen fernen Bergketten, die sich wie ein Arm um das Tal legten ..." O ja! Es war genau wie in Vermont! Und auf dem Hof, auf den er gekommen war, gab es auch Pferde und Hunde und Katzen und ein weißgraues Haus – wie bei Rachel. Sie schaute wieder in das Buch, und sie wußte, sie würde zu weinen anfangen, wenn sie weiterlas. Das war komisch. Es gab zwar viele traurige und schlimme Stellen in dem Buch, aber die hier gehörte nicht dazu. Nein, Michael hatte geglaubt, er hätte alles verloren, was ihm lieb war, aber als er über das Tal hinausschaute, wußte er, daß es nicht so war. Seine Gedanken waren wie Musik, und es sang in ihm: Das ist mein Tal, ich hab mein Tal gefunden, ich bin nicht mehr allein, mein Tal hat mich gefunden.

Sie kuschelte sich enger an Tommy, blinkerte mit den Augen, um die Tränen zu vertreiben, und las weiter, bis ihr Kopf auf das Kissen fiel.

Später, viel später spürte sie im Halbschlaf, wie ihr jemand das Buch aus der Hand nahm, das Licht ausknipste und sie ganz sanft auf die Stirn küßte.

Mr. Jarvis brachte Becca am Freitag zur Schule. Er müßte sowieso früh losfahren, sagte er zu Rachel, und da könnte sie den Lieferwagen stehen lassen.

Sie redeten nicht viel, als sie in seinem kleinen Mietwagen die Straße hinunterpolterten. Erstens gab es nicht viel zu sagen, und zweitens war Becca noch nicht richtig wach, weil sie gestern erst so spät eingeschlafen war. Bob Jarvis sah auch müde aus. Er gähnte, als er in den Schulparkplatz einbog. „Das ist also dein Gefängnis, wie?“ sagte er lächelnd.

„Nein, die Schule ist schon in Ordnung! Aber es war viel interessanter, als ich noch mit Bill zusammengearbeitet habe. Glauben Sie wirklich, daß er fortgelaufen ist, um seinen Vater zu suchen?“

„Ich weiß zu wenig über die Sache, es ist bloß eine Vermutung.“

„Haben Sie es Rachel gesagt?“

„Ja. Sie meinte, da sei vielleicht was dran. Es war ihr jedenfalls lieber als die Vorstellung, daß Bill sich mit einer Einbrecherbande zusammengetan hat.“

„Mir wäre das auch lieber!“

„Also“, sagte er, „du hältst mich doch auf dem laufenden, ja?“

„Klar. Oh, Rachel hat mir keinen Zettel für die Schule

geschrieben. Ich habe ganz vergessen, sie darum zu bitten."

„Meinst du eine Entschuldigung fürs Schuleschwänzen? Ich schreibe dir eine." Er griff nach seiner Aktentasche, zog ein gelbes Blatt heraus und schrieb etwas darauf. „So. Jetzt darfst du mich noch schnell umarmen. Du mußt los, Becca, du kommst sowieso schon zu spät."

Becca umarmte ihn so stürmisch, wie das in dem engen Auto nur möglich war. „Schade, daß Sie nicht dableiben können. Bei uns!"

Er schaute sie an. „Kannst du ein Geheimnis für dich behalten?"

„Natürlich!"

„Gut. Du weißt doch, daß ich geschäftlich in Boston zu tun hatte, oder? Also, ein paar alte Freunde, die ich noch vom Studium her kenne, möchten sich mit mir zusammentun. Sie haben vor, sich auf solche Dinge wie Sorgerechtsfragen, Kindesmißhandlungen und Pflegeplätze zu spezialisieren. Sie waren gar nicht so langweilig, wie ich behauptet habe. Im Gegenteil, die Sache reizt mich schon länger, seit einem Jahr etwa."

„Heißt das, daß Sie dann in Boston leben?" fragte sie atemlos.

„Vielleicht sogar noch näher. Ein paar von den Orten, die in die engere Wahl kommen, sind nur etwa eine Stunde von hier entfernt. Das Ganze ist noch im Planungsstadium, deshalb habe ich Rachel noch nichts gesagt. Aber wenn Jean und die Jungen einverstanden sind, ziehen wir in spätestens einem Jahr hierher. Und ich glaube schon, daß sie einverstanden sind. Sie waren ganz begeistert, als ich im letzten Oktober zum erstenmal davon gesprochen habe."

„Und warum sind Sie damals nicht hierhergekommen?"

Er warf ihr einen nachdenklichen Blick zu, dann schaute er aus dem Wagenfenster. „Ach, weißt du, ein alter Freund war gerade gestorben, und ich wollte erst sicher sein, daß seine Tochter gut bei ihrer Mutter untergebracht war. In meinem Alter machen ein, zwei Jahre keinen großen Unterschied mehr, Becca. So, und jetzt beeil dich – ab mit dir!"

Sie schlang noch einmal ganz kurz ihre Arme um ihn, dann sprang sie aus dem Wagen. Sie war schon halb den Gehweg zur Schule hinauf, als sie plötzlich begriff, wen er mit dem alten Freund, der gerade gestorben war, gemeint hatte. Mein Gott, wie konnte sie bloß so schwer von Begriff sein! Sie drehte sich um, aber er bog schon in die Hauptstraße ein. Sie schaute ihm nach, wie das kleine Auto um die Ecke verschwand, und stellte sich vor, wie schön es wäre, wenn er und seine Familie wirklich nur eine Stunde von hier entfernt wohnen würden.

„Becca!" Patty stand vor dem Schultor und fuchtelte wild mit den Armen. Becca lief hinter ihr hinein. Patty glaubte ja immer noch, daß Becca wieder fortging. War es wirklich erst zwei Tage her, daß sie das selbst noch geglaubt hatte? Es kam ihr viel, viel länger vor.

„Und?" Patty schaute sie flehend an.

„Ich bleibe hier!" Sie hatte gedacht, Patty würde einen Luftsprung machen, aber da hatte sie sich getäuscht.

„Heißt das, daß sie dich nicht gehen lassen?"

„Nein, das heißt ... weißt du noch, was du über deine Eltern erzählt hast? Wie du nach der Beerdigung deine Mutter rufen wolltest?"

Patty nickte, und auf einmal sah sie viel älter aus als sonst. „Ist schon gut", sagte sie. „Du brauchst mir nichts zu erklären. Wenn du willst, reiten wir morgen zusammen aus."

Becca nickte. Sie war ein bißchen verlegen. „Ja, machen wir."

Sie schwiegen einen Augenblick, dann sagte Patty: „Das solltest du jetzt schnell im Büro abgeben." Sie zeigte auf den Zettel.

„Ja, du hast recht." Becca faltete den Zettel auseinander.

„Ach, du lieber Gott!" Patty schaute ihr über die Schulter, als Becca den Zettel zum zweiten Mal las.

Entschuldigung: Rebbecca Davidson konnte gestern, den 4. 6., nicht zur Schule kommen, weil sie sich mit den intellektuellen und spirituellen Grundfragen der Menschheit auseinandersetzen mußte.

Hochachtungsvoll, R. D. Jarvis, Dr. jur.

„O nein!" Patty kicherte. „Mr. Corey fallen die Augen aus dem Kopf, wenn er das liest."

„Kein Problem", Becca versuchte, ein ungerührtes Gesicht zu machen, so wie Rachel, wenn sie etwas Komisches sagte. „Ich glaube nicht, daß er so schwierige Wörter lesen kann, also wird er den Zettel einfach ablegen!"

Die beiden mußten immer noch lachen, als Becca in Mr. Coreys Büro ging.

Am Samstag morgen klingelte das Telefon, und Rachel nahm den Hörer ab. „Das war Jenny Ellrow", sagte sie. „Patty hat einen Termin beim Zahnarzt. Sie kann heute morgen nicht mit dir ausreiten."

„Dann warte ich eben bis zum Nachmittag."

Rachel schaute aus dem Fenster. „Geh lieber jetzt gleich. Es sieht so aus, als ob ein Gewitter im Anzug ist."

Also sattelte Becca Gandalf und nahm den Weg zur Sägemühle mit ihm. Sie wollte an der Mühle vorbei zum See hinunterreiten. Sie hatte gehört, daß es dort eine Menge Hütten gab, und viele standen leer. Es war gut möglich, daß Bill sich in einer dieser Hütten versteckt hatte anstatt irgendwo in den Wäldern.

Es war weiter, als sie gedacht hatte. Auf der anderen Seite der Sägemühle führte die Straße ein paar Kilometer weit den Hügel hinunter, dann kreuzte sie einen Feldweg und schlängelte sich noch etwa anderthalb Kilometer weit zum See hin. Der Weg führte wohl sonst am Seeufer entlang, aber zu dieser Jahreszeit stand er unter Wasser.

Becca hielt Gandalf an und ließ ihn erst einmal trinken. Während er den Kopf zum Wasser senkte, spürte sie auf einmal, wie schwer und drückend die Luft war. Der See lag völlig still in der Sonne, auf seiner glatten Oberfläche spiegelten sich die Berge und die dunklen Wolken, die sich über den Gipfeln zusammenballten.

Sie sollten jetzt umkehren. Es würde sicher bald regnen, und hier kamen sie nicht weiter. Es würde besser auf dem Weg gehen, der weiter oben verlief. Sie könnte morgen mit Patty zusammen diesen Weg ausprobieren und nach den Hütten Ausschau halten. Becca schaute noch einmal auf den See hinaus. Ob Bill sich wirklich hier in der Gegend versteckte? Oder war er bereits meilenweit fort, auf der Suche nach seinem Vater? Wie sollte sie jemanden finden, der einfach spurlos verschwunden war!

Ein leichter Wind kam auf und kräuselte das Wasser. Über die Tannen, die in der Nähe standen, fegten bereits heftigere Windstöße. „Komm, Gandy, nichts wie weg hier."

Gandalf ließ sich das nicht zweimal sagen. Er galop-

8 10271-8

pierte leichtfüßig den grasüberwucherten Pfad hinauf und peitschte dabei ungeduldig mit dem Schweif; anscheinend ging es ihm noch nicht schnell genug. Hatte Betty Arnold das gemeint, als sie gesagt hatte, daß er früher so lebhaft und übermütig gewesen sei? Im Nu waren sie wieder auf der Straße, und sie hielt ihn ein bißchen zurück. „Guter Junge."

Ein Polizeiwagen stand an der Biegung, und der Polizist, den Rachel und Mr. Amiden „Sergeant Dave" nannten, beugte sich über den Weg auf der gegenüberliegenden Seite. Sein richtiger Name war David Boyd. Amy, seine Tochter, ging in die vierte Klasse, sie würde in diesem Sommer mit ihren ersten Reitstunden bei Rachel anfangen. Becca ritt zu ihm hinüber. „Hallo!"

„Hallo, Becca! Warst du bei der Sägemühle?"

„Nur vorbeigeritten."

„War jemand dort?"

„Ich habe nichts gesehen. Stimmt was nicht?"

„Ach, aus Ballantines Cottage ist etwas Werkzeug verschwunden. Ich wollte eigentlich zur Mühle runterfahren und nachschauen. Aber es soll ein Gewitter geben, und wenn ich da reingerate, komm ich mit dem Wagen auf dem Weg nicht wieder heraus!"

„Ich kann gern mal nachsehen, wenn Sie wollen."

Er schaute zum Himmel auf. „Ich glaube, du solltest lieber nach Hause reiten."

Sie schaute auch nach oben. „Ach, das ist kein großer Umweg für uns!" sagte sie schnell.

Er runzelte die Stirn. „Du hast hier wohl noch nie ein Gewitter erlebt, was?"

„Nein!" Sie schüttelte den Kopf.

„Na, das merkt man. Freiwillig bleibt da nämlich keiner

draußen. Wenn es euch irgendwo erwischt, mußt du mit deinem Pony in Deckung gehen, hörst du? Möglichst tief unten, wo der Blitz nicht einschlägt. Ich habe keine Lust, nach einem langen Arbeitstag auch noch dich und dein Pony einzusammeln."

„Ja, gut." Becca lächelte, obwohl ihr nicht nach Lächeln zumute war. Sie sollten jetzt sofort aufbrechen.

„Weißt du, was?" sagte er. „Ich fahre bei Rachel vorbei und sage ihr, daß ihr schon auf dem Heimweg seid. Sie macht sich sonst bestimmt Sorgen."

„Danke!" Becca trieb Gandalf an, und sie stoben im Galopp davon. Als sie zur Sägemühle kamen, schnaubte das Pony, aber es wollte weiterlaufen. Becca parierte ihn durch. „Hör mal, du Dummerchen", sagte sie. „Es dauert nicht lange, nur eine Minute! Er sagt Rachel, wo wir sind, also können wir ihm ja auch einen Gefallen tun und hier mal nachschauen!"

Gandalf war trotzdem dagegen, aber Becca fand ein paar Zuckerwürfel in ihrer Tasche und lockte ihn damit den schmalen Weg hinunter. Es wurde jetzt richtig stürmisch. Die Brombeersträucher bogen sich zu ihnen herüber, und das Holz der alten Sägemühle ächzte und knirschte, als Becca hineinspähte. Gandalf warf den Kopf auf und blieb stehen. Er weigerte sich jetzt so entschieden, weiterzugehen, daß sie abstieg und ihn den Weg hinauf wieder zurückführte. Etwas knallte gegen ihre Reitkappe, wahrscheinlich ein abgebrochener Ast. Sie schaute sich um, dann nach oben. Der Himmel hatte jetzt eine ganz merkwürdige Farbe: tintenschwarz und an manchen Stellen fast gelb. Etwas Rundes, Weißes traf ihre Hand, Gandalf wieherte erschrocken. Dann fielen plötzlich dicke Hagelschloßen vom Himmel herunter. „Komm, Gandy, wir müssen sofort hier weg!“

Das Pony war so aufgeregt, daß Becca es kaum schaffte, wieder aufzusteigen. Sobald sie im Sattel saß, sprang Gandalf auf die Abkürzung zu. Becca hielt sich an seiner Mähne fest und angelte nach den Steigbügeln. Zweige schlugen ihr ins Gesicht, als sie den schmalen Weg hinaufjagten, und der Wind brüllte ihr immer lauter in die Ohren. Die goldgelben Wälder flammten plötzlich grellweiß auf, dann ertönte ein furchtbarer Donnerschlag. Sie legte den Kopf auf Gandalfs Mähne und kniff die Augen fest zu. Aber das half nichts. Der Hagel prasselte aufs Blätterdach und ließ Blätter und Zweige auf sie fallen, dazu flammte wieder so ein blendender, weißer Blitz auf. Diesmal zischte es richtig, und der Donner folgte fast ohne Pause. Irgendwo in Beccas Kopf ertönte Sergeant Daves Stimme: „... mußt du in Deckung gehen, möglichst tief unten ...“

Sie machte die Augen auf und schaute nach vorne. Sie waren jetzt auf dem breiten Grasweg, kurz vor der Gabelung. Von hier aus war es nicht mehr sehr weit bis zum Hof. Ein Donnerschlag knallte, und Gandalf blieb so abrupt stehen, daß Becca über seinen Kopf geflogen wäre, wenn sie nicht ihre Arme fest um seinen Hals geschlungen hätte. Etwa hundert Meter weiter oben auf dem Weg qualmte etwas. Ein Baum! Der Blitz war eingeschlagen. Der Baum war auf einer Seite ganz schwarz, und während sie noch entsetzt hinstarrte, krachte und knirschte der Stamm, knickte vornüber und donnerte auf die anderen Bäume herunter, die in der Nähe standen.

Becca starrte zu dem steilen Weg hinüber, der jetzt von herabgestürzten Ästen versperrt war. Ob sie das schaffen konnten? Sollten sie es überhaupt versuchen? Plötzlich fiel ihr das Haus ein, das nicht weit von hier entfernt war.

„Komm, Gandy, hier lang! Vielleicht finden wir dort einen Schuppen zum Unterstellen!“

Sie lenkte ihn auf den Weg zu. Er wollte nicht dort hinunter, aber sie gab nicht nach. „Hast du nicht gehört?“ rief sie in den Wind und versuchte, mutig zu klingen. „Hier ist es zu gefährlich! Wir müssen dort runter!“

Es dauerte lange, bis sie das Haus erreichten. Das Pony konnte nur langsam und vorsichtig gehen. Becca war abgesprungen und führte Gandalf. Es regnete nun in Strömen, so daß sie kaum noch die Hand vor Augen sehen konnte. Die Zügel waren naß und glatt, Becca selbst war völlig durchnäßt und zitterte vor Kälte. Aus der grauen Mähne des Ponys lief der Regen. Leise sprach Becca mit Gandalf oder mit sich selbst – sie wußte es nicht.

Da war das Haus! Endlich! Sie führte Gandalf um den Schneezaun herum, wobei sie angestrengt durch den Sturm und Regen nach vorn spähte. Hinter der eingestürzten Mauer stand ein Schuppen. Vielleicht konnten sie sich dort unterstellen. Dann würde der Landstreicher hier nicht einmal merken, daß sie da waren.

Sie führte Gandalf in den Schuppen und tastete in der Dunkelheit mit den Füßen herum. Es war alles soweit in Ordnung. Der Boden war aus festgestampftem Lehm, und auf einer Seite entdeckte sie sogar noch ein freies Plätzchen für das Pony. Als Beccas Augen sich an die Dunkelheit gewöhnten, sah sie eine Menge Flaschen und Tiegel und Reste von einer Malerleinwand auf der anderen Seite, dazwischen altes Gerümpel. Sie band Gandalf an einem Pfosten an und lockerte seinen Sattelgurt. „Wir warten hier, bis es nicht mehr so regnet“, sagte sie zu ihm. Aber das Pony schien sich hier nicht wohl zu fühlen. Gandalf blickte über die Schulter nach hinten, und seine Ohren waren wachsam aufgestellt. Er schien irgendeine unbekannt Gefahr zu spüren.

Becca lauschte, aber außer Wind und Regen hörte sie nichts. Auf dem Hof draußen blitzte ein Licht auf. Gandalf schnaubte, riß am Zügel und rollte die Augen.

„Pst!" flüsterte Becca.

Aber das Pony trat mit geweiteten Nüstern zur Seite.

Dann hörte sie es auch. Da waren Schritte. Dann wieder Stille, als das Licht über das Gestrüpp wanderte, das einmal ein Garten gewesen war. Dann wieder die Schritte. Es kam jemand. Becca hätte sich am liebsten hinter Gandalf versteckt, aber er sprang zur Seite und fuhr heftig zusammen, als er mit der Kruppe gegen die Bretterwand stieß. Etwas, das an der Wand lehnte, stürzte polternd um.

„Wer ist da?" rief eine Stimme.

Becca hielt den Atem an. Ein Lichtstrahl streifte über den dunklen Schuppen, und Gandalf trat unruhig auf der Stelle. Becca machte einen Schritt nach vorn, um ihn zu beruhigen, da fiel der Lichtstrahl genau auf ihr Gesicht und den Ponykopf. Sie erstarrte und konnte jetzt gar nichts mehr sehen.

ZICK-ZACK. Diesmal dauerte es eine Weile, bis der Donner folgte. Aber der Blitz hörte gar nicht mehr auf, und das grelle Licht fiel auf eine Gestalt in der Tür – eine Gestalt, die zu klein für einen Erwachsenen war. Becca schützte sich mit der Hand vor dem gräßlichen Licht und starrte angestrengt zur Tür.

„Becca?" sagte die Stimme. „Was zum Teufel tust du hier?"

Eine vertraute Silhouette zeichnete sich vor dem Halbdunkel draußen ab. „Bill?" stotterte Becca.

„Ja, ich bin's. Oder hast du mich für einen Mörder gehalten?"

„So ungefähr. Du hast mir einen furchtbaren Schrecken eingejagt! Was machst du hier? Mr. Amiden sucht dich überall, und die Polizei und alle andern auch ..."

„Pst!" Er warf hastig einen Blick über die Schulter. „Hör mal, hier könnt ihr nicht bleiben."

„Wieso können wir hier nicht bleiben? Schau raus, wie das tobt! Deshalb sind wir ja hier. Beinahe hätte uns der Blitz getroffen. Es ist gefährlich draußen!"

Er scharrte mit der Spitze seines Turnschuhs auf dem Boden. „Also gut", knurrte er. „Komm ins Haus, wo du in meiner Nähe bist. Aber wenn ich dir sage, daß ihr gehen müßt, geht ihr auch, ja?"

Bill verschwand, Becca gab Gandalf einen beruhigenden kleinen Klaps und lief ihm nach. Er schlüpfte zwischen zwei schiefen Stützpfeilern des verfallenen Hausteils hindurch, und sie fand sich in einem Zimmer wieder, in dem es muffig roch und noch nach etwas anderem, das sie nicht gleich einordnen konnte.

„Komm mit nach vorn", flüsterte er. „Dorthin, zu den Fenstern! Ich muß den Hof im Auge behalten!"

„Warum?"

„Geht dich nichts an", knurrte er ihr über die Schulter zu. Aber als sie in das vordere Zimmer kamen, schaute er ein bißchen freundlicher drein. „Tut mir leid, das hätte ich nicht sagen sollen", meinte er. „Du warst ja eigentlich immer ganz in Ordnung."

Das Zimmer war sicher einmal sehr hübsch gewesen. Es hatte weiße Tapeten mit einem altmodischen Sternchenmuster und eine große Feuerstelle, in die ein Ofen eingebaut war. Der Fußboden war völlig verschmutzt, aber an manchen Stellen schimmerten noch die Holzdielen durch, mit dem warmen Glanz, den nur gut gepflegte Holzböden haben.

„Wem gehört das Haus?“ fragte sie.

„Ich weiß nicht. Uns, nehme ich an!“

„Uns?“

Er überhörte die Frage. „Aber ich gehe fort. Morgen!“

„Wo gehst du hin?“ Becca starrte ihn an.

„Nach Kanada.“

„Ganz allein?“

Er sah sie lange prüfend an, als ob er nicht sicher wäre, ob er ihr die Wahrheit anvertrauen konnte. Endlich seufzte er. „Also gut, hör zu. Ich habe dir doch erzählt, daß mein Vater mich holt und mit mir zusammen weggeht, sobald er das Geld zusammen hat. Erinnerst du dich?“

Sie nickte, und ihre Augen wurden immer größer.

„Also, er hat es geschafft. Er ist im Januar gekommen. Er findet mich immer, egal, wo sie mich hinbringen, eines Tages findet er mich.“ Bills Gesicht war jetzt beinahe weich. „Und dieses Mal hat er ein paar Bilder gemalt und verkauft. Ich habe das Geld dazugelegt, das ich von Rachel für die Stallarbeit gekriegt habe ...“

„Dein ganzes Geld!“ rief Becca überrascht.

„Klar! Schließlich will ich ja bei meinem Vater bleiben“, sagte Bill ganz einfach. „Wofür sollte ich es sonst ausgeben? Alles, was ich brauche, habe ich von Ed bekommen!“

„Ist dein Vater ... ich meine, hat er aufgehört zu ...?“

Bill hob verlegen die Schultern und starrte zum Fenster hinaus. „Es geht ihm gut.“

„Hat ... hat er dich geschlagen, du weißt schon, an dem Tag, als ich die Pferde nicht richtig eingespannt habe?“

„Er wollte mir nicht weh tun“, sagte Bill hastig. „Und

außerdem ist so was seitdem nie wieder vorgekommen. Ich habe ihm gesagt, wenn er das noch einmal macht, haue ich ab, und zwar für immer. Da hat es bei ihm gefunkt. Und dann hat er wieder zu malen angefangen."

„Ist er Maler?"

„Ja, und ein verdammt guter Maler. Er hat früher an der Kunstakademie unterrichtet, und er hat eine Menge Bilder ausgestellt, bevor er ... na ja, vorher eben. Und jetzt holt er gerade das Geld für sein letztes Bild. Er müßte eigentlich schon wieder zurück sein, aber wahrscheinlich hat er sich irgendwo untergestellt, so wie du."

Becca starrte nachdenklich auf die altmodische Tapete.

„Dann ... dann hast du also nichts mit den gestohlenen Sachen zu tun gehabt?"

„Das habe ich dir doch gesagt."

„Und dein Vater auch nicht?"

„Aber ich sage dir doch, das Geld hat er für seine Bilder bekommen."

Sie runzelte die Stirn und starrte auf eines der Tapeten-Sternchen. Sie wußte nicht so genau, ob sie Bill glauben sollte oder nicht. Aber sie hatte nicht das Gefühl, daß er sie anlog.

„Hast du auch gezeichnet?" fragte sie nach langem Zögern.

Diesmal hatte sie das Richtige gesagt. Er kehrte den Fenstern den Rücken zu und lächelte sie an. „Ja, willst du die Bilder sehen?"

Er ging in ein Zimmer, das nach hinten hinausging, und sie folgte ihm. Es war kalt hier drinnen, und in der Wand klaffte ein riesiges Loch. Aber es lagen überall Skizzen herum. Die meisten stammten von Bill, das konnte Becca sehen. Das Haus. Dancer. Immer wieder Dancer. Ein

Baum. Dann ein Portrait – ein faszinierendes Gesicht mit dunklen Augenbrauen, so wie Bill sie auch hatte.

„Ist das dein Vater?"

„Ja. Da drüben sind bessere Skizzen. Wir haben ein paar Tage lange Portraits gezeichnet, und ich habe Fortschritte gemacht." Er zog eine Kohlezeichnung hervor. Sie zeigte dasselbe Gesicht wie vorher. Aber diesmal sah es sehr aufmerksam und zugleich verträumt aus, so wie Bill, wenn er zeichnete.

„Das gefällt mir", sagte Becca. „Du bist wirklich gut, weißt du das?"

Bill zuckte die Achseln. „Wie Rachel schon sagte, ich habe einen guten Lehrer!" Er grinste. „Mann, war ich erschrocken, als sie das sagte! Ich dachte, sie hätte es irgendwie herausgefunden!"

Becca nickte. Sie erinnerte sich daran. „Hast du auch ein paar Zeichnungen von deinem Vater hier?"

Er zog einen Zeichenblock unter dem Tisch hervor und klappte ihn auf. Die meisten Skizzen glichen Bills Zeichnungen – nur, Bills Zeichnungen waren gut, aber diese hier waren professionell, gekonnt. Jeder einzelne Strich war am richtigen Platz. Sie blätterte die Zeichnungen durch. „Oh!"

Bill schaute ihr über die Schulter. „Ach, ja. Das hat er letzte Woche gemacht, als ich schlief!"

Es war Bill. Er schlief fest, und seine harte, trotzige Miene war verschwunden. Da war nur ein sensibles Jungengesicht mit langen Wimpern und empfindsamen Zügen.

Der rechte Arm war über dem Kopf angewinkelt, Bill sah friedlich und entspannt aus.

„Das ist wirklich schön", sagte Becca leise.

Bill schaute die Zeichnung an, und sein Gesicht sah fast so aus wie das auf dem Zeichenblock. „Ja. Ich sage dir doch, er ist gut!"

Plötzlich fuhr er hoch und lauschte. Einige Zimmer weiter vorne ging eine Tür auf. Sie quietschte laut und knallte wieder zu. Eine Männerstimme rief: „Bill!"

Bills Gesicht erstarrte. „Bleib hier, bis ich weg bin", flüsterte er. „Dann schlüpfst du da hinaus, wo wir hereingekommen sind, und reitest nach Hause! Führe Gandalf beim Haus!"

„Warum kann ich denn deinen Vater nicht ...?"

„Bill, wo bist du?" Die Stimme lallte und war sehr laut.

„Nein", sagte Bill tonlos. „Geh jetzt!" Er nahm die Taschenlampe in die vorderen Zimmer mit und ließ Becca im Dunkeln zurück. Ganz weit hinten in ihrem Kopf meldete eine Stimme, daß es zu regnen aufgehört hatte.

„Hallo, Vater!" Bills Stimme klang unnatürlich hoch und dünn. „Hast du das Bild verkauft?"

„Der Mistkerl wollte mir nicht genug Geld dafür geben", lallte die andere Stimme.

„Aber du hast mir doch gesagt, daß er die Hälfte schon mit einem Scheck angezahlt hat. Reicht das nicht für den Anfang?"

„Anfang?" Die Stimme klang verwirrt. „Wovon redest du, was für ein Anfang?"

„Aber du hast doch gesagt ...!"

„Gesagt, gesagt, gesagt! Mußt du mich immer daran erinnern, was ich gesagt habe? Hör mal, warum bleiben wir nicht einfach noch eine Weile hier? Nur wir beide, du und ich? Wir haben es hier doch gut!"

Becca mußte sofort hier raus! Sie mußte Rachel alarmieren! Bills Vater machte es so wie immer – er versprach Bill, daß er genug Geld für ein neues Leben zusammenbringen würde, aber er hielt sein Versprechen nicht! Mit angehaltenem Atem tastete sich Becca Zentimeter um Zentimeter bis zu der Mauerlücke vor.

„In Ordnung, Vater." Bills Stimme war jetzt ausdruckslos. „Dann leg dich jetzt hin, und ich ..."

Becca stolperte über etwas, und das Ding fiel krachend auf den Boden.

„Hast du da hinten jemand versteckt? Die Bullen vielleicht? Oder diesen Amiden?" schrie der Vater.

„Vater!" Bills Stimme wurde immer atemloser. „Das ist nur der Sturm, wahrscheinlich hat er ein paar Dachziegel runtergerissen! Das hast du doch schon tausendmal gehört!"

„Weg da, aus dem Weg, du kleiner Spitzel!" Ein Stuhl fiel polternd um, und Becca hörte schwere Fußtritte auf das Zimmer zukommen. Da war die Lücke! Und jetzt schnell hier raus, bevor er sie entdeckte ...

„Aus dem Weg, habe ich gesagt!"

„Vater ... Vater ... bitte!"

Sie hörte einen gräßlichen dumpfen Schlag, und Bill schrie auf. Becca schlüpfte durch die Lücke hinaus und lief zum Schuppen, so schnell sie konnte. Gandalf schnaubte und tänzelte erregt. Hastig band sie ihn los und wollte ihn hinausführen. Aber halt! Vielleicht war Bills Vater da draußen! Sie stieg besser schon im Schuppen auf, damit sie notfalls gleich losreiten konnte. War er da? Sie trieb Gandalf an, und dann kamen sie aus dem Schuppen.

Er war da, und er war viel größer, als sie ihn sich in ihren schlimmsten Alpträumen vorgestellt hätte. Sein Haar hing ihm wirr ins Gesicht, und er hielt etwas in der Hand. Ein Gewehr? Nein, es war ein Stock.

Gandalf sprang seitwärts, als der Mann nach den Zügeln griff, und Becca fiel beinahe aus dem Sattel.

„Gandy!" schrie sie und krallte sich an seiner Mähne fest.

„O nein, das hast du dir so gedacht!" schrie der Mann. „Du wirst mich nicht verpfeifen, du kleine Hexe!" Er schlug mit seinem Stock nach Gandalf, aber das Pony wieherte entsetzt, sprang zur Seite und raste direkt auf den Bretterzaun zu. Becca rettete sich in den Sattel zurück und faßte nach den Zügeln. Gandalf steuerte tatsächlich den Zaun an, kein Zweifel! Und wenn er dann stehenblieb, saßen sie in der Falle. Sie versuchte verzweifelt, ihn nach rechts zu der Lücke im Zaun zu treiben, aber Bills Vater war viel schneller, als sie es ihm in seinem betrunkenen Zustand zugetraut hätte. Schon lief er auf die Lücke zu.

„Rachel! Hilf mir, Rachel!" schrie Becca.

Plötzlich hörte sie eine Stimme. „Treiben, treiben, und dann reite ihn auf den Zaun zu! Er kann es! Er kann es jetzt!"

Bills Vater war schon fast bei der Zaunlücke, und Gandalf zögerte. Er würde stehenbleiben! Und wenn sie stürzte, würde Bills Vater ... Sie sah den Zaun auf sich zukommen. Noch vier Sätze, sie trieb ihr Pony an. „He!" schrie sie. Und dann flogen sie in einem weiten Satz über den Zaun hinüber und kamen so hart auf der anderen Seite auf, daß Becca beide Steigbügel verlor.

Mühsam kämpfte sie sich in den Sattel zurück und versuchte, die Zügel wiederzufinden. Stachlige Zweige schnellten an ihr vorüber, sie duckte sich mechanisch. Sie kniff die Augen zusammen und versuchte, den Weg vor sich zu erkennen. Halt, das war doch der falsche Weg! Da war etwas, ein blaues Licht – ein Blitz? Gandalf lief jetzt langsamer; da waren Leute, das Pony blieb stehen. Jemand griff nach ihr. Sie schlug um sich. „Nein, nein! Bitte nicht schlagen! Ich bin Bills Freundin!"

„Ruhig jetzt, ho! Niemand schlägt dich. Ganz ruhig ..." Es war eine andere Stimme, und der Mann war viel kleiner. „Ganz ruhig, hörst du! Du bist ja völlig durcheinander! He, Mädchen!"

„Mr. Amiden!" Ihre Stimme zitterte.

„Sicher, wer denn sonst? Jetzt hör mal, was ist los? Der Sturm ist fast vorbei. Rachel ist auch da, sie bringt dich nach Hause."

Rachel! Becca rutschte aus dem Sattel, als Rachel auf sie zurannte. „Rachel, Rachel! Oh, Rachel!" Im nächsten Augenblick war sie in Rachels Armen, und Rachel beugte sich über sie und fragte irgend etwas mit zitternder Stimme.

Becca stotterte vor Angst und Aufregung. „Da hinten ist Bills Vater! Er hat Bill geschlagen, und er hat versucht, Gandy und mir beim Zaun den Weg abzuschneiden, aber Gandy ist *drübergesprungen*, Rachel! Ihr müßt sofort Bill da rausholen! Er ist verletzt, sein Vater hat ihn geschlagen, ich habe ihn schreien gehört!"

„Halt, Moment mal!" Becca schaute aus Rachels Armen auf. Sergeant Dave blickte sehr ernst zu ihr herunter. „Du hast gesagt, daß jemand im alten Ward-Haus verletzt ist?"

„Ja, Bill! Bill Lavoie! Und sein Vater ist bei ihm! Sie müssen ganz schnell hingehen! Bill ist in Gefahr!"

Sie hörte viele Schritte vorbeieilen. Wieviele Leute waren hier überhaupt? Sie schaute zu Rachel auf. „Wie hast du uns denn gefunden?"

„Sergeant Dave war bei mir, kurz bevor das Gewitter losging, und er hat mir gesagt, daß ihr ganz unten am See wart. Dann ist der Sturm immer schlimmer geworden, und wir wußten, daß ihr es niemals nach Hause schaffen würdet!" Rachels Stimme klang immer noch zittrig. „Also haben wir die Rettungsmannschaft und Ed angerufen, und Ed wußte so ungefähr, auf welchem Waldweg du zurückreiten würdest. Und so sind wir alle gekommen, um euch zu holen!"

Becca ließ Rachel los und schaute sich um. Da war ein Streifenwagen; er steckte bis zu den Radkappen im Schlamm. Dahinter stand ein Rettungswagen, dessen weiße Seiten ebenfalls über und über schlammbespritzt waren. „Ihr seid den ganzen Weg hierhergefahren? Nur meinetwegen?"

„Nur deinetwegen!" Rachel schüttelte den Kopf. „Wenn ich nur daran denke, daß ich dich überhaupt weggelassen habe! In so einen Sturm! Das war eines der schlimmsten Unwetter, die ich je hier erlebt habe."

„Aber das war doch nicht deine Schuld! Mir und Gandy ist ja auch nichts passiert ... nur Bills Vater ..."

„Er hat dir doch nichts getan, oder?" Rachel beugte sich schnell über sie.

„Nein, nein. Gandy hat mich gerettet, sonst ..." Becca zitterte am ganzen Körper.

Rachel legte einen Arm um sie. Endlich stand sie auf und klopfte Gandalfs feuchten Hals. „Er ist ein tapferes kleines Pony! Ein gutes Pony!"

„Und ob! Weißt du, wir waren im Schuppen, und Bills Vater kam gerannt, und wir sind einfach aus dem Schuppen geritten. Er wollte uns schlagen, Rachel! Aber Gandy ist losgelaufen und über den Zaun gesprungen! Er ist gesprungen!" Rachel drückte sie noch fester an sich. „Und du bist ein tapferes Mädchen, Becca. Mein Gott! Du bist einfach auf ihn zu geritten?"

„Ja, also, mehr oder weniger. Ich meine, ich wußte nicht, was ich sonst tun sollte. Wir mußten da weg!"

Rachel holte tief Atem und schauderte. Hinter ihnen ertönten laute Rufe, und Gandalf spitzte die Ohren.

„Ich glaube, wir sollten hingehen und helfen ...", begann Becca.

„Kommt nicht in Frage! Es sind genug Leute dort. Die werden damit am besten fertig, glaub mir."

„Aber Bill ... Vielleicht will er mit mir reden oder so. Er denkt womöglich, daß ich ihn verraten habe!"

„Soll das heißen, du hast die ganze Zeit gewußt, daß er dort ist?" Rachel starrte sie an.

„Nein, nein! Das habe ich erst heute herausgefunden. Ich bin nur zu dem Schuppen geritten, weil der Blitz oben auf dem Weg in einen Baum eingeschlagen hat. Wir mußten uns doch unterstellen!"

Rachel glaubte ihr, das spürte Becca.

„Komm, wir gehen ein Stück weit runter. Aber nicht bis zum Haus, hörst du?" Einer der Polizisten hielt Gandalf am Halfter. Ganz ruhig stand das Pony jetzt da.

Der Weg zum Haus hinunter war viel weiter, als Becca gedacht hatte. Sie begann zu zittern, als sie näher kamen, und Rachel nahm ganz fest ihre Hand.

„Das ist der Zaun", flüsterte Becca, „da ist er drübergesprungen! Gandy!"

„Du liebe Güte! Da drüber? Und du bist oben geblieben?"

„Ja, aber wohl nur, weil ich solche Angst hatte. Ich habe beide Bügel verloren, und fast wäre ich gestürzt! Aber wir sind gut aufgekommen!"

Zwei Polizeibeamte führten Bills Vater aus dem Haus, Mr. Amiden ging hinter ihnen her. Als er Becca und

Rachel sah, kam er zu ihnen herüber.

„Bill ist übel zugerichtet", sagte er. „Sie bringen ihn gleich heraus, und ich fahre mit nach Bennington. Er muß ins Krankenhaus!"

Rachel nahm wieder Beccas Hand. „Ist es sehr schlimm?" fragte sie leise.

„Schwer zu sagen. Ein paar gebrochene Rippen, ein gebrochenes Schlüsselbein – na ja, das heilt schon wieder. Mehr ließ sich jetzt nicht sagen. Er ist schwer zusammengeschlagen worden, und es ist nicht sicher, ob er innere Verletzungen hat!"

Rachel drückte Beccas Hand so fest, daß es fast weh tat. „War das eben ... Lavoie?"

„Sicher, wer sonst?" Mr. Amidens Gesicht war sehr blaß und starr. „Also, ich gehe jetzt wieder rein. Wer weiß, was ich mache, wenn ich dem Kerl zu nahe komme!" Er drehte sich abrupt um und ging wieder ins Haus. Als er an Bills Vater und den beiden Polizisten vorbeikam, ballte er die Fäuste. Aber Bills Vater sah gar nicht gefährlich aus, als er an ihnen vorübergeführt wurde. Er kam Becca auch nicht mehr so furchtbar groß vor. Sein Gesicht verschwand fast völlig unter den wirren Haaren, aber trotzdem konnte man sehen, daß er geweint hatte.

„Rachel", flüsterte Becca. „Hat er geweint?"

Rachel nickte stumm.

„Weil sie ihn gefaßt haben?"

„Das glaube ich nicht. Nicht deshalb!" Rachel schaute auch zum Auto hinüber.

„Weißt du noch, was du gesagt hast? Daß du hoffentlich eine Reitpeitsche zur Hand hast, wenn dir der Kerl begegnet, der Bill so geschlagen hat? Wenn du jetzt eine hättest, Rachel, würdest du es dann tun?"

Rachel legte einen Arm um Becca und schaute zu ihr hinunter. „Nein. Ich könnte ihn nicht schlagen. Jetzt nicht mehr."

„Das ist komisch", sagte Becca. „Ich auch nicht. Und dabei hat er Bill doch schwer verletzt!"

Rachel nickte. „Wir werden Bill helfen, alle!"

Becca schluckte. „Weißt du, Rachel, Bill hat mir eine Zeichnung gezeigt, die sein Vater von ihm gemacht hat. Sie war wirklich gut. Also, nicht nur gut, sondern so, als ob er Bill wirklich lieb hätte ..."

„Dann ist Bills Vater also ein guter Maler?"

„Ja, aber das meine ich nicht. Ich meine, wie kann er Bill so furchtbar verprügeln, wenn er solche Bilder von ihm macht?"

„Er zeichnet Bill, wenn er nüchtern ist. Und er schlägt ihn, wenn er getrunken hat!"

„Aber das ist ja schrecklich! Der arme Bill!"

Drüben beim Haus ging quietschend die Tür auf, und zwei Sanitäter kamen mit einer Trage heraus. Als sie durch die Lücke im Zaun kamen, ging Becca ihnen entgegen, um mit Bill zu sprechen. Aber Bill hatte die Augen geschlossen und den Kopf zur Seite gedreht. Er sah sehr klein und sehr wehrlos aus, gar nicht wie der Bill, den sie kannte. Sie trat zurück, und die Sanitäter trugen Bill am Streifenwagen vorbei. Bills Vater blickte heraus, dann schlug er die Hände vors Gesicht.

Becca drehte sich zu Rachel um und drückte ihr Gesicht in Rachels Regenmantel. „Können wir jetzt nach Hause gehen?"

„Sicher", sagte Rachel. „Aber du bist bestimmt furchtbar müde. Du kannst bis zu den Amidens im Rettungswagen mitfahren. Ich bringe Gandalf den Hügel hinauf und hole dich dann so schnell wie möglich ab."

Becca schüttelte den Kopf.

„Hör mal, bist du sicher? Das wird ziemlich anstrengend, weißt du? Da liegen jetzt überall heruntergerissene Äste und Zweige herum."

„Trotzdem. Ich will bei dir bleiben. Und bei Gandy. Schließlich hat er mir auch geholfen!"

„Wirklich?" Rachel schaute ernst zum Rettungswagen hinüber, der jetzt endlich aus dem Schlamm gekommen war und gewendet hatte.

„Wirklich", sagte Becca. Plötzlich schlang sie beide Arme um Rachel und weinte. „Wirklich, wirklich, wirklich!"

Rachel hielt sie eine Weile ganz fest. Endlich sagte sie: „Na, gut. Wir gehen schön langsam und führen dein Pony beide. So wird es schon gehen."

„Er ist wieder zu Hause", sagte Mr. Amiden eine Woche später. Er lehnte an seinem Lastwagen, als ob er nicht genug Kraft zum Stehen hätte. „Aber es wird eine Weile dauern, bis er wieder der alte ist."

Becca und Patty schauten einander an. Von seinem eigenen Vater zusammengeschlagen zu werden! Als ob sie nicht wüßten, daß das Spuren hinterläßt, nicht nur gebrochene Knochen.

Aber Mr. Amiden sagte nichts mehr. Er lehnte nur an seinem Wagen und sah müde aus.

Schließlich fragte Becca: „Darf ich Bill besuchen?"

„Ja. Er möchte wohl, daß du kommst. Geht es heute abend?“

„Ja“, sagte Rachel, die mit Dancer am Halfter hinter den beiden Mädchen auftauchte. „Wann?“

„So gegen sieben am besten.“ Mr. Amiden tätschelte Dancer. Ob er wohl auch daran denken mußte, wie Bill sein konnte und sein wollte, wenn er Dancer vor sich hatte? Plötzlich lächelte Mr. Amiden Becca zu. Es war ein müdes Lächeln. „Sag mal, stimmt es, daß dein Pony nun bei dir bleibt?“ Er zwinkerte ihr zu.

„Ja“, sagte Becca strahlend. „Klar bleibt Gandy bei mir!“

Mr. Amiden wandte sich an Rachel: „Na, hab ich recht gehabt? Habe ich nicht gleich gesagt, daß Becca das einzige Mädchen weit und breit ist, das so einem Pony wieder Mut macht?“

„Wenn ich mich recht erinnere“, Rachel lachte, „haben Sie gesagt, daß es einen Versuch wert ist. Aber das ist nicht mehr wichtig. Er ist ein prächtiges Pony.“

„Und er springt jetzt!“ sagte Patty. „Jedenfalls meistens!“

Becca nickte. „Aber nur, wenn's drauf ankommt! Sonst sieht er es nicht unbedingt ein! Wenn ich vor mich hinträume, merkt er das sofort, und dann dreht er ab!“

„Klar“, sagte Rachel. „Springen ist Konzentration, und warum sollte Gandalf über eine Stange springen, wenn du es gar nicht wirklich willst?“

Patty und Becca lachten sich an. Das kannten sie inzwischen auswendig. Mr. Amiden grinste auch.

„Na, dann ist er wohl nur ein ganz normales, fröhliches Pony“, sagte er. „Das ist gut!“ Er kletterte wieder in seinen Lastwagen. „Bis später.“

Patty sah ihm nach, als er wegfuhr. „Warum hat Bill nicht gesagt, daß ich ihn besuchen soll!“ sagte sie leise.

„Na ja, ich habe ihn eben gefunden“, sagte Becca tröstend. „Und vielleicht will er mich sowieso nur anschnauzen, das weiß man bei ihm nie!“

Bill war nicht in der Küche, als Rachel und Becca gegen sieben Uhr zu den Amidens kamen. Becca schaute sich suchend um. „Wo ist er?“

„Oben“, sagte Mr. Amiden. „Es wird noch eine Weile dauern, bis er wieder gehen kann!“

„Bleib nicht zu lange bei ihm, Becca“, fügte Mrs. Amiden hinzu, als Becca zur Tür ging. „Es geht ihm noch nicht so gut!“

Becca lief die Holztreppe hinauf und klopfte an Bills Tür. „Ich bin es, Becca. Kann ich reinkommen?“

„Ja!“ Die Stimme drinnen klang leise.

Becca holte tief Luft und ging hinein.

„Hallo, Bill!“ Sie versuchte, ihrer Stimme einen fröhlichen Klang zu geben. Doch als sie im Zimmer stand, verstummte sie. Bill lag auf seinem Bett und sah sehr blaß aus. Auf seinem Bett lag eine neue hübsche Decke. Der einfache Holzschrank war schneeweiß gestrichen, am Fenster hingen bunte Vorhänge. Auf dem Fußboden lag einer von Mrs. Amidens schönen handgeknüpften Teppichen. Aber das war es nicht, was Becca hatte verstummen lassen. „Bill! Die Wände!“

„Ach, ja“, sagte er, als ob das ganz nebensächlich wäre. „Sie haben das Zimmer hergerichtet, als ich im Krankenhaus war.“

„Aber deine Bilder!“ Becca starrte hilflos auf die strahlend weißen Wände. Sie waren frisch gestrichen und kahl. Völlig kahl. „Hättest du nicht ... ich meine, wenn du Ed etwas gesagt hättest, dann hätte er doch bestimmt deine Bilder nicht übermalt!“

Bill setzte sich in seinem Bett auf. „Ich habe ihm gesagt, er soll drüberstreichen", murmelte er, ohne Becca anzusehen.

„Aber Bill!"

„Reg dich bloß nicht auf", knurrte er. „Das geht dich außerdem gar nichts an!"

„Ja, ja, ist schon gut. Du, wir fahren morgen nach Brattleboro. Wenn du willst, kann ich dir ein paar Malsachen, Farbkreiden und Kohlestifte und Pinsel mitbringen. Du mußt mir nur sagen, was du brauchst."

„Spar dir die Mühe!"

„Aber das ist keine Mühe. Ich meine, was willst du denn sonst machen, bis du wieder aufstehen kannst?"

Bill wandte sich zu ihr um und zog eine Grimasse, weil es ihm weh tat. „Hör zu", sagte er. „Ich zeichne nicht mehr. Klar? Also, vergiß es."

„Warum nicht?" beharrte sie.

Er starrte sie an.

Mein Gott, sie hatte ganz vergessen gehabt, wie man unter diesem Blick zusammenschrumpfte.

„Muß ich dir das wirklich erklären?" fauchte er wütend. „Verflixt noch mal, du warst ja schließlich dabei!"

Das war schrecklich. Sie hatte nicht mit ihm über diesen Tag in den Wäldern sprechen wollen. Aber sie würden ihn beide niemals vergessen. Becca stand reglos da und starrte auf das Muster in Mrs. Amidens Knüpfteppich. „Und ich will dir noch was sagen", fuhr Bill fort, und seine Stimme wurde lauter. „Ich erzähle dir etwas, das außer mir und der Polizei keiner weiß. Erinnerst du dich an die Bilder, die er malen wollte, um Geld zu verdienen? Also, er hat sie nicht gemalt. Er hat sie nur angefangen. Und wenn ich weggegangen bin, hat er sie in den Keller von dem alten Haus geworfen, und dann hat er einfach weitergemacht. Ich meine, er hat sich sein Geld auf dieselbe Weise beschafft wie früher!" Bill hustete, und Becca sah, wie sich sein Gesicht vor Schmerzen verzerrte.

„Bill, du darfst dich nicht so aufregen", sagte sie.

„Ist schon gut!" Aber er flüsterte jetzt beinahe.

Sie sollte lieber gehen. Er durfte sich nicht anstrengen, und er sah so erschöpft aus. Leise ging sie auf die Tür zu.

„Warte noch einen Augenblick", flüsterte er.

Sie drehte sich überrascht um. Er lag jetzt flach auf dem Rücken und atmete sehr vorsichtig. Wenn er etwas sagte, würde sie es wahrscheinlich nicht verstehen; sie stand zu weit weg von seinem Bett. Ganz vorsichtig machte sie ein paar Schritte auf ihn zu und wartete darauf, daß er sie wieder anfauchte. Sie machte noch ein paar Schritte und blieb erst stehen, als sie schon ziemlich dicht neben seinem Bett stand. „Ist ja gut", sagte sie. „Wenn du nicht mehr zeichnen willst, dann tust du's eben nicht. Ich war nur überrascht. Das ist alles. In Ordnung?"

„Ja, klar." Er runzelte die Stirn. „Niemand will mir sagen, was mit meinem Vater geschehen ist. Erzählst du es mir?"

„Wieso sagen sie es dir nicht?" fragte Becca.

„Wahrscheinlich wollen sie mich nicht aufregen oder belasten. Oder es ist so schrecklich, daß sie sich nicht trauen, es mir zu sagen."

Warum kümmerte ihn das noch, nach allem, was ihm sein Vater angetan hatte? Daß er seinetwegen nicht einmal mehr zeichnen wollte? „Ich weiß auch nicht viel", sagte sie vorsichtig.

„Was ist los mit dir?" flüsterte er verächtlich. „Hast du Angst, ich könnte wieder abhauen und zu ihm gehen? Oder lügst du mir was vor, damit ich schön brav und friedlich bleibe? Ich dachte, daß wenigstens du mich verstehst! Du hast ja das andere auch verstanden!“

Nein, das stimmte nicht. Sie hatte überhaupt nichts verstanden. Sie hatte ja nicht einmal gewußt, wo er hinging und warum, die ganze Zeit über.

„Tu mir den Gefallen und geh jetzt, ja?“ Er drehte den Kopf zur Wand.

Sie wollte schon gehen, aber dann überlegte sie es sich anders. „Bill, ich glaube, bis jetzt weiß niemand so recht, was mit deinem Vater passiert“, sagte sie. „Es wird eine Gerichtsverhandlung geben. Und das dauert immer eine Ewigkeit.“

„Woher weißt du das?“

Sie funkelte ihn wütend an. „Weil mein Vater Rechtsanwalt war!“ rief sie. „Er hat Tag für Tag mit solchen Sachen zu tun gehabt. Ich bin damit aufgewachsen, so wie du mit deinen Bildern.“

Das interessierte ihn offenbar. „Wirklich?“

„Ja, wirklich. Warum sollte ich lügen?“ Plötzlich war ihr Zorn verflogen, und sie lächelte.

Er lächelte beinahe auch. „Gut. Ich glaube dir. Also, was ist mit seiner Verhandlung?“

„Rachel sagt, bevor die Verhandlung beginnt, machen sie erst eine Menge Tests und Gutachten. Und vielleicht kommt er in so eine Klinik, wo sie die Leute vom Alkohol wegbringen, du weißt schon!“

„Ja, ich weiß!“ Er starrte sie wieder mit seinem furchtbaren Blick an, aber diesmal war es nicht ganz so schlimm.

„Und ... mehr weiß ich eigentlich auch nicht.“

Bill drehte seinen Kopf zur Wand. „Aber er kommt ins Gefängnis, oder?“

„Woher soll ich das wissen? Dafür sind die Gerichte

zuständig!" Sie schaute ihm ins Gesicht. „Aber ich glaube schon, daß er ins Gefängnis kommt, jedenfalls eine Zeitlang."

Er sagte nichts darauf.

Becca fragte sich schon, ob sie jetzt wirklich gehen sollte, aber als sie sich umdrehte, sagte er: „Im Gefängnis kann man nicht malen!"

„Warum nicht? Dort gibt es doch sonst nicht viel zu tun, oder?"

„Aber es gibt dort nichts zu malen. Wie in Westminster. Da sind nur Wände und Mauern, was soll man da malen?"

„Man kann aber auch nicht malen, wenn man die ganze Zeit trinkt", wandte sie ein. „Wer weiß, wenn er zu trinken aufhört und Zeit hat, dann malt er vielleicht nach dem Gedächtnis. Du weißt schon, so wie manche Leute im Gefängnis Bücher schreiben."

Er runzelte die Stirn. „Das ist doch ein Märchen!"

„Ja, und? Was soll an einem Märchen schlecht sein? Erst geht alles mögliche schief, es gibt böse Drachen und schreckliche Kämpfe, und alles sieht ganz schlimm aus. Aber zum Schluß kommt alles wieder in Ordnung, und man lebt am Ende doch noch glücklich."

„Glücklich bis an sein Lebensende, du Schafskopf! Und außerdem, wer glaubt schon an Märchen?"

„Willst du damit sagen, daß die Menschen sich jahrhundertelang geirrt haben? Daß die Geschichten, die am Ende gut ausgehen, alle bloß erfunden sind?" fragte sie.

Er blickte sie mißtrauisch an. „Wo hast du das aufgeschnappt? Es kommt bestimmt nicht von dir, jede Wette."

„Nein, das stimmt. Ich hab es von Mr. Jarvis. Er war früher der Partner von meinem Vater."

„Ich hab doch gleich gewußt, daß du dir so was nicht

allein ausdenken kannst!"
„Danke. Nett von dir!"
Sie funkelten einander immer noch an, als Mrs. Amidens Stimme vom Treppenhaus heraufklang. „Ich glaube, für heute ist es genug, Becca!"
Gott sei Dank, das war die Rettung! Sie ging zur Tür. „Hör mal", sagte sie. Bill war wirklich unausstehlich, aber er hatte ja auch furchtbare Zeiten hinter sich. „Ich habe eine Menge Bücher zu Hause. Soll ich dir ein paar mitbringen, wenn ich morgen wiederkomme?"
„Ja", sagte er sofort. „Das wäre gut. Bei Ed gibt es nicht so viele Bücher."
„Also, dann bis morgen!" Sie drehte sich um und drückte die Türklinke herunter.
„Becca ..."
Sie schaute über die Schulter zurück. Er sah sie an, als ob er ihr etwas Wichtiges sagen wollte. Aber während sie darauf wartete, daß er es sagte, verwandelte sich sein Gesicht wieder in die altvertraute abweisende Bill-Grimasse. „Bring mir bloß keine Mädchenbücher mit", meinte er.
„Als ob ich dir so etwas antun würde", fauchte Becca verächtlich. Sie zog die Tür ein bißchen lauter zu, als es unbedingt nötig war.

„Weißt du“, sagte Patty, als sie sich nach dem Reitturnier in Rachels Lieferwagen fallen ließen, „ich glaube, Bill ist in dich verknallt!“

„Bist du verrückt?“ Becca schaute von ihren Bändern auf. Sie war damit beschäftigt, die Rückseiten zu beschriften. *Geländereiten* auf das gelbe Band. *Freizeitreiter-Abzeichen* auf das grüne Band. Und *Vielseitigkeit* auf das weiße. Insgesamt hatte sie gar nicht so schlecht abgeschnitten. Auf den Pferdeschauen hatte sie aber vor allen Dingen eins gelernt: Es gab einige Kinder, die zehnmal besser reiten konnten als sie selbst. „Wo ist unser zweiter Platz?“ Sie schaute sich suchend um.

„Du sitzt darauf“, sagte Rachel, während sie in den Lieferwagen kletterte. Becca zog das Band unter ihrem Hinterteil hervor und schrieb auf die Rückseite *Springen*.

„Rachel, Patty meint, daß Bill in mich verknallt ist!“

Rachel lachte. „Bill und verknallt! Die Vorstellung ist einfach absurd. Wie kommst du darauf, Patty?“

„Weil er Becca so komisch angestarrt hat, als sie mit Gandalf gesprungen ist. Und dann hat er mich auf einmal gefragt, wann sie Geburtstag hat. Ich sagte, in ein paar Wochen. Das stimmt doch, oder?“

„Ja“, sagte Becca. „Am zweiten September.“

Aber eines stimmte. Bill benahm sich ziemlich seltsam. Manchmal verschwand er für eine Weile auf dem Heuboden, und manchmal ging er ins Haus, wenn sie auf dem Reitplatz trainierten. Becca machte sich schon Sorgen um ihn. Aber andererseits war es mit Bill viel besser geworden, seit er in diese Therapiegruppe ging. Es war eine Gruppe für Kinder und junge Leute, deren Eltern Alkoholiker waren. Bill war zwar nicht umgänglicher oder netter als vorher, aber er blieb öfter in ihrer Nähe. Und wenn sie ihn ganz, ganz nett fragten, ritt er manchmal sogar mit ihnen aus. Allerdings mußten sie vorher versprechen, daß sie nicht „ständig blöd herumkichern“ würden.

Zwei Tage vor ihrem Geburtstag sah sie ihn wieder einmal zum Heuboden hinaufklettern. Patty führte gerade Goner aus dem Stall. „Warte einen Augenblick“, rief Becca ihrer Freundin zu. „Ich bin gleich wieder da!“

Sie wartete Pattys Antwort gar nicht erst ab, sondern kletterte ebenfalls die Leiter zum Heuboden hinauf. Bill war zwar hier oben, aber es war ganz still. Becca hörte nur ein leises Kratzen. Sie streckte einen Augenblick den Kopf über die Leiter hinaus, dann duckte sie sich schnell wieder. Es kostete sie furchtbar viel Selbstbeherrschung, ganz leise und vorsichtig die Leiter wieder hinunterzuklettern, und als sie endlich draußen war, machte sie gleich drei Luftsprünge hintereinander. Beim vierten Hüpfer stieß sie mit Tommy zusammen.

„Was ist los?“ fragte Rachel.

„Ach, nichts!“ Becca lief strahlend zur Reitbahn hinunter. Er zeichnete! Bill zeichnete wieder!

Aber das durfte niemand wissen. Den ganzen nächsten Tag hatte sie Angst, daß sie einfach mit ihrem Geheimnis herausplatzen würde.

Bill kam an diesem Tag ziemlich früh aus dem Stall, während Becca noch mit dem Abendessen beschäftigt war. Heute war sie an der Reihe; Rachel und sie hatten nämlich beschlossen, sich im Sommer beim Kochen abzuwechseln, weil der Ofen so eine unerträgliche Hitze verbreitete, daß keiner das jeden Abend aushielt. „Ich hab was für dich“, sagte Bill. „Aber du mußt mir versprechen, daß du es erst aufmachst, wenn ich weg bin!“

„Na ja, gut.“ Sie schaute sich um. „Wo ist es?“

„Auf dem Heuboden. Du kannst es heute abend holen!“

„Kannst du es mir nicht morgen am Geburtstag geben, so wie alle anderen auch?“

„Nein. Ich besuche morgen meinen Vater. Rachel hat es irgendwie geschafft, daß ich ihn früher besuchen darf, als ich dachte.“

„Wirklich, das ist ja toll!“

„Ich weiß nicht“, sagte er und zog unwillkürlich die Schultern hoch. „Aber jedenfalls muß ich hingehen.“

„Vielleicht wird es gar nicht so schlimm, wie du glaubst!“

„Hab ich gesagt, daß es schlimm wird?“

„Schon gut, wie du willst.“

Er streichelte Tommy und Xeno, dann richtete er sich auf.

„Ed wartet auf mich. Also, bis bald, Becca.“

„Bis bald.“

Er ging zur Tür und knallte sie so heftig hinter sich zu, daß Becca zusammenzuckte. Und er hatte ihr noch nicht einmal einen schönen Geburtstag gewünscht.

Ein paar Minuten später kam Rachel herein und spritzte sich an der Spüle Wasser ins Gesicht. „Mein Gott, ist das heiß hier drinnen. Und draußen auch!“

„Du, Rachel, Bill hat etwas für mich auf dem Heuboden gelassen. Kann ich es holen?“

„Geh nur. Ich passe solange auf die Kekse auf.“

Becca rannte zum Stall hinüber und kletterte auf den Heuboden. Dort war das Geschenk – der Umschlag auf dem niedrigsten Heuballenstapel. Sie nahm ihn und lief ins Haus zurück. Sollte sie ihn schon heute abend aufmachen? Oder sollte sie noch warten?

„Du hast es noch nicht aufgemacht?" fragte Rachel, als sie hereinkam.

Damit war die Sache entschieden. Becca machte den Umschlag auf. Drinnen lag eine Pastellzeichnung. Ganz vorsichtig zog Becca sie heraus, damit sie keine Flecken bekam.

Atemlos starrte sie auf das Blatt.

„Darf ich es sehen?" fragte Rachel. „Oder ist es ein Geheimnis?"

Ja, ein Geheimnis war es schon, aber ein Geheimnis, das mit Märchen zu tun hatte, und das würde Rachel niemals erraten. Becca legte das Bild auf den Tisch.

Rachel beugte sich eine Weile darüber, ohne etwas zu sagen. „Es ist wirklich wunderschön", sagte sie schließlich und schaute Becca an. Die grünen Augen sagten Becca, daß sie es doch erraten hatte, daß sie verstand, wie schön es war.

Becca blickte wieder auf das Bild. Als erstes sah man einen Wolkenhimmel, ganz in Grau- und Rosatönen, wie der Sonnenuntergang über dem Tal. Wenn man genauer hinsah, entdeckte man, daß die Wolken einen Ritter darstellten, der auf einem Pferd daherbrauste und gegen einen Wolkendrachen kämpfte. Unter den Wolken sah man Berge und ein paar Bäume ... und ein rothaariges schmales Mädchen, das ein graues Pony auf ein Hindernis zuritt.

Laura C. Stevenson verbrachte ihre Kindheitsjahre auf einer großen alten Farm in Wilmington, Vermont. Später studierte sie an den Universitäten von Michigan und Yale, kehrte aber nach langen Jahren der Tätigkeit als Universitätsdozentin nach Vermont zurück.

Laura C. Stevenson besitzt selbst mehrere Pferde und gibt Reitunterricht. Ihren beiden Töchtern widmete sie ihre Jugendbücher und Romane. „Eine Farm in Vermont" ist ihre erste Veröffentlichung in deutscher Sprache.